LISELOTTE GÜNNIKER

Rechtliche Probleme der Formvorschriften kommunaler Außenvertretung

MÜNSTERISCHE BEITRÄGE ZUR RECHTSWISSENSCHAFT

Herausgegeben im Auftrag des Fachbereichs Rechtswissenschaft
der Westfälischen Wilhelms-Universität in Münster durch die Professoren
Dr. Hans-Uwe Erichsen Dr. Helmut Kollhosser Dr. Jürgen Welp

Band 4

Rechtliche Probleme der Formvorschriften kommunaler Außenvertretung

Von

Dr. Liselotte Günniker

DUNCKER & HUMBLOT / BERLIN

CIP-Kurztitelaufnahme der Deutschen Bibliothek

Günniker, Liselotte:
Rechtliche Probleme der Formvorschriften kommunaler Aussenvertretung / von Liselotte Günniker. —
Berlin: Duncker und Humblot, 1984.
(Münsterische Beiträge zur Rechtswissenschaft; Bd. 4)
ISBN 3-428-05663-3

NE: GT

D 6

Gedruckt 1984 bei Buchdruckerei Bruno Luck, Berlin 65
Printed in Germany

ISBN 3-428-05683-3

Meinen Eltern

Vorwort

Die vorliegende Untersuchung hat im Wintersemester 1983/84 dem Fachbereich Rechtswissenschaft der Westfälischen Wilhelms-Universität Münster als Dissertation vorgelegen. Dank sagen möchte ich Herrn Prof. Dr. Edzard Schmidt-Jortzig, Kiel, für die Betreuung der Arbeit und Herrn Prof. Dr. Hans-Uwe Erichsen, Münster, für zahlreiche Anregungen.

Münster, im August 1984

Liselotte Günniker

Inhaltsverzeichnis

Vierter Teil

Verfassungsmäßigkeit der in den Gemeindeordnungen normierten Formvorschriften —
§ 54 I, III GO BaWü, Art. 38 II 1 u. 2 GO Bay, § 46 II 1 u. 2 Verf Bremhv, § 71 II 1 u. 2 GO He, § 63 II GO Nds, § 56 I, IV GO NRW, § 49 I 1 u. 2 GO RhPf, § 62 S. 1 u. 2 KSVG Sa, §§ 50 II, 61 II GO SH 115

2. Abschnitt

Rechtsfolgen formwidriger öffentlich-rechtlicher Verpflichtungserklärungen 152

Abkürzungsverzeichnis

a.a.O.	am angegebenen Ort
Abg.	Abgeordneter
abgedr.	abgedruckt
a. F.	alte Fassung
AktG	Aktiengesetz
amtl. Begr.	amtliche Begründung
AöR	Archiv des öffentlichen Rechts
AP	Nachschlagewerk des Bundesarbeitsgerichts
arg.	argumentum
BAG	Bundesarbeitsgericht
BayBgm	Der Bayerische Bürgermeister
Bay DO	Bayerische Disziplinarordnung
BayVBl.	Bayerische Verwaltungsblätter
BetrVerfG	Betriebsverfassungsgesetz
BeurkG	Beurkundungsgesetz
BFH	Bundesfinanzhof
BGB	Bürgerliches Gesetzbuch
BGH	Bundesgerichtshof
BGHZ	Entscheidungen des Bundesgerichtshofs in Zivilsachen
BK	Bonner Kommentar
Buchholz	Sammel- und Nachschlagewerk der Rechtsprechung des Bundesverwaltungsgerichts, hrsg. v. K. Buchholz
BVerfG	Bundesverfassungsgericht
BVerfGE	Entscheidungen des Bundesverfassungsgerichts
BVerwG	Bundesverwaltungsgericht
BVerwGE	Entscheidungen des Bundesverwaltungsgerichts
dens.	denselben
ders.	derselbe
dess.	desselben
DGO	Deutsche Gemeindeordnung
DNotZ	Deutsche Notar-Zeitschrift
DÖV	Die Öffentliche Verwaltung
DO NRW	Disziplinarordnung des Landes Nordrhein-Westfalen
Drs.	Drucksache
DVBl.	Deutsches Verwaltungsblatt
E	Entscheidung
EGBGB	Einführungsgesetz zum Bürgerlichen Gesetzbuch
Fn.	Fußnote
GG	Grundgesetz
GmbHG	Gesetz betr. die Gesellschaften mit beschränkter Haftung
GO BaWü	Gemeindeordnung für Baden-Württemberg

GO Bay	Gemeindeordnung für den Freistaat Bayern
GO He	Hessische Gemeindeordnung
GO Nds	Niedersächsiche Gemeindeordnung
GO NRW	Gemeindeordnung für das Land Nordrhein-Westfalen
GO RhPf	Gemeindeordnung für Rheinland-Pfalz
GO SH	Gemeindeordnung für Schleswig-Holstein
GS	preußische Gesetzessammlung
HdBKWP	Handbuch der kommunalen Wissenschaft und Praxis
HessVGH	Hessischer Verwaltungsgerichtshof
HGB	Handelsgesetzbuch
HS	Halbsatz
i. e. S.	im engeren Sinne
i. w. S.	im weiteren Sinne
JA	Juristische Arbeitsblätter
Jura	Juristische Ausbildung
JuS	Juristische Schulung
JWG	Jugendwohlfahrtsgesetz
JZ	Juristenzeitung
kgl.	königlich
KrO NRW	Kreisordnung für das Land Nordrhein-Westfalen
KSVG SA	Saarländisches Kommunalselbstverwaltungsgesetz
KWBG Bay	Bayerisches Gesetz über kommunale Wahlbeamte
LDiszO BaWü	Disziplinarordnung des Landes Baden-Württemberg
LG	Landgericht
LSatzung SchlH	Landessatzung für Schleswig-Holstein
LVwG SH	Allgemeines Verwaltungsgesetz für das Land Schleswig-Holstein
MDR	Monatsschrift für Deutsches Recht
m. E.	meines Erachtens
Mot.	Motive zum BGB
m. w. N.	mit weiteren Nachweisen
NeuaufbauG	Gesetz über den Neuaufbau des Reiches
n. F.	neue Fassung
NJW	Neue Juristische Wochenschrift
NStV-N	Niedersächsischer Städteverband, Nachrichten für Städte, Gemeinden, Samtgemeinden
NVwZ	Neue Zeitschrift für Verwaltungsrecht
OBG NRW	Gesetz über Aufbau und Befugnisse der Ordnungsbehörden — Ordnungsbehördengesetz (Nordrhein-Westfalen)
OLG	Oberlandesgericht
OVG	Oberverwaltungsgericht
OVGE	Entscheidungen der Oberverwaltungsgerichte für das Land Nordrhein-Westfalen in Münster sowie für die Länder Niedersachsen und Schleswig-Holstein in Lüneburg mit Entscheidungen des Verfassungsgerichtshofes Nordrhein-Westfalen und des Niedersächsischen Staatsgerichtshofes

pr.	preußisch
preuß.LGO	preußische Landgemeindeordnung
Rdn.	Randnummer
rev.DGO	revidierte Deutsche Gemeindeordnung
RG	Reichsgericht
RGBl.	Reichsgesetzblatt
RGRK	Das Bürgerliche Gesetzbuch (Reichsgerichtsräte — Kommentar)
RGZ	Entscheidungen des Reichsgerichts in Zivilsachen
Rpfleger	Der Deutsche Rechtspfleger
Rspr.	Rechtsprechung
SchlHA	Schleswig-Holsteinische Anzeigen
SKV	Staats- und Kommunalverwaltung
Sp.	Spalte
VA	Verwaltungsakt
Verf BaWü	Verfassung von Baden-Württemberg
Verf Bay	Verfassung des Freistaates Bayern
Verf Bln	Verfassung von Berlin
Verf Brem	Landesverfassung der Freien Hansestadt Bremen
Verf Bremhv	Verfassung für die Stadt Bremerhaven
Verf He	Verfassung des Landes Hessen
Verf Hmb	Verfassung der Freien und Hansestadt Hamburg
Verf NRW	Verfassung für das Land Nordrhein-Westfalen
Verf RhPf	Verfassung für Rheinland-Pfalz
Verf Saarl	Verfassung des Saarlandes
VerwArch	Verwaltungsarchiv
VerwR	Verwaltungsrecht
VerwRspr	Verwaltungsrechtsprechung in Deutschland. Sammlung obergerichtlicher Entscheidungen aus dem Verfassungs- und Verwaltungsrecht
VGH NRW	Verfassungsgerichtshof Nordrhein-Westfalen
Vorbem.	Vorbemerkung
Vorl. Verf Nds	Vorläufige Niedersächsische Verfassung
VVDStRL	Veröffentlichungen der Vereinigung der Deutschen Staatsrechtslehrer
VwVfG(e)	Verwaltungsverfahrensgesetz(e)
VwVfG BaWü	Verwaltungsverfahrensgesetz für Baden-Württemberg
VwVfG Bay	Bayerisches Verwaltungsverfahrensgesetz
VwVfG NRW	Verwaltungsverfahrensgesetz für das Land Nordrhein-Westfalen
Warneyer	Die Rechtsprechung des Reichsgerichts
WM	Zeitschrift für Wirtschaft und Bankrecht, Wertpapiermitteilungen Teil IV
ZStW	Zeitschrift für die gesamte Staatswissenschaft

Einleitung

Die den Förmlichkeitsbestimmungen kommunaler Außenvertretung innewohnenden Rechtsfragen sind ein altes und doch aktuelles Problem. Eine Zentralstellung nimmt die Frage nach der Rechtsnatur der Normen ein, mit der sich schon zu Beginn des Jahrhunderts das Reichsgericht befaßt hat[1] und die noch heute, rund 80 Jahre später, den Bundesgerichtshof beschäftigt[2]. Auch die rechtswissenschaftliche Literatur diskutiert nach wie vor diese Thematik[3], so daß sich insgesamt eine Meinungsvielfalt ergibt, die von gänzlich konträren Positionen bis hin zu Kompromißvorschlägen zwischen den unterschiedlichen Standpunkten reicht. Gegenstände bisheriger Untersuchungen waren daneben die Verfassungsmäßigkeit der Vorschriften sowie die Rechtsfolgen, die Normverstöße nach sich ziehen. Vermissen lassen gerichtliche Entscheidungen und vorhandene Abhandlungen demgegenüber eine Berücksichtigung der kommunal-organisatorischen Zusammenhänge, obwohl allein vor deren Hintergrund die Rechtsnatur der Normen fixierbar ist. Zudem erschöpfen sich jene in einer mehr oder weniger pauschalen, den Unterschiedlichkeiten der Kommunalverfassungstypen nicht Rechnung tragenden Betrachtungsweise. Von daher erscheint eine erneute Auseinandersetzung mit dem vorstehend umrissenen Themenkreis lohnend.

---

[1] Vgl. RGZ 50, 23 (27); RGZ 64, 409 (413 f.). Beide Entscheidungen beschäftigen sich mit § 88 IV Nr. 7 II der Preußischen Landgemeindeordnung vom 3. Juli 1891 (6. Samml. pr. Staaten 1891, S. 233 [260 f.]). Dieser lautet: „Urkunden über Rechtsgeschäfte, welche die Gemeinde gegen Dritte verbinden sollen, in gleichen Vollmachten, müssen unter Anführung des betreffenden Gemeindebeschlusses und der dazu etwa erforderlichen Genehmigung oder Entschließung der zuständigen Aufsichtsbehörde im Namen der Gemeinde von dem Gemeindevorsteher und einem der Schöffen unterschrieben und mit dem Gemeindesiegel versehen sein."

[2] Vgl. BGH DVBl. 1984, S. 335; BGH NJW 1982, S. 1036; BGH NJW 1980, S. 117.

[3] Vgl. aus der älteren Literatur etwa *Helfritz*, Vertretung, S. 9 ff. sowie *Schneider*, VerwArch Bd. 15 (1907), S. 247 ff. und aus der neuen *Wilhelm*, Die Vertretung der Gebietskörperschaften im Privatrecht und zuletzt *Fritz*, Vertrauensschutz im Privatrechtsverkehr mit Gemeinden.

Erster Teil

Die gesetzliche Vertretung der Gemeinde — ein vergleichender Überblick[1] —

A. Vorbemerkung

Der Bereich der inneren Kommunalverfassung, der — grob skizziert — die Gesamtheit der Normen erfaßt, die die innere Organisation der kommunalen Körperschaften betreffen[2], wird in den einzelnen Ländern der Bundesrepublik Deutschland von starken Unterschiedlichkeiten geprägt[3]. Divergenzen im verfassungsrechtlichen Typ sind nicht nur im Vergleich der Bundesländer untereinander feststellbar, sondern sogar innerhalb einzelner Länder zu verzeichnen[4]. Die landesrechtliche Zersplitterung dieser Rechtsmaterie ist indes kein Symptom der Gegenwart, sondern hat die Entwicklung des modernen Gemeindeverfassungsrechts, das in seiner heutigen charakteristischen Ausprägung bereits zu Beginn des 19. Jahrhunderts entstanden ist[5], von Anfang an begleitet[6]. Durchschlagskräftige Vereinheitlichungsbestrebungen erfolgten erstmalig in der Weimarer Zeit[7]. Im Jahre 1921 setzte der Deutsche

[1] Keine Berücksichtigung gefunden haben im Rahmen der nachfolgenden Untersuchung die Stadtstaaten Berlin und die Freie und Hansestadt Hamburg (Art. 1 I, II Verf Bln; Art. 1, 4 I Verf Hmb) sowie der Staat und höhere Gemeindeverband Freie Hansestadt Bremen (Art. 64, 143 S. 2 Verf Brem). Einbezogen wurde demgegenüber die Stadt Bremerhaven.

[2] Vgl. hierzu *Pagenkopf*, Kommunalrecht I, § 20 I (S. 203); *Zuhorn / Hoppe*, S. 19 f.; *v. Mutius*, JuS 1978, S. 537; *Lohmann*, S. 13.

[3] Vgl. *Pagenkopf*, Kommunalrecht I, § 2 VI (S. 20 f.), § 20 V (S. 213 f.); *v. Mutius*, Jura 1981, S. 126 (129); *v. Mutius / Nesselmüller*, SKV 1975, S. 293; *Püttner*, S. 11, 14; *Schleberger*, HdBKWP Bd. 2, S. 197.

[4] Vgl. z. B. §§ 48 ff., 55 ff., 59 ff. GO SH.

[5] *Engeli / Haus*, S. 11.

[6] Vgl. zur Rechtszersplitterung des Gemeindeverfassungsrechts für die Zeit nach 1808 *Pagenkopf*, Einführung, S. 53; s. auch *W. Jellinek*, VerwR, S. 71/72, der 41 verschiedene Gemeindeordnungen aufführt.

[7] So *Püttner*, S. 37. Gewisse Vereinheitlichungsversuche gab es zwar auch schon vor der Weimarer Zeit; so bezweckte die Gemeindeordnung v. 11. 3. 1850 (GS S. 213), das Gemeindeverfassungsrecht des gesamten preußischen Staatsgebietes zu egalisieren und den in verfassungsmäßiger Hinsicht bestehenden Unterschied zwischen Städten, Landgemeinden und selbständigen Gutsbezirken zu beseitigen. Die Bedeutung der Gemeindeordnung war aller-

Städtetag einen Studienausschuß zur Konzipierung eines übereinstimmenden Gemeinderechts ein[8] und legte als Ergebnis der Vorarbeiten im Jahre 1925 den „Entwurf einer Reichsstädteordnung"[9] und im Jahre 1930 den überarbeiteten Entwurf für eine „Reichsstädteordnung"[10] vor. Während der erste Entwurf Bürgermeister- und Magistratsverfassung nebeneinander hatte gelten lassen[11], erhob letzterer die Forderung nach einer völligen Egalisierung der inneren Verfassungsstruktur der Gemeinden, indem er die Einführung der Bürgermeisterverfassung für das gesamte Staatsgebiet vorschlug[12]. Gesetzeskraft erhielt der Entwurf in der vorgelegten Fassung aber nicht. Erfolg war den Harmonisierungsbestrebungen erst mit dem Zustandekommen der Deutschen Gemeindeordnung (DGO) von 1935 beschieden. Nach dem Zweiten Weltkrieg wurde eine Vereinheitlichung des kommunalen Verfassungsrechts nicht mehr erreicht, die Forderung nach totaler Angleichung allerdings auch nicht mehr erhoben. Der Deutsche Städtetag nahm zwar mit seinem „Entwurf einer Deutschen Gemeindeordnung" vom Mai 1947[13] die Bestrebungen zur Vereinheitlichung bzw. Rettung der Einheitlichkeit wieder auf[14]. Für den Bereich der inneren Gemeindeverfassung sah er aber keine einheitliche Regelung vor, sondern stellte vielmehr insgesamt fünf Verfassungstypen zur Auswahl[15]. Der aus dem Jahre 1948 stammende sog. Weinheimer Entwurf[16], eine Gemeinschaftsarbeit der Innenminister der Länder und der kommunalen Spitzenverbände, verzichtete sogar gänzlich auf einen Vorschlag zur inneren Gemeindeverfassung; diese sollte landesgesetzlicher Sonderregelung vorbehalten bleiben[17]. Dementsprechend lebte in den nur durch den weiten Rahmen des Art. 28 I 2, II GG gebundenen Ländern infolge ihrer natürlichen

---

dings im Hinblick auf ihre räumlich begrenzte Wirkung und ihre kurze Geltungsdauer nur gering; infolge reaktionärer Einflüsse wurde sie bereits durch kgl. Erlaß v. 19. 6. 1852 (GS S. 388) sistiert und durch Gesetz v. 24. 5. 1853 (GS S. 238) endgültig aufgehoben, *Pagenkopf*, Einführung, S. 43; s. auch *v. Brauchitsch*, Vorbemerkungen.

[8] *Püttner*, S. 37; *Pagenkopf*, Einführung, S. 54.

[9] Entwurf 1925, S. 3 ff.

[10] Erschienen im Selbstverlag des Deutschen Städtetages, Berlin 1930; abgedruckt bei *Engeli / Haus*, S. 664 ff.

[11] Vgl. hierzu *Lohmeyer*, Sp. 407 (408 ff.).

[12] Vgl. hierzu *Engeli / Haus*, S. 661.

[13] Abgedruckt bei *Engeli / Haus*, S. 743 ff.

[14] *Püttner*, S. 39.

[15] Drei Rats- und zwei Magistratsverfassungen; die rheinische Bürgermeisterverfassung wurde wegen ihres monokratischen, an das Führerprinzip erinnernden Elements nicht berücksichtigt, *Püttner*, S. 40 Fn. 103.

[16] Abgedruckt bei *Markull*, S. 163 ff.

[17] Vorbemerkung 1 des gemeinsamen Entwurfs einer Gemeindeordnung auf Grund der Beratung in Weinheim am 2. und 3. 7. 1948, abgedruckt bei *Markull*, S. 163.

Verschiedenheit und eigenen historischen Entwicklung[18] sowie aufgrund der Übernahme neuer Verfassungsprinzipien aus der Besatzungszeit — insbesondere in der britischen Zone[19] — unterschiedliches Kommunalverfassungsrecht[20] auf. Eine Tendenz zur Konvergenz der Kommunalrechtsordnungen ist bis heute nicht zu beobachten[21], so daß das geltende Kommunalrecht weitestgehend ein unübersichtliches und heterogenes Bild bietet[22]. Verstärkt wird dies noch durch die Vielfalt der Begriffe, mit denen die Gemeindeordnungen einander entsprechende Funktionseinheiten bezeichnen. So heißt z. B. der innerhalb eines jeden Kommunalverfassungstyps existierende monokratische Gemeindevorsteher, der Leiter der Gemeindeverwaltung[23], in Niedersachsen und Nordrhein-Westfalen „Gemeindedirektor“[24], in Bayern „erster Bürgermeister“[25], in

---

[18] *v. Mutius / Nesselmüller*, SKV 1975, S. 293; *Püttner*, S. 11, 14.

[19] Die britische Verfassung wurde in Nordrhein-Westfalen und Niedersachsen in ihrer Grundstruktur nach dem Rückzug der Besatzungsmacht beibehalten, während Schleswig-Holstein zur deutschen Verfassungstradition zurückkehrte, *Engeli / Haus*, S. 23; *Gönnenwein*, S. 312; s. auch *Püttner*, S. 14.

[20] *Pagenkopf*, Kommunalrecht I, § 2 VI (S. 20 f.), § 20 V (S. 213 f.); *v. Mutius*, Jura 1981, S. 126 (129); *v. Mutius / Nesselmüller*, SKV 1975, S. 293; *Püttner*, S. 11, 14; *Schleberger*, HdBKWP Bd. 2, S. 197.

[21] *Engeli / Haus*, S. 25 f.; *Püttner*, S. 11; s. auch *v. Mutius*, Jura 1981, S. 126 (130) und *Schleberger*, HdBKWP Bd. 2, S. 197.

[22] Allerdings lassen sich gemeinsame Grundzüge in den Kommunalverfassungen ausmachen, die die Bildung von Systemtypen erlauben. Vgl. hierzu *Wolff / Bachof*, VerwR II, 4. Aufl., § 87 II c; *Schmidt-Eichstaedt / Stade / Borchmann*, Einführung I (S. 4); *Püttner*, S. 15; *Pagenkopf*, Kommunalrecht I, § 21 III (S. 222 ff.); *Schleberger*, HdBKWP Bd. 2, S. 197 (202); *v. Mutius*, Jura 1981, S. 126 (130 ff.); *dens.*, JuS 1978, S. 537 f.; *Gönnenwein*, S. 323 ff.; *Lohmann*, S. 32 ff.; *Hummelbeck*, S. 32 ff.; *Vollert*, S. 18 ff., 33 ff.; *Wehling*, HdBKWP Bd. 2, S. 241 ff.; *Berg*, HdBKWP Bd. 2, S. 295 ff.

[23] Vgl. zum Begriff *Wolff / Bachof*, VerwR II, 4. Aufl., § 87 I f.

[24] § 62 II 1 GO Nds; § 53 I 1 GO NRW.

[25] Die Stellung des ersten Bürgermeisters als Leiter der Gemeindeverwaltung ist in Bayern zwar nicht ausdrücklich gesetzlich hervorgehoben. Die dem ersten Bürgermeister in Art. 37 GO Bay übertragenen Aufgaben lassen jedoch erkennen, daß ihm diese Funktion zukommt (so auch *Gönnenwein*, S. 321). Einer solchen Bewertung steht auch nicht Art. 29 GO Bay entgegen, der bestimmt, daß die Gemeinde durch den Gemeinderat verwaltet wird, soweit nicht der erste Bürgermeister selbständig entscheidet. Die Begriffe „verwalten“ und „entscheiden“ sind von ihrem sachlichen Gehalt her gleichbedeutend, so daß Art. 29 GO Bay keinen Unterschied in der Art der Tätigkeit des Gemeinderates einerseits und der des ersten Bürgermeisters andererseits zum Ausdruck bringt (*Widtmann*, Art. 29 Anm. 1). Die Vorschrift trifft vielmehr die grundlegende Feststellung, daß die Verwaltung der Gemeinde dem Gemeinderat und dem ersten Bürgermeister gemeinschaftlich obliegt (*Widtmann*, Art. 29 Anm. 1). Der Terminus „verwalten“ ist dabei nicht in einem engen funktionstechnischen, sondern im weitesten Sinn zu verstehen: Er umfaßt den gesamten Handlungsbereich der Gemeinden, d. h. sowohl die nach außen gerichtete hoheitliche Tätigkeit — gleichgültig ob sie sich auf dem Gebiet der Rechtssetzung oder des Einzelvollzugs bewegt —, des weiteren die rein internen, geschäftsordnenden sowie haushaltsmäßigen Maßnahmen und schließlich die gesamte wirtschaftliche Betätigung der Ge-

Bremerhaven „Oberbürgermeister“[26], sonst grundsätzlich „Bürgermeister“[27].

Den Bereich der gesetzlichen Außenvertretung, worunter die Wahrnehmung der externen konkreten privat- und verwaltungsrechtlichen Zuständigkeiten der Gemeinde gegenüber anderen Personen, also die Abgabe rechtsgeschäftlicher Willenserklärungen sowie der Erlaß von Verwaltungsakten, verstanden wird[28], erfaßt die Zersplitterung indessen nur bedingt. Zwar ist die kommunale Rechtslage auch insoweit nicht vollständig einheitlich gestaltet. Die Gemeindeordnungen weisen diesbezüglich aber neben vielen Gemeinsamkeiten nur eine maßgebliche Divergenz auf. Diese liegt darin begründet, daß die Zuständigkeit der Vertretung teils einem monokratischen Funktionssubjekt, teils einem kollegialen Gremium übertragen ist. Auf der Grundlage dieser Unterscheidung lassen sich im wesentlichen zwei Grundtypen gesetzlicher Vertretung innerhalb des deutschen Kommunalrechts ausmachen.

B. Die gesetzliche Vertretung der Gemeinde in Baden-Württemberg, Bayern, Niedersachsen, Nordrhein-Westfalen, Rheinland-Pfalz, dem Saarland und den (Land-)Gemeinden Schleswig-Holsteins

Systemtyp I

In den vorstehend genannten Bundesländern bzw. den (Land-)Gemeinden Schleswig-Holsteins ist der monokratische Gemeindevorsteher der gesetzliche Vertreter der Gemeinde[1].

Dieser wird bei Ausübung der Vertretungszuständigkeit bestimmten Bindungen unterworfen. So normieren die Gemeindeordnungen für die Abgabe von Verpflichtungserklärungen, d. h. für solche Willenserklärungen, deren Zweck in der Begründung einer Verpflichtung für die Kommune liegt, gleichgültig ob sie privatrechtlicher oder öffentlichrechtlicher Natur sind[2], besondere Anforderungen. Verpflichtende Er-

---

meinde, mag sie sich auf öffentlich-rechtlicher oder privatrechtlicher Grundlage abspielen (vgl. *Prandl / Zimmermann*, Anm. 1 zu Art. 29; *Bohley*, BayBgm 1953, S. 217 [219]; *Masson / Samper*, Art. 29 Anm. 4). Die Verteilung der einzelnen Funktionen wird hingegen nicht durch Art. 29 GO Bay entschieden, sondern vielmehr in den nachfolgenden Vorschriften — etwa Art. 32, 37 GO Bay — geregelt.

[26] § 44 I Verf Bremhv.

[27] § 44 I 1 GO BaWü; § 70 I 2 GO He; § 47 I 1 1. HS GO RhPf; § 59 II 1 KSVG Sa; §§ 49 I 1, 70 I 2 2. HS GO SH.

[28] Vgl. *Wolff / Bachof*, VerwR II, 4. Aufl., § 87 III; s. auch *Hummelbeck*, S. 23.

[1] § 42 I 2 GO BaWü; Art. 38 I GO Bay; § 63 I GO Nds; § 55 I 1 GO NRW; § 47 I 1 GO RhPf; § 59 I KSVG Sa; §§ 50 I, 55 V 1 i. V. m. § 50 I GO SH.

[2] Vgl. *Wolff / Bachof*, VerwR II, 4. Aufl., § 87 III c.

klärungen hat der Gemeindevorsteher zunächst schriftlich abzugeben und handschriftlich zu unterzeichnen[3]. Die niedersächsische Gemeindeordnung normiert das Schriftformerfordernis zwar nicht ausdrücklich[4]. Ein diesbezüglicher landesgesetzlicher Vergleich läßt jedoch insoweit auf ein „gemeindeutsches Kommunalrecht" schließen: So verlangen die Gemeindeordnungen sämtlicher übrigen Bundesländer die schriftliche Abgabe von Verpflichtungserklärungen[5]. Auch § 36 der Deutschen Gemeindeordnung (DGO) von 1935, der den Ländern bei der Konzeption der heute geltenden Förmlichkeitsanforderungen als Anleihe diente[6], gebot in Absatz 2 Satz 1 insoweit die Einhaltung der Schriftform. Schließlich enthält die niedersächsische Gemeindeordnung keine Anhaltspunkte für einen Verzicht auf die Schriftlichkeit verpflichtender Erklärungen. Vielmehr implizieren die in diesem Bundesland insoweit erforderliche handschriftliche Unterzeichnung und das Beidrücken des Dienstsiegels[7] die Abgabe einer schriftlichen Erklärung. Außer Niedersachsen verlangt ferner Schleswig-Holstein die Versehung der Erklärung mit Dienstsiegel[8]. Bayern fordert neben Schriftform und handschriftlicher Unterzeichnung die Angabe der Amtsbezeichnung[9]. Demgegenüber ist in Baden-Württemberg die Beifügung der Amtsbezeichnung kein zwingendes „muß", sondern nur ein gesetzliches „soll"[10]. In Rheinland-Pfalz und dem Saarland hat eine Verpflichtungserklärung schließlich sowohl Amtsbezeichnung als auch Dienstsiegel aufzuweisen[11]. Bei gerichtlicher oder notarieller Beurkundung der Erklärung verzichtet Rheinland-Pfalz auf letztere Erfordernisse[12]; Niedersachsen hält in diesem Fall das Dienstsiegel sowie die handschriftliche Unterzeichnung für entbehrlich[13]. Des weiteren schreibt ein Teil der Gemeindeordnungen die doppelte Unterzeichnung von verpflichtenden Erklärungen vor. In Niedersachsen sind Verpflichtungserklärungen gemeinsam von Ge-

---

[3] § 54 I GO BaWü; Art. 38 II 1 u. 2 GO Bay; § 56 I GO NRW; § 63 II 2 GO Nds; § 62 S. 1 u. 2 KSVG Sa; § 49 I 1 u. 2 GO RhPf; §§ 50 II, 55 V 1 i. V. m. § 50 II GO SH. Die GO NRW verlangt ausdrücklich nur Unterzeichnung der Erklärung; damit ist jedoch eine handschriftliche Unterzeichnung gemeint (*Kottenberg / Rehn*, § 56 Erl. II 2).

[4] Vgl. § 63 II GO Nds.

[5] Art. 38 II 1 GO Bay; § 54 I GO BaWü; § 46 II 1 Verf Bremhv; § 71 II 1 GO He; § 56 I GO NRW; § 62 S. 1 KSVG Sa; § 49 I 1 GO RhPf; §§ 50 II 1, 61 II 1 GO SH.

[6] Vgl. *Püttner*, S. 14 Fn. 21; vgl. auch 3. Teil, 1. Kap., 1. Abschn., A II 3 a.

[7] § 63 II GO Nds.

[8] § 50 II 2 GO SH.

[9] Art. 38 II 2 GO Bay.

[10] § 54 III GO BaWü.

[11] § 49 I 2 GO RhPf; § 62 S. 2 KSVG Sa.

[12] § 49 I 3 GO RhPf.

[13] § 63 II 2 GO Nds.

meindevorsteher und Ratsvorsitzendem zu unterzeichnen[14], in Nordrhein-Westfalen ist die Unterschrift eines vertretungsberechtigten Beamten oder Angestellten neben der des Gemeindevorstehers erforderlich[15] und in den (Land-)Gemeinden Schleswig-Holsteins letztendlich müssen Gemeindevorsteher und dessen Stellvertreter zusammen unterzeichnen[16]. Baden-Württemberg, Bayern, Rheinland-Pfalz und das Saarland sehen eine doppelte Unterzeichnung hingegen nicht vor[17].

Das Gebot, bei der Abgabe von Verpflichtungserklärungen bestimmte Erfordernisse einzuhalten, gilt bis auf Bayern nicht ausnahmslos. In Baden-Württemberg, Niedersachsen, Nordrhein-Westfalen, Rheinland-Pfalz sowie dem Saarland unterliegen dem Formzwang nicht die Geschäfte der laufenden Verwaltung[18], d. h. diejenigen Geschäfte, die in mehr oder weniger regelmäßiger Wiederkehr vorkommen und zugleich nach Größe, Umfang der Verwaltungstätigkeit und Finanzkraft der Gemeinde von sachlich weniger erheblicher Bedeutung sind[19]. Rheinland-Pfalz hebt dabei die für die Formfreistellung erforderliche finanzielle Bedeutungslosigkeit des Geschäfts ausdrücklich gesetzlich hervor[20]. In Schleswig-Holstein besteht schließlich eine Formgebundenheit dann nicht, wenn der Wert der Leistung der Gemeinde einen in der Hauptsatzung bestimmten Betrag nicht übersteigt[21].

---

[14] § 63 II 1 u. 2 GO Nds. Im Rahmen der Novelle zur GO Nds (Drs. 9/1981) hat die Landesregierung vorgeschlagen, auf die zusätzliche Unterschrift des Ratsvorsitzenden bei Verpflichtungserklärungen zu verzichten, da es insoweit nur um die Ausführung von Beschlüssen gehe, so daß eine „politische Mitzeichnung" nicht einzusehen sei. Auch widerspreche ein doppeltes Zeichnungserfordernis den Bedürfnissen der Praxis. Dem Vorschlag der Landesregierung schlossen sich die drei kommunalen Spitzenverbände im Rahmen der Anhörung in der 91. Sitzung des Innenausschusses am 5. Mai 1981 an. Der Änderungsvorschlag wurde jedoch ohne Begründung vom Innenausschuß vor der letzten Lesung der Gesetzesnovelle gestrichen, s. *Eilers*, NStV-N 1982, S. 63.

[15] § 56 I 2 GO NRW.

[16] §§ 50 II 2, 55 V 1 i. V. m. § 50 II 2 GO SH.

[17] Vgl. § 54 I GO BaWü; Art. 38 II GO Bay; § 49 I GO RhPf; § 62 KSVG Sa.

[18] § 54 IV GO BaWü; § 63 IV GO Nds; § 56 II GO NRW; § 49 III GO RhPf; § 62 S. 3 KSVG Sa.

[19] BGH NJW 1980, S. 117; OVG Münster OVGE 25, 186 (193); *Rauball / Pappermann / Roters*, § 28 Rdn. 30; vgl. auch *Kunze / Bronner / Katz*, § 54 Erl. IV 2; *Lüersen / Neuffer*, § 62 Rdn. 8.

[20] § 49 III GO RhPf.

[21] § 50 IV GO SH.

C. Die gesetzliche Vertretung der Gemeinde in Bremerhaven, Hessen und den Städten Schleswig-Holsteins

Systemtyp II

In Bremerhaven, Hessen und den Städten Schleswig-Holsteins obliegt die gesetzliche Vertretung nicht dem Gemeindevorsteher, sondern dem kollegialen Gemeindevorstand bzw. Magistrat[1], dem jener als Vorsitzender angehört[2].

Dem Gemeindevorsteher kommt lediglich die Aufgabe zu, die im Rahmen der Vertretung erforderlichen Erklärungen abzugeben[3]. Die Gemeindeordnung Hessens verlangt, daß er dabei im Namen des Gemeindevorstands handelt[4]. Demgegenüber sieht die Verfassung Bremerhavens die Vollziehung der Erklärung unter der Bezeichnung des Magistrats ausdrücklich nur im Bereich der Verpflichtungserklärungen vor[5]. Die schleswig-holsteinische Gemeindeordnung enthält schließlich keine Regelung in dieser Richtung[6]. Gleichwohl wird man davon ausgehen dürfen, daß der Gemeindevorsteher auch in Bremerhaven und Schleswig-Holstein allgemein Erklärungen im Namen des Magistrats abzugeben hat[7]. Denn der Bürger, der in eine rechtliche Beziehung zur Gemeinde tritt, hat ein Interesse daran zu erfahren, wer die Gemeinde rechtsgeschäftlich vertreten kann, und ob derjenige, mit dem er unter Umständen konkrete Vertragsverhandlungen führt, der Vertreter der Gemeinde ist oder doch zumindest für diesen handelt. Gibt der Gemeindevorsteher Erklärungen im Namen des Gemeindevorstands bzw. Magistrats ab, figuriert er als Vertreter des gesetzlichen Vertreters in der Erklärung[8].

---

[1] § 42 I 3 g Verf Bremhv; § 71 I 1 GO He; § 61 I GO SH.

[2] §§ 38 I 1, 43 III Verf Bremhv; § 65 I GO He; § 62 I 1 GO SH.

[3] § 46 I 1 Verf Bremhv; § 71 I 2 GO He. Die GO SH bestimmt dies zwar ausdrücklich nur für Verpflichtungserklärungen (§ 61 II GO SH); der Gemeindevorsteher hat darüber hinaus aber auch grundsätzlich allgemeine, d. h. nicht verpflichtende Erklärungen abzugeben (vgl. *Galette / Laux*, § 7 Erl. 6; *Hummelbeck*, S. 52).

[4] § 71 I 2 GO He.

[5] § 46 II 2 Verf Bremhv.

[6] Vgl. § 61 II GO SH.

[7] So auch *Wolff / Bachof*, VerwR II, 4. Aufl., § 87 III a.

[8] Der „Vertreter in der Erklärung" wird als eigene Kategorie grundsätzlich überwiegend abgelehnt (BGB-RGRK-*Steffen*, Vorbem. 18 zu § 164; *Soergel / Siebert / Schultze-v. Lasaulx*, Vorbem. 59 zu § 164; *Larenz*, Allg. Teil, § 30 I c [S. 579]; *Flume*, § 43 6 [S. 759 ff.]; *Enneccerus / Nipperdey*, § 178 II 1 c [S. 1090]; a. A. *Schneider*, S. 24 ff.), in Einzelfällen dagegen anerkannt. So wird der Betriebsratsvorsitzende, der gem. § 26 III BetrVerfG den Betriebsrat im Rahmen der von ihm gefaßten Beschlüsse vertritt und für diesen Erklärungen entgegennimmt, als Vertreter in der Erklärung bewertet (*Dietz / Richardi*,

Verpflichtungserklärungen bedürfen auch in diesem Typ gesetzlicher Vertretung durchweg der Schriftform sowie der handschriftlichen Unterzeichnung[9]. Schleswig-Holstein und Hessen schreiben außerdem die Beidrückung des Dienstsiegels vor[10] und normieren ferner ein doppeltes Zeichnungserfordernis: Verpflichtungserklärungen sind vom Gemeindevorsteher sowie einem weiteren Mitglied des kollegialen Gremiums zu unterschreiben[11]. Bremerhaven läßt demgegenüber die Unterzeichnung des Gemeindevorstehers genügen[12].

Diese für Verpflichtungserklärungen normierten besonderen Anforderungen gelten in Bremerhaven und Hessen nicht für solche Geschäfte der laufenden Verwaltung, die für die Stadt nicht von erheblicher Bedeutung sind[13]. Schleswig-Holstein nimmt diejenigen Erklärungen aus, bei denen der Wert der Leistung der Gemeinde einen in der Hauptsatzung bestimmten Betrag nicht übersteigt[14].

D. Darlegung der sich stellenden Rechtsfragen

Die im Bereich der gesetzlichen Vertretung zu beachtenden Kautelen bergen eine Anzahl von Fehlerquellen, die immer wieder Anlaß zu Rechtsstreitigkeiten gegeben und oftmals zu obergerichtlicher oder sogar höchstrichterlicher Judikatur geführt haben[1]. Es sind dies in bei-

---

§ 26 Rdn. 4; *Fitting / Auffarth / Kaiser*, § 26 Rdn. 26; *Söllner*, § 20 III 1 [S. 150]; *Hueck / Nipperdey*, § 59 B II 1 [S. 1190]). Die Rechtslage zwischen dem BetrVerfG und der Verf Bremhv sowie den GOen He, SH ist diesbezüglich vergleichbar: Gemeindevorsteher und Betriebsratsvorsitzender sind beide Mitglieder eines Gremiums (§ 38 I 1 Verf Bremhv; § 65 I GO He; § 62 I 1 GO SH; § 26 I 1 BetrVerfG), für das sie aufgrund gesetzlicher Anordnung in bestimmter Weise tätig werden.

[9] § 71 II 1 GO He; § 46 II 1 u. 2 Verf Bremhv; § 61 II GO SH.

[10] § 71 II 2 GO He; § 61 II 2 GO SH.

[11] § 71 II 2 GO He; § 61 II 2 GO SH.

[12] Vgl. § 46 II Verf Bremhv.

[13] § 46 II 3 Verf Bremhv; § 71 II 3 GO He.

[14] § 61 III i. V. m. § 50 IV GO SH.

[1] Vgl. z. B. BGH DVBl. 1984, S. 335; BGH NJW 1982, S. 1036; BGH NJW 1980, S. 117; BGH NJW 1978, S. 102; BGH NJW 1977, S. 2072; BGH NJW 1973, S. 1494; BGH Warneyer 1973, S. 403; BGH DVBl. 1972, S. 778; BGH NJW 1968, S. 39; BGH NJW 1966, S. 2402; BGH NJW 1960, S. 1805; BGH NJW 1958, S. 866; zu § 37 rev. DGO: BGH NJW 1956, S. 1355; BGHZ 6, 330; BGH NJW 1952, S. 1130; BAG AP Nr. 7 zu § 125 BGB; OLG Frankfurt NVwZ 1982, S. 580; OLG Frankfurt Rpfleger 1975, S. 177; SchlH OLG SchlHA 1971, S. 201; OLG Hamburg MDR 1968, S. 238; OLG Braunschweig NJW 1966, S. 58; OLG München MDR 1953, S. 165; OLG Braunschweig MDR 1950, S. 237; OVG Münster Städte- und Gemeinderat 1983, S. 30 zu § 40 I 2 KrO NRW (inhaltsgleich mit der Bestimmung des § 56 I 2 GO NRW); LG Stuttgart NVwZ 1982, S. 57; LG Aurich NJW 1951, S. 723; LG Lübeck MDR 1952, S. 745.

den Grundtypen gesetzlicher Vertretung die Mißachtung des Schriftformerfordernisses sowie die Verletzung des Gebots, verpflichtende Erklärungen handschriftlich und ggf. zweifach zu unterzeichnen sowie mit Amtsbezeichnung bzw. Dienstsiegel zu versehen. Insbesondere im Rahmen konkreter Rechtsstreitigkeiten zeigen sich die den kommunalen Förmlichkeitsbestimmungen innewohnenden Rechtsproblematiken. Schwerpunktmäßig lassen sich diese beschreiben als Fragen nach

— der Rechtsnatur der Vorschriften

— deren Verfassungsmäßigkeit

sowie nicht zuletzt

— den Rechtsfolgen, die Normverstöße auszulösen vermögen.

Zweiter Teil

Der organisationsrechtliche Status von Gemeindevorsteher und Magistrat im Bereich der gesetzlichen Vertretung

Eine Erörterung der Rechtsnatur der kommunalen Förmlichkeitsbestimmungen, d. h. eine Auslegung dieser Rechtsvorschriften, läßt sich indessen nur vor dem Hintergrund der kommunal-organisatorischen Zusammenhänge sachgerecht durchführen. So verlangt etwa eine Analysierung der Förmlichkeitsbestimmungen nach objektiv-teleologischen Kriterien, die u. a. dem Umstand Rechnung tragen wollen, daß die Gesetze eine Regelung erstreben, die „sachgemäß" ist, die den durch die Struktur der Sache vorgegebenen Momenten entspricht[1], eine Betrachtung der Vorschriften unter Berücksichtigung der organisatorischen Struktur der Gemeinde, d. h. des organisatorischen Beziehungsverhältnisses zwischen Gemeinde und Gemeindevorsteher bzw. Gemeinde, Gemeindevorsteher und Magistrat im Bereich der gesetzlichen Vertretung — um nur ein Beispiel zu nennen. Da eine Untersuchung dieser organisationsrechtlichen Problematik im Rahmen der Auslegung der Förmlichkeitsbestimmungen, also an den jeweils einschlägigen Stellen eine geschlossene und damit übersichtliche Interpretation jener Rechtssätze nicht erlauben würde, soll sie vorab vorgenommen werden.

Ausgangspunkt für die Untersuchung muß dabei die Überlegung sein, daß die Gemeinde eine Gebietskörperschaft[2] und damit eine juristische Person ist[3], die als solche keine Willens- und Handlungsfähigkeit besitzt, sondern diese erst über die dogmatische Figur des Organs gewinnt[4], womit sich als erstes die Frage nach der Bedeutung des Organbegriffs erhebt.

---

[1] Vgl. *Larenz*, Methodenlehre, S. 319, 320 f.

[2] Dies stellen sämtliche Gemeindeordnungen auch ausdrücklich fest: § 1 IV GO BaWü; Art. 1 S. 1 GO Bay; § 1 Verf Bremhv; § 1 II GO He; § 1 II GO Nds; § 1 II GO NRW; § 1 II 1 GO RhPf; § 1 II KSVG Sa; § 1 II GO SH. Vgl. auch *Wolff / Bachof*, VerwR II, 4. Aufl., § 84 III d 1; *Pagenkopf*, Kommunalrecht I, § 3 I (S. 24 ff.); *Hummelbeck*, S. 7.

[3] *Wolff / Bachof*, VerwR II, 4. Aufl., § 71 III c 1; *Hummelbeck*, S. 7.

[4] Vgl. *Wolff / Bachof*, VerwR II, 4. Aufl., § 74 I e, f.

A. Der Organbegriff

Der Organbegriff hat im juristischen Sprachgebrauch zu keiner Zeit eine einheitliche Auslegung erfahren. Vielmehr sind diesem seit seiner Einführung in die Rechtswissenschaft um die Jahrhundertwende durch *Otto v. Gierke* und *Hugo Preuß* über *Carl Friedrich v. Gerber, Georg Jellinek* u. a. bis hin in die Gegenwart unterschiedliche Sinngehalte beigelegt worden.

I. Der Organbegriff Ende des 19. Jahrhunderts/ Anfang des 20. Jahrhunderts

Die Diskussion über den Begriff des (Staats-)Organs ging Ende des 19. Jahrhunderts/Anfang des 20. Jahrhunderts stets einher mit dem Streit um das Staatsverständnis, d. h. die organische oder anorganische Beschaffenheit des Staates bzw. allgemein der Gesamtperson, so daß die diesbezüglichen Lehren — jedenfalls zum Teil — Rückschlüsse auf die Inhalte der damaligen Organbegriffe, die nicht immer aus sich heraus eindeutig verständlich sind, erlauben. Daher sollen sie in diesem Zusammenhang mitreferiert werden.

Jene Kontroverse spaltete die rechtswissenschaftliche Literatur der vergangenen Zeit in zwei Lager. Während die Vertreter der organischen (Staats-)Auffassung wie *v. Gierke* und *Preuß* der Person des Staates bzw. allgemein der Gesamtperson Realität zuerkannten[1], ließen die Vertreter der anorganischen Staatsauffassung wie *v. Gerber* und *G. Jellinek* die Staatsperson nur als Abstraktion gelten[2]. Der Gegensatz zwischen organischer und anorganischer Lehre wirkte sich indessen nicht durchweg auf die jeweilige Definition des Organbegriffs aus. Dies verwundert um so mehr, als doch gerade für die Bestimmung des Begriffs (Staats-)Organ die Anschauung darüber, ob der Staat bzw. allgemein die Gesamtperson ein Organismus ist oder nicht, maßgebliche Bedeutung haben dürfte[3]. Denn die (Staats-)Organe können als Teile des Staates bzw. als Teile einer Gesamtperson nur die gleiche Struktur aufweisen wie der Staat bzw. die Gesamtperson selbst. Vom Standpunkt der organischen Lehre müßten sie daher real existierende Gebilde sein, vom Standpunkt der anorganischen Auffassung dagegen eine reine Abstraktion darstellen. Ein solcher Kontrast zwischen organischer und anorganischer Lehre läßt sich jedoch bei der Diskussion des Organ-

---

[1] *v. Gierke*, ZStW Bd. 30 (1874), S. 153 ff., 264 ff.; *ders.*, Privatrecht, S. 456 ff. (469 ff.), 475 ff.; *Preuß*, Schmollers Jahrbuch Bd. 26 (1902), S. 103 ff.

[2] *v. Gerber*, S. 1 ff., 225 ff.; *G. Jellinek*, System, S. 12 ff.; *ders.*, Staatslehre, S. 136.

[3] So auch *Kelsen*, S. 450.

begriffs nicht durchgehend feststellen[4]. Vielmehr sind die Differenzen insoweit innerhalb derselben Theorie oft wesentlich stärker als zwischen den gegensätzlichen Lehren.

1. Der Organbegriff im Sinne der organischen Lehre

Die organische Lehre gelangte zum Organbegriff ausgehend von der organisierten Gruppe, deren soziale Wirklichkeit und Wirksamkeit sie erkennen wollte[5], und die sie dementsprechend als reale Gesamtperson, d. h. als Zusammensetzung aus Einzelpersonen, begriff[6]. Soweit diese sich aufgrund entsprechender Berufung durch das Recht für die Gesamtperson betätigten, handelte vom Standpunkt der organischen Lehre ein Teil des Gemeinwesens und durch diesen Teil das Gemeinwesen selbst[7].

a) Das Organverständnis *Otto v. Gierkes*

Die Einzelperson oder Personenmehrheit, die solchermaßen die Gesamtperson zur Wirkung brachte, bezeichnete *v. Gierke* als Organ[8]. Damit vertrat er einen Organbegriff, der durch einen (physisch) personalen Gesichtspunkt geprägt war. Dieser stellte indessen nicht den ausschließlichen Aspekt seiner Lehre dar. So bezeichnete *v. Gierke* Organe auch als „ständige Einrichtungen, (denen) durch Abgrenzung von Zuständigkeiten (Kompetenzen) bestimmte Funktionen des Gemeinlebens zuzuteilen"[9] seien und die menschlicher Träger bedürften[10]. Er erkannte dem Organ insoweit institutionelle und normative Elemente zu. Gleichwohl prägten diese Aspekte seinen Organbegriff nicht entscheidend. Vielmehr wird man davon ausgehen dürfen, daß *v. Gierke*

---

[4] A. A. wohl *Wolff*, Vertretung, S. 226.

[5] So die Charakterisierung von *Wolff*, Vertretung, S. 225 f.

[6] *v. Gierke*, Privatrecht, S. 466, 470, 492; s. auch *dens.*, Genossenschaftstheorie, S. 603, 620; *Preuß*, Schmollers Jahrbuch Bd. 26 (1902), S. 103 (108, 115, 123).

[7] *v. Gierke*, Genossenschaftstheorie, S. 624 f.; *ders.*, Privatrecht, S. 472.

[8] *v. Gierke*, Genossenschaftstheorie, S. 624 f.

[9] *v. Gierke*, Privatrecht, S. 497; ähnlich *ders.*, ZStW Bd. 30 (1874), S. 254 (330): „Im einzelnen wird das Staatsrecht zunächst die Organe des Staats als objektive Einrichtungen im Staatskörper nach Zahl, Art und Wirkungssphäre zu normieren, ihre Kompetenzen gegeneinander abzugrenzen, ... haben."

[10] *v. Gierke*, Privatrecht, S. 498; vgl. auch *dens.*, ZStW Bd. 30 (1874), S. 254 (331): „Das Staatsrecht hat sodann in subjektiver Beziehung die Berufung und Stellung der die Organschaften ausübenden einzelnen Staatsglieder, deren Bestand ja ein wechselnder ist, zu normieren."

in den Vordergrund seines begrifflichen Verständnisses das personale Moment stellte[11], da er von der Willens- und Handlungsfähigkeit der Gesamtperson *durch* ihre Organe ausging[12], zur Bildung eines Willens sowie zur Vornahme von Handlungen aber nur das Organ verstanden als physische Person in der Lage ist. Eine solche Interpretation des *Gierke*-schen Organbegriffs scheint um so mehr gerechtfertigt, berücksichtigt man, daß dieser den Organen „Lebensaktionen"[13] bzw. eine „Lebenstätigkeit"[14] zuerkannte.

b) Der Organbegriff *Hugo Preuß'*

Demgegenüber differenzierte *Preuß* zwischen dem Organ, der abstrakten Institution und der Organperson, dem als Organ fungierenden physischen Wesen. So führte er aus: „... die Begriffe Organ und Organperson sind nicht identisch. Unter ersterem versteht man die abstrakten Institute als solche, so daß die Krone, die Behörde, das Parlament, die Wählerschaft zwar Organe, aber keine Personen sind ... bei jenen abstrakten Institutionen (handelt es sich) ... nicht um lebendige Organe, sondern lediglich um organisatorische Einrichtungen ... Reale Existenz, Willen und damit rechtliche Wirksamkeit erlangen diese organisatorischen Einrichtungen lediglich dadurch, daß Gliederpersonen zu diesen Organfunktionen berufen und damit zu Organpersonen werden"[15]. Reale Wirklichkeit erkannte *Preuß* damit nur dem mit einer physischen Person besetzten Organ, also dem „aktuell wirksamen Organ"[16], nicht hingegen dem Organ als solchem zu.

2. Der Organbegriff im Sinne der anorganischen Lehre

Der anorganischen Lehre kam es im Gegensatz zur organischen Lehre darauf an, die Gesamtperson wie z. B. den Staat nicht als reales Gebilde, sondern als Organisation im Rechtssinne zu erfassen[17]. In der Bestimmung des Organbegriffs spiegelt sich diese Grundanschauung indessen nicht durchweg wider.

---

[11] So auch, allerdings im Hinblick auf die gesamte organische Lehre, *Wolff*, Vertretung, S. 226.

[12] *v. Gierke*, Privatrecht, S. 472; *ders.*, ZStW Bd. 30 (1874), S. 254 (330); *ders.*, Genossenschaftstheorie, S. 615.

[13] *v. Gierke*, Privatrecht, S. 472.

[14] *v. Gierke*, Privatrecht, S. 497.

[15] *Preuß*, Schmollers Jahrbuch Bd. 26 (1902), S. 103 (109).

[16] Vgl. zu diesem Begriff *Wolff / Bachof*, VerwR II, 4. Aufl., § 74 IV a.

[17] Vgl. *v. Gerber*, S. 224; *G. Jellinek*, System, S. 12 ff.; *dens.*, Staatslehre, S. 136 ff. (162 ff.).

a) Das Organverständnis *Carl Friedrich v. Gerbers*

Bei *v. Gerber*, dem Begründer der anorganischen Richtung, läßt sich zunächst eine abstrakte Definition des Begriffs Organ nicht finden, wohl aber eine Beschreibung organschaftlicher Eigenschaften. „... Organen gemeinschaftlich ist die Eigenschaft," — so *v. Gerber* — „daß der in ihrem Wesen enthaltene Beruf rechtlichen Handelns ihren Berechtigten als eigener und ursprünglicher zukommt"[18].

Zwei Aspekte waren danach für das Organverständnis *v. Gerbers* bezeichnend: Er erkannte den Organen — dies ist der erste Aspekt — Handlungsfähigkeit zu. Besonders deutlich tritt dies auch in seiner Aussage, im Handeln der Organe verwirkliche sich der Wille der Staatspersönlichkeit[19], zutage. Angesichts der Tatsache, daß nur die menschliche Person zur Vornahme von Handlungen imstande ist, wird man *v. Gerber* dahin verstehen dürfen, daß er die Organe als etwas physisch Existentes begriff. Den zweiten Aspekt seines Organverständnisses bildete das Moment der „Ursprünglichkeit". Nur diejenigen, die ein „ursprüngliches Recht zur Kundgebung des Staatswillens" besaßen, bezeichnete *v. Gerber* als Organe[20]. In den monarchischen Staaten erkannte er ein solches Recht nur dem Monarch und den Ständen zu und ließ dementsprechend nur diese als Organe gelten[21]. Allen anderen mit Staatsfunktionen betrauten Personen kam nach *v. Gerber* die Stellung bloßer „Staatsdiener" zu[22].

b) Der Organbegriff *Georg Jellineks*

Demgegenüber war *G. Jellinek* ein solch enges Verständnis des Organbegriffs fremd. „Durch Rechtssätze" — führte dieser aus — „wird aus natürlichem Willen staatlicher Wille gebildet. Die staatlichen Willen bildenden Menschen werden soweit sie dies tun zu staatlichen Organen[23]." Darzustellen bleibt, welchen Inhalt *G. Jellinek* dem Organbegriff im einzelnen beilegte. Dies läßt sich indessen nicht ohne weiteres referieren. Verfehlt wäre es insbesondere, aus der vorstehenden Aussage *G. Jellineks* zu schließen, daß er das Organ mit dem den staatlichen Willen bildenden Menschen identifizierte. Vielmehr differenzierte er zwischen dem Organ und den „hinter den Organen stehenden

---

[18] *v. Gerber*, S. 77.
[19] *v. Gerber*, S. 76 f.
[20] *v. Gerber*, S. 77.
[21] *v. Gerber*, S. 77.
[22] *v. Gerber*, S. 77.
[23] *G. Jellinek*, System, S. 223.

Menschen"[24], die er als Organträger bezeichnete[25]. Sein Organbegriff war demgegenüber komplexer. „Staatsorgane" — so *G. Jellinek* — „sind nicht Persönlichkeiten, sondern physische Individuen, die innerhalb der ihnen zukommenden Kompetenzen den Staat selbst darstellen[26]."

Drei Gesichtspunkte prägten danach das Organverständnis *G. Jellineks:* Den ersten Aspekt bildete das Merkmal der mangelnden Persönlichkeit, den zweiten das Begreifen des Organs als physisches Individuum. Auf den ersten Blick wirken diese Aspekte widersprüchlich, da beide Auskunft über die Struktur des Organs zu geben scheinen. Während der Gesichtspunkt der mangelnden Persönlichkeit den Eindruck erweckt, bei dem Organ handele es sich um ein anorganisches, abstraktes Gebilde, deutet der zweite Gesichtspunkt auf ein organisches, d. h. reales Wesen der Organe hin. Auch läßt sich ein Unterschied zwischen dem Organ, dem „physischen Individuum" und dem Organträger, „dem Menschen von Fleisch und Blut"[27] nicht ohne weiteres erkennen. Eine nähere Betrachtung des Sprachgebrauchs *G. Jellineks* beweist indessen die Stimmigkeit seiner Terminologie: Mit dem Merkmal der mangelnden Persönlichkeit wollte *G. Jellinek* keine Aussage über die organische oder anorganische Struktur der Organe treffen. Vielmehr beschrieb er damit deren Verhältnis zum Staat. „Das Organ als solches" — so *G. Jellinek* — „besitzt dem Staat gegenüber keine Persönlichkeit. Es sind nicht zwei Personen vorhanden: Staats- und Organpersönlichkeit, die zueinander in irgendeinem Rechtsverhältnis ständen; vielmehr ist Staat und Organ eine Einheit[28]." Organe waren für *G. Jellinek* danach physische Individuen ohne *Rechts*persönlichkeit. Letzteres war die Konsequenz der von *G. Jellinek* vertretenen sog. Impermeabilitätstheorie[29], die die Rechtspersönlichkeit des Staates als unzergliedert, d. h. rechtlich nicht untergliedert[30] ansah. Als Innendifferenzierungen der als impermeabel gedachten Staatsperson konnten die Organe keine Rechtssubjekte sein. Aufzuzeigen bleibt der Unterschied zwischen dem Begriff des „physischen Individuums" (Organ) und dem des „Menschen" (Organträger). Welchen Sinngehalt *G. Jellinek* dem Wort „Mensch" beilegte, läßt sich seinen Ausführungen über das Verhältnis des Staates zu den Organträgern entnehmen. Diesbezüglich führte er aus: „Staat und

---

[24] *G. Jellinek*, System, S. 239; vgl. auch *dens.*, Staatslehre, S. 559.

[25] Siehe z. B. *G. Jellinek*, System, S. 228, 243; *dens.*, Staatslehre, S. 562 Fn. 1.

[26] *G. Jellinek*, System, S. 224.

[27] *G. Jellinek*, System, S. 228.

[28] *G. Jellinek*, Staatslehre, S. 560.

[29] *G. Jellinek*, Gesetz und Verordnung, S. 240 f. Die Impermeabilitätstheorie wurde des weiteren von *Laband*, S. 181 f. vertreten.

[30] Vgl. hierzu *Krebs*, Jura 1981, S. 569 (572).

Organträger sind ... zwei geschiedene Persönlichkeiten, zwischen denen mannigfache Rechtsverhältnisse möglich und notwendig sind[31]." Das im Zusammenhang mit dem Terminus Organträger verwendete Wort „Mensch" bezeichnete danach im Sprachgebrauch *G. Jellineks* die mit voller Rechtspersönlichkeit ausgestattete natürliche Person. Dagegen wird man den in bezug auf den Terminus Organ gebrauchten Begriff des „physischen Individuums" — unter Berücksichtigung des Merkmals mangelnde (Rechts-)Persönlichkeit — als Bezeichnung für das jeglicher rechtlichen Persönlichkeit entkleidete lebende Wesen, die reale Existenz als solche, verstehen dürfen. Den dritten Aspekt des *Jellinek*schen Organbegriffs bildeten schließlich die „den physischen Individuen zukommenden Kompetenzen". Diese waren von den jeweiligen Organträgern unabhängig, so daß sie bei einem Wechsel des menschlichen Substrats erhalten blieben, womit *G. Jellinek* die Kontinuität des Staatslebens zu erklären suchte[32].

c) Der Organbegriff *Josef Lukas'*

Im Gegensatz zu *G. Jellinek* gelangte *Lukas* zur Unterscheidung und begrifflichen Abhebung der organisatorisch-institutionellen Seite des Organphänomens von den handelnden physischen Personen. Er definierte das Organ als „abstracte Institution im Gegensatz zu den concreten menschlichen physischen Personen, respective im Gegensatz zu dem concreten Collegium von menschlichen, physischen Personen, welche im Sinne der abstracten Institutionen thätig sind[33]." Die für das Organ handelnde Person nannte er Organträger[34].

II. Der Organbegriff der Gegenwart

Eine einheitliche Definition des Begriffs Organ läßt sich auch in der heutigen rechtswissenschaftlichen Diskussion nicht ausmachen. Vielmehr verwenden Rechtsprechung und Lehre das Wort „Organ" bald für einen oder mehrere Menschen, bald für die Zusammenfassung von Menschen, Zuständigkeiten und sachlichen Verwaltungsmitteln, bald nur für eine gedankliche Einheit, nämlich für ein institutionelles Zurechnungssubjekt.

---

[31] *G. Jellinek*, Staatslehre, S. 562.

[32] *G. Jellinek*, Staatslehre, S. 562 f.

[33] *Lukas*, S. 20. *G. Jellinek*, Staatslehre, S. 563 Fn. 1 nannte die Auffassung *Lukas'* vom Organ als willenlosem Abstraktum eine „eigentümliche Lehre".

[34] *Lukas*, S. 17.

1. *Überblick über die heute vertretenen Organbegriffe*

So definiert z. B. der nordrhein-westfälische Verfassungsgerichtshof Organe als „solche Personen oder Personenmehrheiten, deren Wollen und Handeln unmittelbar der juristischen Person als deren eigenes Wollen und Handeln rechtlich zugerechnet werden“[35]. Sein Organbegriff ist danach allein durch einen (physisch) personalen Gesichtspunkt geprägt. Von einem anderen Verständnis geht dagegen z. B. *Rasch* aus, der neben dem Terminus „Organ“ die Begriffe „Organ-Institution“, „Organwalter“ und „Organ-Mittel“ verwendet[36]. Unter „Organ-Institution“ versteht er dabei einen „durch die institutionellen Organisationsnormen umschriebenen Kreis von Aufgaben und Zuständigkeiten“[37], unter „Organwaltern“ die Personen, die die Aufgaben und Zuständigkeiten „handhaben“[38], unter „Organ-Mitteln“ schließlich die „sachlichen Verwaltungsmittel“[39]. Diese Begriffe fließen als Teilaspekte in den Terminus Organ ein, das nach *Rasch* eine „fest abgegrenzte Einheit von Personen (Organwaltern), Aufgaben und Befugnissen sowie von sachlichen Verwaltungsmitteln“[40] ist. *Rasch* versteht das Organ damit nicht nur in einem (physisch) personalen, sondern außerdem in einem sachlichen sowie normativ-institutionellen Sinne, indem er jenes auch als Inbegriff von Zuständigkeiten begreift. Umfassend in diesem Sinne definiert ebenfalls *Obermayer* das (Verwaltungs-)Organ als „jede mit Verwaltungsaufgaben betraute — aus einem oder mehreren Amtsträgern und gewöhnlich auch aus einem Bestand sachlicher Mittel bestehende — Stelle eines Hoheitsträgers, der eigene Rechte und Pflichten im Innenverhältnis (gegenüber anderen Organen des gleichen Hoheitsträgers) oder im Außenverhältnis (gegenüber anderen Rechtsträgern) zugewiesen sind“[41].

Gemeinsam ist diesen begrifflichen Bestimmungen, daß sie einige grundlegende organisationsrechtliche Probleme nicht ansprechen bzw. nicht zu lösen vermögen: So läßt sich z. B. nach der Definition des nordrhein-westfälischen Verfassungsgerichtshofs nicht die Kontinuität der juristischen Person erklären. Begreift man nämlich die Organe als physische Personen, ist mit deren Wechsel der Zusammenhang der gesamtpersonalen Verhältnisse notwendig unterbrochen. Die Ausle-

[35] OVGE 9, 74.
[36] *Rasch*, S. 31; *Rasch / Patzig*, S. 5.
[37] *Rasch / Patzig*, S. 5.
[38] *Rasch / Patzig*, S. 5.
[39] *Rasch*, S. 31.
[40] *Rasch*, S. 31.
[41] In *Mang / Maunz / Mayer / Obermayer*, S. 143.

gungen *Raschs* und *Obermayers* lassen u. a. unbeantwortet, wie aus „Organverhalten“ „Organisationsverhalten“ wird[42].

2. *Der Organbegriff Wolffs*

Von diesen insoweit unbefriedigenden Begriffsbestimmungen hebt sich die Organlehre *Wolffs* ab. Dieser entwickelte einen Organbegriff, der auf dreierlei Weise präzisiert ist[43]: Zunächst hob *Wolff* den normativ-institutionellen Charakter des Organs hervor und löste dieses damit von den als Organ handelnden physischen Personen ab. Letztere heißen in der Terminologie *Wolffs* Organwalter[44]. Demgegenüber sind Organe im Sinne *Wolffs* durch organisierende Rechtssätze geschaffene, institutionelle Subjekte von Zuständigkeiten[45]. Darüber hinaus arbeitete *Wolff* das juristisch-konstruktive Beziehungsverhältnis zwischen den Organen und der sie integrierenden Organisation heraus. Dieses sah er als Zurechnungsverhältnis. Organe sind insoweit nach seiner Lehre selbständige Wirkeinheiten einer Organisation, die deren Kompetenzen funktionsteilig (durch Organwalter) derart wahrnehmen, daß die „Handlungen“ der Organe der Organisation zugerechnet und dieser die Rechtsfolgen der Kompetenzwahrnehmung zugeordnet werden, so daß das „Organverhalten“ „Organisationsverhalten“ ist[46]. Organe üben daher nach *Wolff* (durch ihre Organwalter) nicht eigene Zuständigkeiten aus, vielmehr nehmen sie fremde Zuständigkeiten, nämlich die der Organisation wahr, so daß sie nicht Subjekte von „Eigenzuständigkeiten“, sondern Subjekte von „Wahrnehmungszuständigkeiten“ sind[47]. Die in Ausübung dieser Zuständigkeiten vorgenommenen Handlungen werden den Organen dementsprechend nur transitorisch, d. h. nicht rechtstechnisch endgültig zugerechnet und zugeordnet[48]. Zurechnungs- und Zuordnungsendpunkt ist die Organisation. Dieser Gesichtspunkt führt dazu, daß im Sinne *Wolffs* nicht jede Organisation Organe (im engeren juristischen Sinne) hat. Denn Rechtsfolgen können nur einer Organisation endgültig zugerechnet und zugeordnet werden, die im Verhältnis zu anderen im Regelfall oder doch zumindest im Hinblick auf eine Gruppe von Rechtssätzen Träger von Rechten und Pflichten ist, die also wenigstens Teilrechtsfähigkeit besitzt[49]. Demgemäß können nach *Wolff*

[42] Vgl. zur Kritik im übrigen *Wolff / Bachof*, VerwR II, 4. Aufl., § 74 I e.

[43] Vgl. hierzu auch *Böckenförde*, Festschrift f. Wolff, S. 269 (270).

[44] *Wolff / Bachof*, VerwR II, 4. Aufl., § 74 I e, f.

[45] *Wolff / Bachof*, VerwR II, 4. Aufl., § 74 I f u. § 74 I f 3, 5, 6.

[46] *Wolff / Bachof*, VerwR II, 4. Aufl., § 74 I f u. § 74 I f 1.

[47] *Wolff / Bachof*, VerwR II, 4 Aufl., § 74 I f 3, 5, 6, 7, 8, 10, 12. Vgl. hierzu auch *Böckenförde*, Festschrift f. Wolff, S. 269 (270, 274).

[48] *Wolff / Bachof*, VerwR II, 4. Aufl., § 74 I f, § 74 I f 7, § 74 II a.

[49] *Wolff / Bachof*, VerwR I, § 32 III b.

nur die zumindest teilrechtsfähigen Organisationen Organe im engeren juristischen Sinne haben[50]. Als *selbständige* Subjekte von Wahrnehmungszuständigkeiten unterscheiden sich die Organe nach der *Wolff*schen Lehre von denjenigen Institutionen, die nur teilnehmen an der Zuständigkeitswahrnehmung[51]. Deren Verhalten bzw. das ihrer Walter wird den Organen transitorisch zugerechnet[52]. Organe sind mithin im Sinne *Wolffs* nur diejenigen organisatorischen Wirkeinheiten, die rechtlich in ihrem Namen für eine Organisation zu „handeln" befugt sind[53], deren „Verhalten" also der Organisation unvermittelt zugerechnet wird. Schließlich erkannte *Wolff* den Organen als Zuordnungssubjekten von Wahrnehmungszuständigkeiten Rechtssubjektivität[54] und unter bestimmten Voraussetzungen Teilrechtsfähigkeit[55] zu. Zusammenfassend ergeben diese Erkenntnisse *Wolffs* folgenden Organbegriff:

> „Organ im engeren juristischen Sinne ist ... ein durch organisierende Rechtssätze gebildetes, selbständiges institutionelles Subjekt von transitorischen Zuständigkeiten zur funktionsteiligen Wahrnehmung von Aufgaben einer (teil-)rechtsfähigen Organisation[56]."

3. Die Organlehre Böckenfördes in der Auseinandersetzung mit dem Wolffschen Organbegriff

Der Organbegriff *Wolffs* ist in der rechtswissenschaftlichen Literatur zum Teil auf Einwände gestoßen. Insbesondere *Böckenförde* hat die *Wolff*sche Begriffssystematik einer kritischen Betrachtung unterzogen[57]. Obwohl sich seine Auseinandersetzung auf einen vom heutigen Standpunkt her gesehen veralteten Organbegriff *Wolffs* bezieht, ist sie von aktuellem Wert. Denn der Unterschied zwischen *Wolffs* letztem und seinem früheren Organbegriff besteht — abgesehen von einigen sprachlichen Veränderungen[58] — lediglich in einer erweiterten Fassung

[50] *Wolff / Bachof*, VerwR II, 4. Aufl., § 74 I f. Die Wirkeinheiten, die eine nicht-rechtsfähige Organisation handlungsfähig machen, heißen im Sprachgebrauch *Wolffs* „Organe im weitesten Sinne" (*Wolff / Bachof*, VerwR II, 4. Aufl., § 74 I f).

[51] *Wolff / Bachof*, VerwR II, 4 Aufl., § 74 I f u. § 74 I f 10.

[52] *Wolff / Bachof*, VerwR II, 4 Aufl., § 74 I f 10.

[53] Siehe Fn. 52.

[54] *Wolff / Bachof*, VerwR II, 4. Aufl., § 74 I f 8 α; s. a. *Wolff / Bachof*, VerwR I, § 32 III a.

[55] Vgl. hierzu *Wolff / Bachof*, VerwR II, 4.Aufl., § 74 I f 8 β u. γ.

[56] *Wolff / Bachof*, VerwR II, 4. Aufl., § 74 I f.

[57] Festschrift f. Wolff, S. 269 ff. Kritik am *Wolff*schen Begriffssystem hat des weiteren *Brohm*, VVDStRL Bd. 30 (1972), S. 245 ff. geübt.

[58] So bezeichnete *Wolff* z. B. früher das Organ als *eigenständiges* Subjekt von Zuständigkeiten (VerwR II, 3. Aufl., § 74 I f u. § 74 I f 6), heute dagegen als *selbständiges* Subjekt von Zuständigkeiten (*Wolff / Bachof*, VerwR II, 4. Aufl., § 74 I f u. § 74 I f 10).

desselben. So erkannte *Wolff* in der dritten Auflage seines Lehrbuches, die der Abhandlung *Böckenfördes* zugrunde liegt[59], nur den juristischen Personen Organe im engeren oder — wie er damals formulierte — normativen Sinne zu[60], in der vierten Auflage dagegen auch den teilrechtsfähigen Organisationen[61].

a) Kritik *Böckenfördes* an der Konzipierung des *Wolff*schen Organbegriffs unter Zurechnungsgesichtspunkten

Nun ist zwar ein tragender Gesichtspunkt der Kritik *Böckenfördes* die Bezogenheit des *Wolff*schen Organbegriffs auf die juristische Person, d. h. die Qualifizierung nur solcher Wirkeinheiten als Organe, deren „Handeln" unvermittelt der juristischen Person zugerechnet wird[62]. Eine nähere Betrachtung dieses Kritikpunktes zeigt indessen, daß er trotz Eliminierung der „juristischen Person" aus der Definition des *Wolff*schen Organbegriffs nicht überholt ist. So begründet *Böckenförde* seinen Einwand gegen diesen wie folgt: „Die Vielgliedrigkeit und Vielgestaltigkeit in sich differenzierter Organisationen, wie insbesondere der Staat eine ist, wo ‚Organe' selbst wieder als (vielfach) gegliederte Organisationen erscheinen und die Zurechnung des Handelns zur Gesamtorganisation eine (ggf. mehrfach) vermittelte wird, ist in das begriffliche Instrumentarium nicht eingebracht; sie kann nur durch vom Ausgangspunkt her gesehen künstliche Zwischenbildungen, ... zur Darstellung gebracht werden[63]." Der Ansatzpunkt für die Kritik *Böckenfördes* dürfte danach nicht so sehr die Einbeziehung der „juristischen Person" in den Organbegriff sein, sondern vielmehr das Kriterium der „unvermittelten Zurechnung". Dieses ist aber auch dem heutigen Organbegriff *Wolffs* eigen. Als Organe werden nämlich (nach wie vor) nicht diejenigen Funktionseinheiten angesehen, deren „Verhalten" zunächst einer anderen Funktionseinheit der Organisation zugerechnet

---

[59] Vgl. Festschrift f. Wolff, S. 269 (270, Fn. 3, 4).

[60] VerwR II, 3. Aufl., § 74 I f u. § 74 I f 9.

[61] *Wolff / Bachof*, VerwR II, 4 Aufl., § 74 I f. In diesem Punkt ist ein nahezu stetiger Wandel in der Auffassung *Wolffs* feststellbar: So vertrat er in der ersten Auflage seines Lehrbuches die Ansicht, auch nicht-rechtsfähige Organisationen könnten Organe im normativen Sinne haben, da „die Organschaft nicht so sehr zur Rechtsfähigkeit als vielmehr zur *Handlungsfähigkeit* rechtlicher Ganzheiten (von Organisationen) benötigt" werde (VerwR II, 1. Aufl., § 74 I f u. § 74 I f 10). Dagegen gestand *Wolff* in der zweiten Auflage ebenso wie in der dritten Auflage nur den juristischen Personen Organe im normativen Sinne zu, da nur bei ihnen eine unvermittelte Zurechnung des Organverhaltens zum Organträger stattfinde (VerwR II, 2. u. 3. Aufl., § 74 I f u. § 74 I f 6 u. 9).

[62] Festschrift f. Wolff, S. 269 (275, 281, 283, 286, 304).

[63] Festschrift f. Wolff, S. 269 (275).

wird[64]. Dies bedeutet aber, daß Organqualität nur denjenigen Subjekten von Zuständigkeiten zukommt, deren „Verhalten“ *unvermittelt* einer (zumindest teilrechtsfähigen) Organisation zugeordnet werden kann.

Böckenförde, dem es auf die begrifflich bruchlose Erfassung der gesamtorganisatorischen Zusammenhänge ankommt[65], die er durch das Element der „unvermittelten Zurechnung“ nicht erreichbar sieht[66], nimmt dieses in den Organbegriff nicht auf und gesteht von daher auch den nichtrechtsfähigen Organisationen Organe zu[67]. Allerdings verkennt *Böckenförde* nicht, daß jedes Handeln für eine organisatorische Einheit, das Rechtsfolgen auszulösen vermag, der Zurechnung bzw. Zuordnung zu einer rechtsfähigen Organisation bedarf[68]. Nur muß seiner Auffassung nach das „Organverhalten“ nicht unbedingt der Organisation zugerechnet werden, für die das Organ „tätig“ wird. Ein taugliches Zurechnungssubjekt stellt nach *Böckenförde* vielmehr auch eine Organisation dar, die ersterer übergeordnet ist, wobei das Überordnungsverhältnis kein unmittelbares sein muß, sondern erst durch dazwischengeschaltete Organisationen vermittelt sein kann, so daß es ausreicht, wenn irgendwo am Ende einer Kette in sich geschachtelter Organisationen eine rechtsfähige Organisation und damit ein Zurechnungsträger steht[69].

b) Kritik *Böckenfördes* an der rein normativ-institutionellen Ausrichtung des *Wolff*schen Organbegriffs

Der zweite Kritikpunkt *Böckenfördes,* der mit dem ersten in engem Zusammenhang steht, betrifft die rein normativ-institutionelle Ausrichtung der *Wolff*schen organisationsrechtlichen Begriffe[70]. Dadurch „mußte“ — so *Böckenförde* — „das enge Beziehungsverhältnis zwischen organisationsrechtlichen Rechtsbegriffen und organisatorischer Wirklichkeit aus dem Blickfeld geraten“[71]. Staat, Organisation sowie Organ im *Rechts*sinn und im *sozialen* Sinn stünden beziehungslos nebeneinander[72]. Auch dieser Einwand ist durch die Veränderung des *Wolff*schen

---

[64] *Wolff / Bachof,* VerwR II, 4. Aufl., § 74 I f 10; ebenso schon *Wolff,* VerwR II, 3. Aufl., § 74 I 6.

[65] Festschrift f. Wolff, S. 269 (297 ff.).

[66] Festschrift f. Wolff, S. 269 (275, 279, 298 f.).

[67] Dies ergibt sich insbesondere aus den Ausführungen *Böckenfördes,* Festschrift f. Wolff, S. 269 (304 f.).

[68] Festschrift f. Wolff, S. 269 (305).

[69] *Böckenförde,* Festschrift f. Wolff, S. 269 (305).

[70] Festschrift f. Wolff, S. 269 (275 f.).

[71] Festschrift f. Wolff, S. 269 (276).

[72] *Böckenförde,* Festschrift f. Wolff, S. 269 (276).

Organbegriffs nicht gegenstandslos geworden. Nach wie vor ist der Begriff des Organs im engeren juristischen Sinn normativ-institutionell gefaßt und dem Organ im sozialen Sinn gegenübergestellt[73].

Demgegenüber ist *Böckenförde* der Auffassung, daß organisatorische Gebilde im Rechtssinn und im faktischen Sinn nicht als zwei voneinander unabhängige Erscheinungen verstanden werden dürfen, sondern nur als zwei Seiten ein und derselben Sache[74]. Infolgedessen seien die organisationsrechtlichen Begriffe darauf verwiesen, die vorgegebene rechtlich-soziale Wirklichkeit gedanklich zu erfassen und zum Ausdruck zu bringen[75]. Da sich die organisatorischen Gebilde als Wirkzusammenhänge, Wirkeinheiten und Handlungseinheiten darstellten, müßten auch die grundlegenden organisationsrechtlichen Begriffe handlungsbezogene, d. h. auf Handlungseinheit und Handlungszusammenhänge abzielende Begriffe sein[76].

c) Der Organbegriff im Sinne *Böckenfördes*

Unter Zugrundelegung der Überlegungen *Böckenfördes* läßt sich danach das Organ beschreiben als Handlungssubjekt einer Organisation, gleichgültig ob diese rechtsfähig ist oder nicht[77]. Einer näheren Präzision führt *Böckenförde* diese Begriffsumschreibung nur noch insoweit zu, als er das Organ als einheitliches, d. h. „nicht mehr in rechtlich relevanter Weise gegliedertes" Handlungssubjekt bestimmt[78] und insoweit von der Organisation, die er als gegliedertes Handlungssubjekt begreift[79], unterscheidet.

4. Entscheidung zwischen dem Organbegriff Wolffs und dem Organbegriff Böckenfördes

Damit erhebt sich die Frage, welcher Organbegriff zu bevorzugen ist, derjenige *Wolffs* oder derjenige *Böckenfördes*. Pauschal läßt sich diese Frage nicht beantworten. Insbesondere wird man die eine oder andere Meinung nicht als richtig oder unrichtig bewerten dürfen. Denn *Böckenförde* und *Wolff* beleuchten die organisatorischen Zusammenhänge unter völlig verschiedenen Aspekten. Während für *Wolff* Bezugspunkt die „allgemeine Rechtsordnung" ist, also das Verhältnis der einzelnen

---

[73] *Wolff / Bachof*, VerwR II, 4. Aufl., § 74 I f u. § 74 I d.

[74] Festschrift f. Wolff, S. 269 (294).

[75] *Böckenförde*, Festschrift f. Wolff, S. 269 (294).

[76] *Böckenförde*, Festschrift f. Wolff, S. 269 (297).

[77] Festschrift f. Wolff, S. 269 (286, 299, 304 f.).

[78] Festschrift f. Wolff, S. 269 (298 Fn. 96).

[79] Festschrift f. Wolff, S. 269 (298).

Organisation zu außerhalb ihrer selbst stehenden Dritten, ist Bezugspunkt für *Böckenförde* die organisatorische Einheit des Staates, d. h. die Einbindung und Rückbindung organisatorischer Gebilde in den organisatorischen Gesamtkomplex. Ihre Auffassungen wird man daher nicht im Verhältnis „Entweder — Oder", sondern im Verhältnis „Sowohl-Als-Auch" zu sehen haben[80]. Welcher Betrachtungsweise zu folgen ist, kann dementsprechend nur im Einzelfall unter Berücksichtigung des jeweiligen Anliegens einer Untersuchung entschieden werden.

Soll der gesamtorganisatorische Zusammenhang des Staates, die Verwaltungs„wirklichkeit" mit ihrer Vielzahl ineinander greifender Systeme, zur Darstellung gebracht werden, so mag der Organbegriff *Böckenfördes* der tauglichere sein[81]. Geht es hingegen um eine bestimmte Organisation, um deren rechtliche Außenbeziehungen und die Fixierung des organisationsrechtlichen Status der daran beteiligten Innendifferenzierungen, so ist allein der Organbegriff *Wolffs* geeignet[82]. Infolge seiner Pauschalität ermöglicht es der Organbegriff *Böckenfördes* zunächst nicht, das Beziehungsverhältnis zwischen zwei Innenrechtssubjekten, die beide an der Wahrnehmung einer Zuständigkeit beteiligt sind, exakt zu bestimmen bzw. deren Positionen gegeneinander abzugrenzen. Darüber hinaus ist gerade bei Außenrechtsbeziehungen die Zurechnungsproblematik von Interesse. Zwar läßt auch *Böckenförde* diese — wie oben dargelegt — nicht völlig außer acht, jedoch vermag sein diesbezüglicher Konstruktionsvorschlag nicht zu befriedigen. Für den mit einer Organisation in Rechtsbeziehung tretenden Bürger ist es von unerläßlichem Interesse zu wissen, ob die Handlungen, die ein organisatorisches Gebilde mittels seiner Walter für eine bestimmte Organisation vornimmt, gerade dieser zugerechnet werden, ob also gerade diese Organisation für das „Verhalten" ihrer Innendifferenzierung ggf. haftet. Der Bürger wäre einer unzumutbaren Rechtsunsicherheit ausgesetzt, würde man ihn darauf verweisen, daß „irgendwo am Ende einer Kette in sich geschachtelter Organisationen" ein solches Zurechnungssubjekt steht.

Da sich die nachfolgende Untersuchung nicht mit den gesamtorganisatorischen Zusammenhängen des Staates beschäftigt, sondern das organisatorische Beziehungsverhältnis zwischen Gemeindevorsteher bzw. Gemeindevorsteher, Magistrat und Gemeinde im Hinblick auf eine bestimmte Zuständigkeit, nämlich die der gesetzlichen Außenvertretung zu erfassen sucht, wird der Organbegriff *Wolffs* als der für die Erörterung geeignetere im weiteren zugrunde gelegt.

---

[80] So *Schnapp*, Rechtstheorie Bd. 9 (1978), S. 275 (287).

[81] Vgl. hierzu *Schnapp*, Rechtstheorie Bd. 9 (1978), S. 275 (286, 287).

[82] Vgl. hierzu *Schnapp*, Rechtstheorie Bd. 9 (1978), S. 275 (286).

B. Der organisationsrechtliche Status des Gemeindevorstehers im Bereich der gesetzlichen Vertretung auf der Grundlage des Wolffschen Organbegriffs

Systemtyp I

In Baden-Württemberg, Bayern, Niedersachsen, Nordrhein-Westfalen, Rheinland-Pfalz, im Saarland und den (Land-)Gemeinden Schleswig-Holsteins läßt sich die Frage nach dem organisationsrechtlichen Status des Gemeindevorstehers ohne Schwierigkeiten beantworten.

I. Organqualität des Gemeindevorstehers

Der Gemeindevorsteher hat hier auch im Hinblick auf die gesetzliche Vertretung die Qualität eines kommunalen Organs[1]. Er ist kein reales, physisches Wesen, sondern ein durch Rechtssätze geschaffenes Subjekt von Zuständigkeiten[2] und als solches ein institutionelles Funktionssubjekt, das von der Individualität und dem Wechsel seiner Walter unabhängig ist[3]. Soweit der Gemeindevorsteher Zuständigkeiten — etwa die ihm obliegende Vertretungszuständigkeit[4] — für die Gemeinde wahrnimmt, wird ihm sein Verhalten bzw. das seiner Walter nur transitorisch, nicht hingegen rechtstechnisch endgültig zugerechnet[5]. Schließlich ist er auch ein selbständiges Subjekt von Wahrnehmungszuständigkeiten, d. h. eine organisatorische Funktionseinheit, die rechtlich in ihrem Namen für die Gemeinde zu handeln befugt ist[6], deren Verhalten bzw. das ihrer Walter der Gemeinde unvermittelt zugerechnet wird.

---

[1] Einige Gemeindeordnungen bezeichnen den Gemeindevorsteher ausdrücklich als Organ: § 23 GO BaWü; Art. 29 GO Bay; § 28 I 1 GO RhPf; § 29 I KSVG Sa; § 7 HS 1 GO SH. S. a. § 1 I 2 GO NRW, wonach die Gemeinden das Wohl der Einwohner „durch ihre von der Bürgerschaft gewählten Organe" fördern. Nach *Kottenberg / Rehn*, § 1 Erl. III 1 zählen zu diesen auch die vom Rat und damit die mittelbar von der Bürgerschaft gewählten Organe wie z. B. der Gemeindedirektor. Vgl. auch BVerwGE 56, 163 (167); VGH NRW OVGE 9, 74; *Gönnenwein*, S. 315, 317, 318, 320, 324; *Pagenkopf*, Kommunalrecht I, § 22 II 2 (S. 232), § 22 V 1 (S. 240), § 22 VI 1 (S. 245), § 22 VII (S. 253), § 2 VIII (S. 259); *Berg*, HdBKWP Bd. 2, S. 222 (225); *Dreibus*, HdBKWP Bd. 2, S. 241 (244, 257); *Kunze / Bronner / Katz*, § 23 Anm. 3; *Masson / Samper*, Art. 29 Rdn. 1; *Lüersen / Neuffer*, § 62 Rdn. 2; *Kottenberg / Rehn*, § 1 Erl. III 4, § 47 Erl. I, § 49 Erl. I 1; *Rauball / Pappermann / Roters*, § 47 Rdn. 1, § 49 Rdn. 1; *Hofmann / Beth / Dreibus*, § 28 Anm. 2; *Foerster*, § 7 Anm. 5.

[2] Vgl. *Wolff / Bachof*, VerwR II, 4. Aufl., § 74 I f 3 u. 5.

[3] Vgl. *Wolff / Bachof*, VerwR II, 4. Aufl., § 74 I f 6.

[4] Vgl. zum Begriff *Wolff / Bachof*, VerwR II, 4. Aufl., § 72 I c 2.

[5] Vgl. *Wolff / Bachof*, VerwR II, 4 Aufl., § 74 I f 7, II a.

[6] *Wolff / Bachof*, VerwR II, 4. Aufl., § 74 I f 10.

II. Der Gemeindevorsteher — ein monokratisches Organ

Der Gemeindevorsteher ist ein monokratisches Organ, da die ihm übertragenen Zuständigkeiten von einem leitenden Organwalter im engeren Sinne (dem Chef) oder für diesen funktionsteilig von mehreren, von ihm koordinierten, weisungsabhängigen Organwaltern im weiteren Sinne wahrgenommen werden[7].

C. Der organisationsrechtliche Status des Magistrats und des Gemeindevorstehers im Bereich der gesetzlichen Vertretung auf der Grundlage des Wolffschen Organbegriffs

Systemtyp II

In Bremerhaven, Hessen und den Städten Schleswig-Holsteins gestaltet sich die Frage nach dem organisationsrechtlichen Status bzw. nach dem organisatorischen Beziehungsverhältnis zwischen den einzelnen kommunalen Innendifferenzierungen ungleich problematischer. Dies gilt u. a. im Hinblick auf die Zuständigkeit der gesetzlichen Vertretung, an deren Wahrnehmung zwei Innenrechtssubjekte, Magistrat und Gemeindevorsteher, beteiligt sind.

Zweifelhaft ist insoweit insbesondere — anders als im vorstehend behandelten Systemtyp — die Organeigenschaft des Gemeindevorstehers. Die Infragestellung seiner Organqualität mag angesichts der gängigen und etwa von *Wolff* ausdrücklich formulierten These, daß „überhaupt alle Gemeindevorsteher“ Organe seien[1], bedenklich stimmen oder doch zumindest Erstaunen auslösen. Eine solche These muß sich indessen infolge ihrer Pauschalität den Vorwurf gefallenlassen, daß sie den verschiedenen Ausgestaltungen, die sich sogar innerhalb einzelner Kommunalverfassungstypen finden, nicht angemessen Rechnung zu tragen vermag. So lassen sich im Geltungsbereich der Magistratsverfassung unterschiedliche Beteiligungsformen des Gemeindevorstehers bei Wahrnehmung der einzelnen Zuständigkeiten ausmachen. Bestimmte Zu-

---

[7] *Wolff / Bachof*, VerwR II, 4 Aufl., § 75 II b 1. Vgl. zu den Begriffen Organwalter im weiteren und im engeren Sinne *Wolff / Bachof*, VerwR II, 4 Aufl., § 74 IV b 2 u. 3.

[1] *Wolff / Bachof*, VerwR II, 4. Aufl., § 74 I f 10 α. Organqualität wird dem Gemeindevorsteher im Geltungsbereich der Magistratsverfassung allgemein wohl auch von *Pagenkopf*, Kommunalrecht I, § 22 III (S. 233), § 22 IV 1 (S. 236), § 22 IX 1 (S. 263) zugestanden. Nicht ganz deutlich *Schneider*, HdBKWP Bd. 2, S. 209 (216, 220), der einerseits in bezug auf § 7 GO SH ohne Differenzierung ausführt, der Bürgermeister sei Organ der städtischen Gemeinden, andererseits aber davon spricht, daß dieser neben seiner Funktion als Vorsitzender des Magistrats eine „besondere eigenständige Organstellung“ habe.

ständigkeiten sind ihm als Einzelinstitution zur eigenständigen Wahrnehmung übertragen. Ein Beispiel dafür ist etwa seine Stellung als Dienstvorgesetzter der Gemeindebediensteten[2]. Insoweit vereinigen sich auf den Gemeindevorsteher auch im Geltungsbereich der Magistratsverfassung sämtliche die Organschaft begründenden Merkmale, so daß dieser ebenso wie seine Amtskollegen in den übrigen Kommunalverfassungstypen kommunales Organ ist. Handelt es sich dagegen um Zuständigkeiten, an deren Wahrnehmung Gemeindevorsteher und Magistrat beteiligt sind bzw. an deren Wahrnehmung der Gemeindevorsteher im Verbund des Magistrats teilhat, so erscheint im Hinblick auf jenen das Vorliegen des die Organqualität konstituierenden Moments der „Selbständigkeit des Funktionssubjekts" fragwürdig.

Zweifel an der Organstellung des Gemeindevorstehers in diesem Bereich sind allerdings nur gerechtfertigt, wenn sich der organisationsrechtliche Status im Hinblick auf verschiedene Zuständigkeiten verschieben kann. Bewirkt hingegen die Überweisung nur *einer* Zuständigkeit zur selbständigen Wahrnehmung die Organqualität schlechthin[3], so verbietet sich eine differenzierende Betrachtungsweise. Von letzterem kann indessen nicht ausgegangen werden. Eine Organqualität „schlechthin" gibt es nicht[4]. Insbesondere beruht der Organstatus nicht auf einer bestimmten Funktion — etwa der des Gemeindevorstehers —, sondern hängt vielmehr von der Art und Weise einer Zuständigkeitswahrnehmung ab[5]. Dieser Gesichtspunkt ist demnach der Anknüpfungspunkt für die Klassifizierung eines organisatorischen Gebildes als Organ. Ist nun ein organisatorisches Subjekt in die Wahrnehmung verschiedener Zuständigkeiten in unterschiedlicher Form eingebunden, so muß sein organisationsrechtlicher Status entsprechend der Divergenz auch unterschiedlich bewertet werden können.

Die gesetzliche Vertretung der Gemeinde ist nun eine Zuständigkeit, an deren Wahrnehmung Gemeindevorsteher und Magistrat beteiligt sind[6]. Die Organqualität des Gemeindevorstehers ist von daher hier zweifelhaft, die Frage nach seinem organisationsrechtlichen Status, der letztlich eine Frage des organisatorischen Beziehungsverhältnisses zwischen Gemeindevorsteher und Magistrat ist, mithin näher erörterungsbedürftig. Dabei muß am Ausgangspunkt der Analyse die Untersuchung

[2] § 44 III 1 Verf Bremhv; § 73 II 1 GO SH; § 70 I 3 GO SH.

[3] In diese Richtung scheint die Auffassung des VGH NRW OVGE 9, 74 (80) zu gehen: „... es genügt die Übertragung einer einzigen organschaftlichen Funktion auf den Gemeindedirektor, um ihn zum Organ der Gemeinde zu machen."

[4] Vgl. hierzu auch *Schnapp*, Rechtstheorie Bd. 9 (1978), S. 275 (285).

[5] Vgl. hierzu *Wolff / Bachof*, VerwR II, 4 Aufl., § 74 I f u. § 74 I f 10.

[6] §§ 42 I 3 g, 46 I 1, II Verf Bremhv; § 71 I 1 u. 2, II GO He; § 61 I, II GO SH.

des organisationsrechtlichen Status des Magistrats stehen, da der Gemeindevorsteher diesem angehört[7], sein Status daher als Teil der Funktionseinheit Magistrat von deren Status abhängt und demgemäß nur unter Berücksichtigung der insoweit gewonnenen Erkenntnisse fixiert werden kann.

I. Der organisationsrechtliche Status des Magistrats

1. Organqualität des Magistrats

In Bremerhaven, Hessen und den Städten Schleswig-Holsteins besitzt der Magistrat als gesetzlicher Vertreter der Gemeinde[8] sowie auch im Hinblick auf die übrigen ihm übertragenen Zuständigkeiten[9] Organqualität. Er ist ein institutionelles Subjekt, das mittels seiner Walter die ihm übertragenen Zuständigkeiten transitorisch für die Gemeinde wahrnimmt, ferner ein selbständiges Subjekt von Wahrnehmungszuständigkeiten, da er in seinem Namen für die Gemeinde zu „handeln" befugt ist[10].

2. Der Magistrat — ein Kollegialorgan

Ob der Magistrat ein Kollegialorgan darstellt, läßt sich nur feststellen, vergegenwärtigt man sich zunächst den Sinngehalt dieses Terminus. Das Kollegialorgan wird in der Literatur definiert als organisatorisches Gebilde, das aus mehreren[11] Mitgliedern besteht, die untereinander gleichberechtigt und zu einer rechtlichen Einheit verbunden sind[12]. Nicht unproblematisch ist dabei die Verwendung des Wortes „Mitglied". Insoweit gilt es zu berücksichtigen, daß im allgemeinen Sprachgebrauch der Begriff Mitglied in einem personalen Sinne gebraucht wird, als Bezeichnung eines Menschen in seiner Zugehörigkeit zu einer Gruppe, einem Verband oder ähnlichem, so daß durch die Einbringung jenes Terminus in die Definition des Kollegialorgans der Eindruck erweckt wird, dieses bestehe aus Menschen, seine Bestandteile seien physischer Natur. Welche Beschaffenheit die Gliedstücke eines

---

[7] § 38 I 1 Verf Bremhv; § 65 I GO He; § 62 I 1 GO SH.

[8] § 42 I 3 g Verf Bremhv; § 71 I 1 GO He; § 61 I GO SH.

[9] § 42 Verf Bremhv; § 66 GO He; § 60 GO SH.

[10] Vgl. hierzu *Wolff / Bachof*, VerwR II, 4. Aufl., § 74 I f 10.

[11] Streitig ist die Mindestanzahl. Während *Wolff / Bachof*, VerwR II, 4. Aufl., § 75 III a den Zusammenschluß von zwei ausreichen lassen, verlangen *Dagtoglou*, S. 32 f. u. *Machens*, S. 5 die Zusammenfassung von mindestens drei.

[12] Vgl. zum Begriff des Kollegialorgans *Dagtoglou*, S. 32 und *Wolff / Bachof*, VerwR II, 4 Aufl., § 75 III a.

Kollegialorgans haben, ob sie organischer oder aber anorganischer Natur und von dem als Glied fungierenden menschlichen Substrat zu unterscheiden sind, läßt sich indessen nicht ohne weiteres in der einen oder anderen Richtung entscheiden. Von daher sollte das die Vorwegnahme dieser Entscheidung suggerierende Wort Mitglied bei der Definition des Kollegialorgans besser vermieden und durch den insoweit wertungsneutralen Begriff Glied ersetzt werden. Kollegialorgane sind danach organisatorische Gebilde, die aus mehreren untereinander gleichberechtigten und zu einer rechtlichen Einheit verbundenen Gliedern bestehen.

Auf den Magistrat treffen diese Voraussetzungen zu. In Bremerhaven setzt sich der Magistrat aus dem Oberbürgermeister, d. h. Gemeindevorsteher, dem Bürgermeister als seinem Vertreter sowie haupt- und ehrenamtlichen Stadträten zusammen[13]. In Hessen rekrutiert sich der Gemeindevorstand bzw. Magistrat aus dem Bürgermeister (Gemeindevorsteher), dem Ersten Beigeordneten und den weiteren Beigeordneten[14]. In den Städten Schleswig-Holsteins wird der Magistrat aus dem Bürgermeister (Gemeindevorsteher) sowie den haupt- und ehrenamtlichen Stadträten gebildet[15]. Die Gleichberechtigung der Magistratsglieder ergibt sich hauptsächlich daraus, daß jedem von ihnen eine Stimme zukommt, die gleichen Zählwert hat[16]. Zwar entscheidet in Bremerhaven und Hessen die Stimme des Vorsitzenden bei Stimmengleichheit[17]. Jedoch hebt dies die grundsätzliche Gleichwertigkeit der Stimmen nicht auf[18]. In Schleswig-Holstein ist demgegenüber bei Stimmengleichheit ein Antrag abgelehnt[19]. Die gleichwertige Stellung der Magistratsglieder zeigt sich ferner darin, daß innerhalb des Magistrats kein dienstrechtliches Über- bzw. Unterordnungsverhältnis besteht. So kommt dem Vorsitzenden des Magistrats, dem Gemeindevorsteher, der grundsätzlich der Dienstvorgesetzte der Gemeindebediensteten ist, diese Funktion nicht im Hinblick auf die übrigen Magistratsglieder zu[20]. Die Verbindung der einzelnen Magistratsglieder zu einer rechtlichen Einheit äußert sich schließlich darin, daß ihr Zusammenwirken durch ge-

---

[13] § 38 I 1 Verf Bremhv.

[14] § 65 I GO He.

[15] § 62 I 1 GO SH.

[16] Dies ergibt sich mittelbar aus den entsprechenden Vorschriften der Gemeindeordnungen, vgl. § 43 II Verf Bremhv; § 68 II GO He; § 68 III GO SH.

[17] § 43 II 2 Verf Bremhv; § 68 II 3 GO He.

[18] *Dagtoglou*, S. 33.

[19] § 68 III 2 GO SH.

[20] § 44 III Verf Bremhv; § 73 II 1 i. V. m. § 65 I GO He; § 70 I 3 i. V. m. § 62 I 1 GO SH.

schäftsordnende Bestimmungen geregelt ist[21] und insbesondere Entscheidungen nur im Wege des Mehrheitsbeschlusses erfolgen können[22].

II. Der organisationsrechtliche Status des Gemeindevorstehers als Glied des Magistrats

Darlegungsbedürftig bleibt der organisationsrechtliche Status des Gemeindevorstehers innerhalb des Magistrats im Hinblick auf die Zuständigkeit der gesetzlichen Vertretung.

Die Fixierung des organisationsrechtlichen Status des Gemeindevorstehers, d. h. des organisatorischen Beziehungsverhältnisses zwischen Gemeindevorsteher und Magistrat bezüglich einer bestimmten Zuständigkeit setzt indessen zunächst die Vergegenwärtigung des organisatorischen Beziehungsverhältnisses zwischen Glied und Kollegialorgan im allgemeinen voraus, eine Untersuchung, die hier nicht zuletzt aus Gründen der Übersichtlichkeit vorab erfolgen soll.

1. Der organisationsrechtliche Status der Glieder eines Kollegialorgans im allgemeinen

a) Der organisationsrechtliche Status der Glieder eines Kollegialorgans bei Wahrnehmung einer Kollektivzuständigkeit

aa) Die Glieder als Organwalter

Die Glieder kollegialischer Organe könnten Organwalter sein[23].

Welche Qualität ihnen bei einem solchen Verständnis zuerkannt wird, läßt sich nur ermitteln, unterzieht man die Organwalterstellung einer näheren Betrachtung. Organwalter werden von *Wolff*[24] und unter dem Einfluß der *Wolff*schen Terminologie auch von anderen[25] definiert als „Menschen", „physische Personen", „psychisch-physische Personen" oder „natürliche Personen", die die dem Organ zugewiesenen Kompetenzen unter dem Namen des Organs versehen, die also die Organfunktionen wahrnehmen. Damit erhebt sich die Frage, welche Eigenschaften dem Organwalter hiernach im einzelnen zuerkannt werden. Drei Ver-

---

[21] § 43 Verf Bremhv; §§ 67 - 69 GO He; § 67 GO SH.

[22] § 43 II 1 Verf Bremhv; § 68 II 1 GO He; § 68 III 1 GO SH.

[23] So etwa *Achterberg*, Parlamentsrecht, S. 31; *Wolff*, Vertretung, S. 244; *Wolff / Bachof*, VerwR II, 4. Aufl., § 75 III a; *Dagtoglou*, S. 44; wohl auch *Machens*, S. 5.

[24] *Wolff / Bachof*, VerwR II, 4. Aufl., § 74 IV b; *Wolff*, Vertretung, S. 229.

[25] *Böckenförde*, Festschrift f. Wolff, S. 269 (270); *Hoppe*, S. 166 u. 169; *Krebs*, Jura 1981, S. 569 (570); *Rupp*, S. 24; s. auch *Schnapp*, Jura 1980, S. 68 (73).

ständnismöglichkeiten kommen in Betracht: Die angebotenen Definitionen könnten sich einerseits darin erschöpfen, den Organwalter als organisches Wesen, als „Gebilde aus Fleisch und Blut" im Unterschied zum anorganischen Funktionssubjekt Organ zu kennzeichnen; sie könnten andererseits den Organwalter nicht nur als Wesen physischer Beschaffenheit, sondern darüber hinaus als solches, dem Rechtssubjektivität zukommt, bestimmen, oder aber drittens jenen als physisches Wesen, dem Rechtssubjektivität und Rechtsfähigkeit zueignet, charakterisieren. Als klärungsbedürftig erweisen sich somit die Fragen nach der physischen Beschaffenheit des Organwalters sowie nach seiner Rechtssubjektivität und Rechtsfähigkeit.

Angesichts der Tatsache, daß nur ein physisches (vernunftbegabtes) Wesen willens- und handlungsfähig und damit in der Lage ist, Organfunktionen auszuüben, kann die physische Beschaffenheit des Organwalters unproblematisch konstatiert werden.

Was die Rechtssubjektivität und Rechtsfähigkeit des Organwalters angeht, gilt es zunächst, sich den Rechtskreis zu vergegenwärtigen, innerhalb dessen sich die Frage nach dem Vorliegen dieser Eigenschaften stellt. So ist zu bedenken, daß derjenige, der dazu berufen ist, die einem Organ zugewiesenen Zuständigkeiten einer Organisation wahrzunehmen, dieser zum einen als ein in einer „verwaltungsrechtlichen Sonderrechtsverbindung stehendes Außenrechtssubjekt"[26] gegenübertritt und zum anderen als Funktionssubjekt der Organisation innerhalb ihrer selbst steht[27]. Es ist also insoweit der sog. Außenbereich vom sog. Innenbereich zu unterscheiden. Die zur Versehung von Organfunktionen berufene Person ist nun in ihrer Eigenschaft als Organwalter eine Erscheinung des Innenbereichs, so daß sich die Frage nach der Rechtssubjektivität und Rechtsfähigkeit des Organwalters innerhalb dieser Sphäre stellt bzw. sich lediglich innerhalb dieser Sphäre stellen kann.

Nach *Wolff* ist Rechtssubjektivität die Fähigkeit, Zuordnungssubjekt mindestens eines Rechtssatzes zu sein, liegt also stets dann vor, wenn es einen oder mehrere Rechtssätze gibt, die einem Subjekt eine Pflicht oder ein Recht zuordnen, wobei die Zuordnung nicht eine rechtstechnisch endgültige sein muß, sondern auch eine nur vermittelnde (vorläufige, durchgehende) zu einem Wahrnehmer fremder Pflichten oder Rechte sein kann[28]; Rechtsfähigkeit ist demgegenüber im Sinne *Wolffs* die Fähigkeit, in einem System von Rechtssätzen im Verhältnis zu anderen Träger von Pflichten und/oder Rechten, d. h. Endsubjekt rechts-

---

[26] *Erichsen*, DVBl. 1982, S. 95 (97).

[27] Vgl. hierzu *Erichsen*, DVBl. 1982, S. 95 (97 ff.).

[28] *Wolff / Bachof*, VerwR I, § 32 III a.

technischer Zuordnung, zu sein[29]. Während sich nach *Wolff* Rechtssubjektivität und Rechtsfähigkeit somit qualitativ unterscheiden, kommt ihnen nach *Ossenbühl*[30] nur ein quantitativer Unterschied zu: Unter Rechtssubjektivität versteht dieser die „Fähigkeit, Zuordnungssubjekt mindestens eines Rechtssatzes, also Verpflichtungs- und (oder) Berechtigungssubjekt (mindestens) in beschränktem Umfang zu sein", unter Rechtsfähigkeit die „Fähigkeit, generell Verpflichtungs- und Berechtigungssubjekt zu sein"[31]. Nicht ausdrücklich geklärt wird dabei, ob für Rechtssubjektivität und Rechtsfähigkeit eine Durchgangssubjektivität ausreicht, oder aber Endsubjektivität erforderlich ist. Aus der im Rahmen der Ausführungen zur Rechtsfähigkeit benutzten Formulierung „Rechts- und Pflichtenträgerschaft der Organe"[32] läßt sich lediglich die Vermutung ableiten, daß *Ossenbühl* im letzteren Sinne verstanden werden will.

Daß dem Organwalter Rechtssubjektivität im Sinne einer — jedenfalls nach *Wolff* ausreichenden — Durchgangssubjektivität zukommt, ergibt sich bereits aus folgenden Überlegungen: Zu bedenken ist, daß der Staat und auch sonstige Organisationen die ihnen durch die Rechtsordnung zugewiesenen Pflichten nicht selbst ausüben können, sondern hierzu vielmehr der Organwalter bedürfen, deren Verhalten ihnen über die Organe zugerechnet wird. Zwar berechtigt dieser Gedanke nicht zu der Schlußfolgerung, daß die Adressierung pflichtzuweisender Normen an Organisationen nur eine Abbreviatur darstellt in dem Sinne, daß derartige Rechtssätze in Wirklichkeit die Organwalter ansprechen und ihnen unmittelbar Organisationspflichten zur Wahrnehmung zuordnen[33]. Ein derartiger „Durchgriff"[34] scheitert schon an der jedenfalls in der Regel vorhandenen Komplexität von Organisationen, d. h. ihrer Zusammensetzung aus einer Vielzahl von Innendifferenzierungen — etwa mehreren Organen, diese wiederum bestehend aus Dezernaten, Abteilungen, Ämtern —, und dem damit notwendigen Vorhandensein einer Vielzahl physischer Wesen, die Organfunktionen wahrnehmen. Bei einem „Durchgriff" organisationsadressierter Normen auf die Organwalter könnte jeder von ihnen jede der der Organisation zugewiesenen Pflichten auf sich beziehen, was — worauf bereits *Rupp* hingewiesen hat — dazu führen würde, daß der „ganze Organismus in einen einzigen Kompetenzstreit zerfiele"[35]. Der Umstand, daß

[29] *Wolff / Bachof*, VerwR I, § 32 III b.

[30] *Ossenbühl*, S. 165.

[31] *Ossenbühl*, S. 165.

[32] *Ossenbühl*, S. 165.

[33] Vgl. *Rupp*, S. 84; *Schnapp*, Amtsrecht und Beamtenrecht, S. 164.

[34] *Rupp*, S. 84.

[35] *Rupp*, S. 48.

normative Befehle letztlich ein physisches Wesen treffen müssen, will nicht der Normimpuls unerfüllt bleiben[36], führt jedoch zu der Erkenntnis, daß organisationsadressierte Normen einer Umsetzung nach innen bedürfen, daß die einer Organisation auferlegten Pflichten also durch entsprechende Vorschriften weitergeleitet, d. h. einem bestimmten Organ, ggf. einem bestimmten Organteil und damit letztlich einem bestimmten Organwalter, nämlich demjenigen, der zur Versehung gerade dieser Organ(-teil)pflichten durch ein Organwalterverhältnis berufen ist, zugewiesen werden müssen[37]. Da sich nun mit Überwindung der Impermeabilitätstheorie die Einsicht durchgesetzt hat, daß „an Innendifferenzierungen staatlicher Organisationen adressierte Vorschriften sprachlich objektivierte Verhaltenserwartungen mit *normativem* Verbindlichkeitsanspruch und damit Rechtssätze sind“[38], führt der vorstehende Gedankengang zu dem Schluß, daß durch innerorganisatorischen *Rechtssatz* letztlich dem Organwalter eine Pflicht der Organisation zur Wahrnehmung zugeordnet wird, woraus wiederum folgt, daß jenem insoweit Rechtssubjektivität im Sinne der Durchgangssubjektivität zukommt.

Klärungsbedürftig bleibt damit nur noch die Frage nach der Rechtssubjektivität des Organwalters im Sinne der Endsubjektivität. *Wolff* führt diesbezüglich aus, der Organwalter habe das „Recht zu seinen Kompetenzen“, er sei insoweit „Zurechnungsendsubjekt der Organwaltung“[39]. „Das Recht zum Amt“ — so *Wolff* im einzelnen — „ist ein subjektives Recht des Organwalters (der Organwalterperson) gegenüber der Juristischen Person, ihn, solange er Organwalter ist, als solchen zu dulden, gegenüber der Juristischen Person insbesondere, sein kompetenzgemäßes Organverhalten für und gegen dieselbe gelten zu lassen“[40]. In einer Auseinandersetzung mit diesen Ausführungen stellt *Hoppe* allerdings klar, daß — auch nach *Wolff* — das „Recht zum Amt“ kein echtes subjektives Recht im Sinne einer Rechtsmacht zur Durchsetzung eines Individualinteresses des Organwalters ist[41]. In dieser seiner klassischen Konzeption als Recht, das dem einzelnen die Rechtsmacht gibt, seine persönlichen Interessen Dritten entgegenzusetzen, ist das subjektive Recht eine Rechtsfigur des Außenrechtskreises[42], die dem Organ-

[36] Vgl. *Schnapp*, Amtsrecht und Beamtenrecht, S. 163.

[37] Vgl. hierzu *Rupp*, S. 49 und *Schnapp*, Amtsrecht und Beamtenrecht, S. 164.

[38] *Krebs*, Jura 1981, S. 569 (572 f.). Hervorhebung im Original. Vgl. auch *Schnapp*. AöR Bd. 105 (1980), S. 243 (250); *Erichsen*, VerwArch Bd. 71 (1980), S. 429 (430) m. w. N.

[39] *Wolff*, Vertretung, S. 267.

[40] *Wolff*, Vertretung, S. 267.

[41] *Hoppe*, S. 172 f. u. S. 173 Fn. 13.

[42] Vgl. *Krebs*, Jura 1981, S. 569 (575).

walter, einer Erscheinung des Innenbereichs, nicht zustehen kann. Dessen Existenz erschöpft sich darin, die Organisation willens- und handlungsfähig zu machen, d. h. für die Organisation bzw. als Organisation tätig zu werden, so daß es den Organwalter als Träger persönlicher Interessen gar nicht gibt[43]. Mithin kann die Zuordnung eines Amtes schwerlich seinem Individualinteresse zu dienen bestimmt sein. Die Zuordnung von Ämtern, die bewirkt, daß die Organwalter verpflichtet sind, die dem Amt zugewiesenen Funktionen auszuüben, will vielmehr gewährleisten, daß die Organisationsaufgaben wirklich, d. h. durch hierfür erforderliches menschliches Verhalten, wahrgenommen werden und erfolgt von daher allein im Interesse der Gesamtorganisation an der Erfüllung der ihr zugewiesenen Aufgaben. Dementsprechend wird das „Recht zum Amt" lediglich qualifiziert als „Attribut der Pflicht"[44], die Amtsfunktionen zu versehen, als eine jeder Pflicht notwendigerweise innewohnende Berechtigung, diese Pflicht auch zu erfüllen[45]. Die Absage an die Qualität des „Rechts zum Amt" als subjektives Recht bedeutet allerdings nicht gleichzeitig eine Absage an die Rechtssubjektivität des Organwalters im Sinne der Endsubjektivität und damit an seine Rechtsfähigkeit. Hierfür ist — wie *Rupp* betont[46] — die Zuordnung subjektiver Rechte nicht erforderlich. Rechtssubjektivität im Sinne der Endsubjektivität eignet einem Gebilde vielmehr bereits dann zu, wenn es Zurechnungsendsubjekt einer rechtlichen Pflicht ist[47]. Da dem Organwalter die Pflicht zur Versehung des Amts als Endsubjekt zugeordnet ist — erst was in Ausübung des Amts erfolgt, wird dem Organ und über dieses der Organisation zugerechnet —, besitzt er danach insoweit Rechtssubjektivität i. S. der Endsubjektivität und damit „punktuelle Rechtsfähigkeit"[48].

Organwalter sind danach punktuell-rechtsfähige Rechtssubjekte physischer Beschaffenheit bzw. — unter Berücksichtigung, daß dies nur

---

[43] Unter Berücksichtigung dessen lassen sich Einwendungen gegen die Bezeichnung des Organwalters als natürliche Person erheben. Zu bedenken ist, daß die „natürliche Person" insbesondere in der Zivilrechtssprache, aber zum Teil auch in der öffentlich-rechtlichen Literatur den Menschen als Träger von Individualrechten meint. So stellt *Erichsen*, VerwR u. VerwGbkt I, S. 38 Fn. 26, den Amtswalter, der ebenso wie der Organwalter ein innerorganisatorisches Funktionssubjekt ist, der mit Individualrechten ausgestatteten natürlichen Person gegenüber. Zur Vermeidung von Mißverständnissen sollte daher die Verwendung des Begriffs natürliche Person bei der Definition des Organwalters besser vermieden werden.

[44] *Hoppe*, S. 173 Fn. 13.

[45] *Hoppe*, S. 173 u. 174; *Rupp*, S. 70.

[46] *Rupp*, S. 83.

[47] Vgl. *Rupp*, S. 83; *Hoppe*, S. 167 f.

[48] *Rupp*, S. 83.

bezogen auf den Innenrechtskreis der Fall ist[49] — punktuell-innenrechtsfähige Innenrechtssubjekte physischer Beschaffenheit.

Ob die Glieder kollegialischer Organe Organwalter in diesem Sinne sind, erscheint im Hinblick auf den Aspekt der physischen Beschaffenheit fraglich. Zu bedenken ist, daß Kollegialorgane als subjektivierte Zuständigkeitskomplexe gedankliche, institutionelle Einheiten sind. Die Qualifizierung der Glieder kollegialischer Organe als physische Wesen läßt sich aber mit dem institutionellen Charakter des Kollegialorgans nicht in Einklang bringen. Sind die Teile eines kollegialischen Organs physische Personen, ist das Kollegialorgan von deren jeweiligem Bestand abhängig. Dies soll am Beispiel des Magistrats verdeutlicht werden: Nach den Vorschriften der Gemeindeordnungen setzt sich dieser aus dem Gemeindevorsteher und weiteren Gliedern zusammen[50]. Versteht man nun den Gemeindevorsteher im Verbund des Magistrats als physische Person, wäre bei dessen Tod oder Abwahl[51] der Magistrat in der vom Gesetz vorgesehenen Form nicht mehr vorhanden. Dagegen läßt sich die kontinuierliche Existenz des Magistrats unschwer erklären, wenn man zwischen dem Gemeindevorsteher als solchem und dem menschlichen Substrat, das diese Funktion ausübt, differenziert[52]. Der Gemeindevorsteher als solcher oder deutlicher die Funktionseinheit Gemeindevorsteher wird dann durch den Wegfall der physischen Person nicht berührt. Die Funktionseinheit bleibt erhalten, sie ist lediglich vakant. Die Glieder kollegialischer Organe sind daher lediglich als gedankliche Einheiten anzusehen, nicht dagegen als physische Personen.

Ihre Qualifizierung als Organwalter scheidet mithin aus. Der Organwalter, also das menschliche Substrat, steht vielmehr „hinter der einzelnen Funktionseinheit eines Kollegialorgans" und verleiht dieser und durch diese dem Kollegium aktuelle Wirksamkeit.

bb) Die Glieder als Einzelorgane

Die zum Teil vorgenommene Qualifizierung der Glieder eines Kollegialorgans als Einzelorgane[53] steht mit der oben gewonnenen Erkennt-

---

[49] Vgl. zur Relativität von Rechtssubjektivität und Rechtsfähigkeit *Hoppe*, S. 166 ff.; *Rupp*, S. 81 ff. (insbes. S. 85 f.); *Krebs*, Jura 1981, S. 569 (574).

[50] Vgl. § 38 I 1 Verf Bremhv; § 65 I GO He; § 62 I 1 GO SH.

[51] Diese Möglichkeit besteht sowohl in Bremerhaven als auch in Hessen und Schleswig-Holstein, vgl. § 41 S. 1 Verf Bremhv; § 76 I 1 GO He; § 40 a I 1 GO SH.

[52] Von einer differenzierenden Betrachtungsweise geht auch *Hoppe*, S. 217 Fn. 38 aus.

[53] So *Merkl*, S. 325; s. auch *Obermayer* in Mang / Maunz / Mayer / Obermayer, S. 143, nach dem ein „Organ als Gesamtorgan aus mehreren Einzelorganen bestehen kann".

nis, daß jene gedankliche Einheiten sind, nicht in Widerspruch. Gleichwohl erscheint eine solche Klassifizierung zweifelhaft. Den Gliedern kollegialischer Organe fehlt nämlich ein für die Organschaft wesentliches Merkmal. Sie sind keine selbständigen organisatorischen Gebilde[54]. So wird das Verhalten der einzelnen Glieder, bzw. das Verhalten der die Gliedfunktionen ausübenden physischen Personen bei Wahrnehmung einer Kollektivzuständigkeit nicht unvermittelt dem Organträger, sondern vielmehr zunächst dem Kollegialorgan zugerechnet. Als Einzelverhalten bleibt es grundsätzlich[55] überhaupt nicht bestehen. Aus den einzelnen, möglicherweise unterschiedlichen Verhaltensweisen der die Gliedfunktionen ausübenden physischen Personen wird vermittels eines bestimmten Verfahrens ein einheitliches „Verhalten“ des Kollektivs, in dem die einzelnen Verhaltensweisen ununterscheidbar aufgegangen sind[56]. So kommt z. B. die Beschlußfassung des Magistrats in der Regel[57] dadurch zustande, daß eine Angelegenheit in einer Sitzung des Kollegiums behandelt wird[58], wobei die einzelnen Gliedpersonen zunächst ihre Meinungen und Auffassungen darlegen und sodann im Wege des Mehrheitsbeschlusses zu einer gemeinschaftlichen Entscheidung gelangen. Am Ende eines Entscheidungsfindungsprozesses ist daher nur noch ein einheitlicher Beschluß des Magistrats vorhanden, der als solcher dem Organträger, der Gemeinde, zugerechnet wird. Mangels Selbständigkeit können die Glieder eines Kollegialorgans nicht als in diesem Verbund existierende „Einzelorgane“ eingestuft werden[59].

cc) Die Glieder als Teilorgane

Zum Teil findet sich auch die Bezeichnung „Teilorgan“ für die Glieder kollegialischer Organe[60]. Dieser Terminus bringt zwar auf der einen Seite zutreffend zum Ausdruck, daß sie Bestandteil eines organschaftlichen Gebildes sind, erweckt aber auf der anderen Seite den Eindruck, daß sie auch als solche im Hinblick auf die dem Kollegium übertragenen Zuständigkeiten Organqualität besitzen[61], was indessen — wie vor-

---

[54] Vgl. zum für die Organqualität wesentlichen Merkmal der Selbständigkeit *Wolff / Bachof*, VerwR II, 4. Aufl., § 74 I f u. § 74 I f 10.

[55] Ausnahme etwa beim Mandatar, der allein, allerdings im Namen des Kollegialorgans, durch die die Mandatarfunktion ausübende physische Person eine Kollektivzuständigkeit wahrnehmen kann, vgl. hierzu in diesem Teil C II 1 a dd (1).

[56] Vgl. hierzu auch BVerfGE 2, 143 (161 f.).

[57] Ausnahme: Umlaufverfahren, § 67 I 2 GO He.

[58] Vgl. etwa § 43 Verf Bremhv; §§ 67, 68 GO He; §§ 67, 68 GO SH.

[59] Im Ergebnis so *Wolff*, Vertretung, S. 246 Fn. 2; *Dagtoglou*, S. 44, 58.

[60] Vgl. *Kelsen*, S. 280; *G. Jellinek*, Staatslehre, S. 545.

[61] So auch die Bedenken von *Dagtoglou*, S. 44 f.

stehend dargelegt — nicht der Fall ist[62]. Im Hinblick auf seine Mißverständlichkeit ist der Begriff des „Teilorgans“ abzulehnen[63].

dd) Die Glieder als Organteile

Die Glieder eines Kollegialorgans könnten aber als Organteile angesehen werden[64]. Organteile sind organisatorische Funktionseinheiten, die an der Zuständigkeitswahrnehmung eines Organs derart teilnehmen, daß das Verhalten ihrer Walter diesem transitorisch zugerechnet wird[65]. Unter Funktionseinheiten sind dabei Ämter, d. h. die auf einen Menschen bezogenen, institutionalisierten Komplexe von Wahrnehmungszuständigkeiten zu verstehen[66].

Die Glieder kollegialischer Organe sind zunächst unabhängig von den jeweiligen physischen Personen, die die Gliedfunktionen ausüben[67]. Demzufolge stellen sie institutionelle Subjekte dar[68]. Sie sind ferner Zuordnungssubjekte von Zuständigkeiten, und zwar derjenigen, die dem Kollegialorgan zugewiesen sind, was sich unter Berücksichtigung des organisatorischen Zusammenhangs zwischen Gliedern und Kollegialorgan ergibt. So stellen die Glieder in ihrer durch das Gesetz bewirkten Verbindung zu einer rechtlichen Einheit[69] das Kollegialorgan dar. Dies bedeutet aber, daß die dem Kollegialorgan zugewiesenen Zuständigkeiten gleichzeitig Zuständigkeiten der Glieder in ihrer kollegialen Verbundenheit sind. Die (auch) den Gliedern zugeordneten Zuständigkeiten sind des weiteren keine Eigenzuständigkeiten derselben, sondern vielmehr solche des Organträgers, die für diesen wahrgenommen werden, mithin also Wahrnehmungszuständigkeiten. Sie sind schließlich auch nur auf einen Menschen bezogen, da die einzelne Gliedposition lediglich von einer physischen Person bekleidet wird. Die Glieder stellen damit Funktionseinheiten im Sinne von Ämtern dar. Da das Verhalten der die Gliedfunktionen ausübenden physischen Personen zunächst dem Kollegialorgan und erst dann dem Organträger zugerechnet wird[70], sind die Glieder Organteile.

Der solchermaßen erkannte organisationsrechtliche Status der Glieder kollegialischer Organe läßt sich im Hinblick auf die Art und Weise der Wahrnehmung der Kollegialzuständigkeit noch weiter präzisieren.

[62] Vgl. hierzu auch *Bleutge*, S. 52.
[63] So auch *Dagtoglou*, S. 60.
[64] So *Hoppe*, S. 170, 217; *Bleutge*, S. 52; s. auch OVG Münster OVGE 28, 208 (209).
[65] Vgl. *Wolff / Bachof*, VerwR II, 4. Aufl., § 74 I f 10 u. § 75 V e.
[66] Vgl. *Wolff / Bachof*, VerwR II, 4. Aufl., § 73 I c; *Hoppe*, S. 217.
[67] Vgl. in diesem Teil C II 1 a aa.
[68] Vgl. *Wolff / Bachof*, VerwR II, 4. Aufl., § 73 I c 2.
[69] Vgl. in diesem Teil C I 2.
[70] Vgl. in diesem Teil C II 1 a bb.

(1) Mandatar

So kann den Gliedern durch Mandat eine Zuständigkeit des Kollegialorgans zur Ausübung zugewiesen werden[71]; die Glieder haben dann die Stellung eines Mandatars inne. Ein Organstatus ihrerseits wird dadurch nicht begründet. Denn das Mandat bewirkt keine Zuständigkeitsverschiebung[72]. Der Mandatar übt vielmehr durch die die Mandatarfunktion wahrnehmende physische Person die Zuständigkeit des Mandanten in dessen Namen aus, sein Handeln bzw. das der Mandatarperson wird diesem also zugerechnet[73]. Die Glieder kollegialischer Organe bleiben danach insoweit unselbständige Funktionseinheiten[74]. Im einzelnen ist ein Mandat gegeben, wenn der Inhaber einer Zuständigkeit in einem oder mehreren Einzelfällen oder auch abstrakt ein anderes öffentlich-rechtliches Subjekt beauftragt, die Kompetenz[75] des Mandanten in dessen Namen auszuüben[76]. Nicht hierher gezählt werden die Fälle, in denen ein Rechtssubjekt keine eigene hoheitliche Entscheidung trifft, sondern nur die von einem anderen getroffene Dezision übermittelt, mithin — zivilrechtlich formuliert — als Gehilfe oder Bote auftritt[77].

---

[71] Die Erteilung eines Mandats ist auch innerhalb eines Kollegialorgans möglich, so *Wolff / Bachof*, VerwR II, 4. Aufl., § 75 III d 6 β; *Dagtoglou*, S. 61. A. A. wohl *Obermayer*, JZ 1956, S. 625 (626), der ein innerbehördliches Mandat ablehnt.

[72] BVerwG DÖV 1962, S. 340 (343); *Wolff / Bachof*, VerwR II, 4. Aufl., § 72 IV b 5; *Schwabe*, DVBl. 1974, S. 69 (70); *Obermayer*, JZ 1956, S. 625 (626); *Triepel*, S. 26; *Schenke*, VerwArch Bd. 68 (1977), S. 118 (121).

[73] *Schenke*, VerwArch Bd. 68 (1977), S. 118 (121); vgl. auch *Schwabe*, DVBl. 1974, S. 69 (72).

[74] Vgl. hierzu *Wolff / Bachof*, VerwR II, 4. Aufl., § 74 I f 10.

[75] Die Begriffe „Kompetenz" und „Zuständigkeit" werden im Rahmen der Definition synonym gebraucht. Im Sprachgebrauch *Wolffs* wird grds. zwischen beiden differenziert, *Wolff / Bachof*, VerwR II, 4. Aufl., § 72 I b, c.

[76] *Schenke*, VerwArch Bd. 68 (1977), S. 118 (148); *Schwabe*, DVBl. 1974 S. 69 (70); *Wolff / Bachof*, VerwR II, 4. Aufl., § 72 IV b 5; *Erichsen* in v. Mutius / Schmidt-Jortzig, S. 3 (10); *Lauscher*, S. 57; *Rasch*, S. 177. *Obermayer*, JZ 1956, S. 625 (626) qualifiziert demgegenüber nur die Beauftragung eines dem Mandanten nachgeordneten Hoheitsorgans mit der Wahrnehmung der Kompetenz des Mandanten als Mandat. *Schenke*, VerwArch Bd. 68 (1977), S. 118 (148 Fn. 113) bezeichnet diese Definition *Obermayers* als zu eng. Etwas anders als hier auch das Mandatverständnis *Triepels*, S. 134, der die Mandate einteilt „in zwei große Gruppen ..., je nachdem sie Aufträge ohne Vollmacht oder Bevollmächtigungen (mit und ohne Auftrag) enthalten". Nur im Hinblick auf die „Bevollmächtigung" definiert *Triepel*, S. 26 das Mandat ähnlich wie hier, nämlich als „Rechtsakt, durch den der Inhaber einer Zuständigkeit einem anderen Subjekt die Vollmacht erteilt, seine, des Mandanten Kompetenz in seinem, des Mandanten, Namen auszuüben". Im Hinblick auf den „Auftrag" umschreibt *Triepel*, S. 26 das Mandat wie folgt: „Mandat ist ... der Auftrag an ein Organ, seine eigene Kompetenz auszuüben."

[77] *Schenke*, VerwArch Bd. 68 (1977), S. 118 (148); vgl. auch *Erichsen* in v. Mutius / Schmidt-Jortzig, S. 3 (10); Bedenken gegen die Verwendung des

(2) „Schlichtes" Organteil

Im übrigen kann die Beteiligung der Glieder eines Kollegialorgans an der Wahrnehmung der Kollegialzuständigkeit darin bestehen, daß jene durch die die Gliedfunktionen ausübenden physischen Personen in einem bestimmten Verfahren zu einer gemeinschaftlichen Entscheidungsfindung beitragen oder daß ein einzelnes Glied durch die diese Gliedfunktion wahrnehmende physische Person auf Grund gesetzlicher Anordnung die Zuständigkeit insgesamt oder einen Teil derselben im Namen des Kollegialorgans ausübt. In Abgrenzung und Gegenüberstellung zu der Gliedposition als Mandatar kann man insoweit von der eines „schlichten" Organteils sprechen.

b) Der organisationsrechtliche Status der Glieder eines Kollegialorgans bei Übertragung einer Kollektivzuständigkeit auf diese

Soweit den Gliedern kollegialischer Organe eine Kollektivzuständigkeit zur selbständigen Wahrnehmung, d. h. zur Wahrnehmung im eigenen Namen übertragen ist, kommt ihnen ausnahmsweise Organqualität[78] zu. In diesem Fall stellen die Glieder nicht nur institutionelle Subjekte von transitorischen Wahrnehmungszuständigkeiten, sondern darüber hinaus auch selbständige Funktionseinheiten dar, weisen mithin insoweit sämtliche die Organqualität konstituierenden Merkmale auf.

aa) Übertragung einer Kollektivzuständigkeit im Wege der Delegation

Eine Übertragung der Kollektivzuständigkeit auf einzelne Glieder mit der Folge der Begründung der Organqualität ist im Wege der Dele-

Begriffs Mandat insoweit auch bei *Obermayer*, JZ 1956, S. 625 (629 m. Fn. 42). Anders dagegen HessVGH VerwRspr 4 (1952), Nr. 116 (S. 565), der das Mandat ansieht als „rechtsgeschäftliche Ermächtigung einer Behörde an eine andere, gewisse der ersten zustehende Befugnisse in deren Namen und Auftrag in bestimmten Fällen auszuüben ...". Nach der Auffassung *Schenkes*, VerwArch Bd. 68 (1977), S. 118 (148 Fn. 114 a) umfaßt dieser Mandatsbegriff nur die Fälle der Botenschaft. M. E. ist die Formulierung des HessVGH insoweit neutral, so daß man hierunter sowohl die Fälle der Botenschaft als auch diejenigen, in denen der Mandatar eine Sachentscheidungsbefugnis besitzt, subsumieren kann.

[78] Eine Organqualität der Glieder kollegialischer Organe kommt darüber hinaus im Rahmen der sog. intrapersonalen Rechte in Betracht (Beispiel: Zuständigkeit des Gemeindevorstehers, Beschlüsse des Magistrats, die das geltende Recht verletzen, zu beanstanden, § 47 S. 1 Verf Bremhv; § 74 I 1 GO He; § 69 S. 1 GO SH), die für die hier vorzunehmende Untersuchung allerdings ohne Interesse sind und von daher nicht näher erörtert werden. Erwähnt sei lediglich, daß die Möglichkeit der Existenz von Organen im Bereich der intrapersonalen Rechte streitig ist: Bejahend etwa *Hoppe*, S. 181 ff., 195 ff.; *ders.*, NJW 1980, S. 1017 (1019); *ders.*, DVBl. 1970, S. 845 (847 f.); bejahend auch *Böckenförde*, Festschrift f. Wolff, S. 269 (286), allerdings nicht wie *Hoppe*, a.a.O., auf der Grundlage des *Wolff*schen Organbegriffs. Ablehnend wohl *Schnapp*, Rechtstheorie Bd. 9 (1978), S. 275 (285).

gation, d. h. mittels Übertragung der Zuständigkeit auf einzelne Glieder durch das Kollegialorgan[79], möglich[80]. Die Zuständigkeitsübertragung bewirkt, daß der Delegatar im eigenen Namen und als eigene Instanz durch die die Delegatarfunktion ausübende physische Person die Zuständigkeit des Deleganten wahrnimmt[81], mithin also ein selbständiges Subjekt ist[82]. Zwei Arten der Delegation kommen dabei in Betracht, die devolvierende und die konservierende. Eine devolvierende Delegation liegt vor, wenn der Inhaber einer Zuständigkeit diese ganz oder zum Teil auf ein anderes Rechtssubjekt überträgt[83]. Dagegen handelt es sich um eine konservierende Delegation, wenn der Inhaber einer Zuständigkeit seine Befugnisse auf ein anderes Rechtssubjekt überträgt, sich daneben aber selber die Ausübung der Zuständigkeit vorbehält[84], ihm also eine konkurrierende Sachentscheidungsbefugnis verbleibt[85].

Die frühere rechtswissenschaftliche Literatur kannte neben diesen beiden Arten der Delegation noch die fiktive oder hypothetische und die funktionenzuteilende Delegation, auch „delegatio a iure" genannt[86]. Bei der sog. fiktiven oder hypothetischen Delegation fingiert der Gesetzgeber die Übertragung einer Zuständigkeit von einem Rechtssubjekt auf ein anderes[87], bei der sog. funktionenzuteilenden Delegation nimmt der Gesetzgeber die Übertragung der Zuständigkeit selbst vor[88]. Eine Qualifizierung dieser Formen der Zuständigkeitsübertragung als Delegation ist indessen abzulehnen, da ihnen das spezifische Moment der Delegation, die Übertragung durch den Zuständigkeitsinhaber, fehlt[89]. Vielmehr handelt es sich insoweit um „normale" Fälle der gesetzlichen Zuweisung von Zuständigkeiten.

---

[79] Vgl. *Erichsen* in v. Mutius / Schmidt-Jortzig, S. 3 (8).

[80] Eine Delegation von Befugnissen ist auch innerhalb eines Kollegialorgans möglich: *Wolff / Bachof*, VerwR II, 4. Aufl., § 75 III d 6 β; *Dagtoglou*, S. 61.

[81] *Wolff / Bachof*, VerwR II, 4. Aufl., § 72 IV b 2.

[82] Vgl. hierzu *Wolff / Bachof*, VerwR II, 4. Aufl., § 74 I f 10.

[83] *Schenke*, VerwArch Bd. 68 (1977), S. 118 (129); *Triepel*, S. 51; *Lauscher*, S. 37; *Hummelbeck*, S. 17; *Obermayer*, JZ 1956, S. 625.

[84] *Triepel*, S. 53; *Schenke*, VerwArch Bd. 68 (1977), S. 118 (121); *Lauscher*, S. 38; *Hummelbeck*, S. 18; *Obermayer*, JZ 1956, S. 625 (627).

[85] *Erichsen* in v. Mutius / Schmidt-Jortzig, S. 3 (9).

[86] Vgl. hierzu die Nachweise bei *Triepel*, S. 60 ff., 65 ff.

[87] Vgl. zur Definition *Schenke*, VerwArch Bd. 68 (1977), S. 118 (121).

[88] Die sog. funktionenzuteilende Delegation enthält zwei Varianten, zum einen die originäre Zuweisung von Funktionen an Staatsorgane, zum anderen die Übertragung einer Zuständigkeit von einem Staatsorgan auf ein anderes durch den einfachen Gesetzgeber. Vgl. zur Kritik *Triepel*, S. 60 ff.

[89] Nach Ansicht *Triepels*, S. 61 ist die Verwendung des Ausdrucks Delegation im Hinblick auf die originäre Zuweisung von Kompetenzen durch den Gesetzgeber „überflüssig, ja unzulässig". Auch im Hinblick auf die gesetzliche Zuständigkeitsübertragung sollte man nach *Triepel*, S. 64 den Ausdruck

bb) Übertragung einer Kollektivzuständigkeit durch Gesetz

Die gesetzgeberische Fiktion der Übertragung einer Kollektivzuständigkeit auf einzelne Glieder wie auch die Übertragung durch das Gesetz selbst bedeuten eine Zuweisung der Zuständigkeit zur selbständigen Wahrnehmung und führen mithin zur Organqualität der Glieder.

2. *Der organisationsrechtliche Status des Gemeindevorstehers im Hinblick auf die Zuständigkeit der gesetzlichen Vertretung*

Unter Berücksichtigung der insoweit gewonnenen, die organisatorische Beziehung zwischen Kollegialorgan und Glied im allgemeinen betreffenden Erkenntnisse gilt es, den organisationsrechtlichen Status des Gemeindevorstehers, d. h. das Verhältnis zwischen Magistrat und Gemeindevorsteher im Hinblick auf die Zuständigkeit der gesetzlichen Vertretung zu fixieren. Der Magistrat, dem die Zuständigkeit der gesetzlichen Vertretung zur Wahrnehmung übertragen ist[90], hat Organqualität, er ist Kollegialorgan[91]. Diese Zuständigkeit ist auf den Gemeindevorsteher, der die im Rahmen der gesetzlichen Vertretung erforderlichen Erklärungen im Namen des Magistrats abzugeben hat[92], insoweit weder ganz noch zum Teil zur selbständigen Erledigung übergegangen. Der Gemeindevorsteher ist hier vielmehr in die Ausübung einer Kollektivzuständigkeit eingebunden, so daß ihm lediglich der Status eines Organteils zukommt, und zwar — da ihm die Erklärungsabgabe nicht durch Beauftragungsakt des Kollegialorgans, sondern durch Gesetz zugewiesen ist — der Status eines „schlichten" Organteils.

Delegation „besser vermeiden". Siehe auch *Triepel,* S. 51 und zur Kritik an der sog. fiktiven Delegation *Triepel,* S. 65 ff.; insoweit ablehnend auch *Schenke,* VerwArch Bd. 68 (1977), S. 118 (121); *Erichsen* in v. Mutius / Schmidt-Jortzig, S. 3 (8 f.) erwähnt keine der beiden Formen im Zusammenhang mit dem Begriff der Delegation.

[90] § 42 I 3 g Verf Bremhv; § 71 I 1 GO He; § 61 I GO SH.

[91] Vgl. in diesem Teil C I 1 u. 2.

[92] Vgl. 1. Teil, C.

Dritter Teil

Die Rechtsnatur der kommunalen Förmlichkeitsbestimmungen — § 54 I, III GO BaWü, Art. 38 II 1 u. 2 GO Bay, § 46 II 1 u. 2 Verf Bremhv, § 71 II 1 u. 2 GO He, § 63 II GO Nds, § 56 I, IV GO NRW, § 49 I 1 u. 2 GO RhPf, § 62 S. 1 u. 2 KSVG Sa, §§ 50 II, 61 II GO SH

Die organisatorischen Zusammenhänge zwischen Gemeindevorsteher und Gemeinde bzw. Gemeindevorsteher, Magistrat und Gemeinde im Bereich der gesetzlichen Vertretung gilt es bei der Analysierung der Rechtsnatur der kommunalen Förmlichkeitsbestimmungen zu beachten, ein Aspekt, den die herkömmlichen Norminterpretationen indessen vermissen lassen. Hierin erschöpfen sich allerdings die Bedenken gegen die in Rechtsprechung und Literatur vertretenen Auffassungen nicht. Die Darstellung und kritische Auseinandersetzung mit den bisherigen Auslegungsvorschlägen im einzelnen sowie die Erarbeitung eines eigenen Normverständnisses ist daher das Anliegen der nachfolgenden Untersuchung.

1. Kapitel

Die kommunalen Förmlichkeitsvorschriften — Vertretungsregeln oder bzw. und Formvorschriften?

1. Abschnitt

Die kommunalen Förmlichkeitsvorschriften als Regelungen der Vertretungsmacht

A. Die Argumentation des Bundesgerichtshofs

Die in den Gemeindeordnungen enthaltenen Förmlichkeitsvorschriften werden in der Rechtsprechung des Bundesgerichtshofs überwiegend als Vertretungsregeln ausgelegt, in dem Sinne, daß sie die gesetzliche

Vertretungsmacht der für die Gemeinde handelnden Organe bzw. Organwalter einschränken[1]. So führt das Gericht in seiner jüngsten Grundsatzentscheidung diesbezüglich aus:

„... § 56 I (GO RhPf a. F.)[2] und die vergleichbaren Bestimmungen anderer Gemeindeordnungen können nicht als bürgerlich-rechtliche Vorschriften über die Form von Rechtsgeschäften angesehen werden, da dem Landesgesetzgeber der Erlaß derartiger Vorschriften nach Art. 55 EGBGB verwehrt ist. Die Kompetenz des Landesgesetzgebers beschränkt sich hinsichtlich der privaten Willenserklärungen juristischer Personen des öffentlichen Rechts auf die Regelung der Vertretungsmacht ihrer Organe, da es sich insoweit um öffentliches Recht handelt. Daher geht es nicht um einen Verstoß gegen Formvorschriften, sondern um die Frage, ob die zur Vertretung berufenen Organe innerhalb ihrer durch derartige Vorschriften näher ausgestalteten Vertretungsmacht gehandelt haben und die Verpflichtungserklärung damit für die Gemeinde bzw. den Gemeindeverband rechtsverbindlich ist[3]."

In zwei weiteren Urteilen beschäftigt sich der Bundesgerichtshof speziell mit dem in § 56 I 2 GO NRW normierten doppelten Unterzeichnungserfordernis und interpretiert dieses als Begründung eines Gesamtvertretungstatbestandes[4].

Bedenken gegen die Rechtsprechung des Gerichts bestehen sowohl im Hinblick auf die — in dem Grundsatzurteil dargelegte — Methode der Entscheidungsfindung als auch im Hinblick auf das Auslegungsergebnis beider Entscheidungen.

I. Kritik an der Methode der Entscheidungsfindung

Was die Methode der Entscheidungsfindung angeht, so ist an der Argumentation des erkennenden Senats auszusetzen, daß sie sich nicht an den anerkannten Auslegungsmethoden orientiert. In Betracht gezogen sind weder der Wortlaut der Norm, noch der Bedeutungszusammenhang des Gesetzes sowie der Normzweck, unbeachtet geblieben ist ferner die Entstehungsgeschichte der Vorschrift[5].

---

[1] BGH DVBl. 1984, S. 335 f.; BGH NJW 1982, S. 1036 (1037); BGH NJW 1980, S. 117 (118); BGH DVBl. 1967, S. 375 (376); BGH NJW 1960, S. 2402 (2403); BGHZ 32, 375 (380 f.); so auch BAG AP Nr. 7 zu § 125 BGB; OLG Frankfurt NVwZ 1982, S. 580 (581); OLG Frankfurt Rpfleger 1975, S. 177; SchlOLG SchlHA 1971, S. 201; OLG Hamburg MDR 1968, S. 238; OVG Münster Städte- und Gemeinderat 1983, S. 30 im Hinblick auf § 40 I 2 KrO NRW (inhaltsgleich mit § 56 I 2 GO NRW); LG Stuttgart NVwZ 1982, S. 57 (58) bezüglich privatrechtlicher Willenserklärungen (im Hinblick auf öffentlich-rechtliche Erklärungen qualifiziert das Gericht die Normen demgegenüber (!) als Formvorschriften). — A. A. BGHZ 21, 59 (66); BGH NJW 1958, S. 866.

[2] § 56 I GO RhPf a. F. entspricht § 49 I GO RhPf n. F.

[3] BGH NJW 1980, S. 117 (118).

[4] BGH NJW 1982, S. 1036 (1037); BGH DVBl. 1984, S. 335.

[5] Soweit die Entscheidungen des Bundesgerichtshofs Ausführungen zum Schutzzweck der kommunalen Förmlichkeitsbestimmungen enthalten, erfol-

Lediglich ein klassisches Auslegungskriterium scheint der Entscheidung des Bundesgerichtshofs zugrunde zu liegen. So deuten seine Ausführungen, der Bewertung der kommunalen Förmlichkeitsbestimmungen als „bürgerlich-rechtliche Formvorschriften" stehe die mangelnde Kompetenz des Landesgesetzgebers entgegen, auf eine Berücksichtigung des bei einer Norminterpretation zu beachtenden Grundsatzes der verfassungskonformen Auslegung[6] hin. Zwar leitet das Gericht nach dem Wortlaut seiner Entscheidung die mangelnde Kompetenz des Landesgesetzgebers für „bürgerlich-rechtliche Formvorschriften" aus Art. 55 EGBGB ab. Bedenkt man jedoch, daß Art. 55 EGBGB keine Kompetenznorm darstellt[7], sondern vielmehr allein das Grundgesetz Gesetzgebungsbefugnisse verleiht, die Zuständigkeitsverteilung also nirgend anders gesucht werden darf, als im Grundgesetz selbst[8], so wird man den erkennenden Senat dahin verstehen dürfen, daß er der Aussage des Art. 55 EGBGB lediglich im Rahmen der Art. 72 I, 74 Nr. 1 GG Bedeutung beigemessen hat.

Gem. Art. 72 I GG haben die Länder auf dem Gebiet der konkurrierenden Gesetzgebung, wozu gem. Art. 74 Nr. 1 GG das bürgerliche Recht gehört, nur dann die Befugnis zur Gesetzgebung, solange und soweit der Bund von seinem Gesetzgebungsrecht keinen Gebrauch macht. Der Landesgesetzgeber ist demnach auf jeden Fall ausgeschlossen, wenn der Bundesgesetzgeber eine Materie wirklich erschöpfend, d. h. abschließend regelt[9]. Ob darüber hinaus allein schon die Regelung einer Materie in kodifizierter Form — wie der des bürgerlichen Rechts (Art. 3, 55, 218 EGBGB) — den Ausschluß des Landesgesetzgebers bewirkt, da Bundesgesetze insoweit jedenfalls mit dem Anspruch auf erschöpfende Behandlung des von ihnen thematisierten Sachgebiets auftreten[10], wird nicht einheitlich beantwortet. Zum Teil wird in dem

---

gen diese nicht im Rahmen der Auslegung der Rechtssätze als Vertretungsregelungen, sondern in anderem Zusammenhang: Zum einen stellt das Gericht auf den Normzweck ab bei der Frage, ob die kommunalen Förmlichkeitsbestimmungen nur für das Innenverhältnis, oder aber auch für das Außenverhältnis gelten (BGH NJW 1980, S. 117 [118]). Zum anderen vertritt der Bundesgerichtshof gestützt auf den Schutzzweck der kommunalen Förmlichkeitsbestimmungen die Auffassung, bei der durch das Erfordernis doppelter Unterzeichnung begründeten Gesamtvertretung müßten sowohl die vorherige Ermächtigung eines Gesamtvertreters durch den anderen zur Alleinvertretung für bestimmte einzelne Geschäfte — falls jene überhaupt zulässig sei —, als auch die zulässige nachträgliche Genehmigung einer Alleinvertretung schriftlich erfolgen (BGH DVBl. 1984, S. 335 [336]).

[6] Vgl. *Larenz*, Methodenlehre, S. 325 f.; *Hesse*, Rdn. 79 f.; *Müller*, S. 72 f.

[7] So ausdrücklich BVerfGE 7, 342 (354).

[8] *Maunz* in Maunz / Dürig, Art. 70 Rdn. 28.

[9] Vgl. BVerfGE 2, 232 (235); 7, 342 (347); 20, 238 (248); *Schmidt-Bleibtreu / Klein*, Art. 72 Rdn. 2.

[10] *Maunz* in Maunz / Dürig, Art. 74 Rdn. 13.

Umstand kodifikatorischer Regelung eine Sperre für den Landesgesetzgeber gesehen, außerhalb der Vorbehalte des EGBGB privatrechtliche Normen zu setzen ohne Rücksicht darauf, ob das Reichs- oder Bundesrecht eine privatrechtliche Materie wirklich erschöpfend geregelt hat, oder ob Lücken bestehen; die Ausfüllung etwaiger Lücken sei nur durch Bundesgesetz oder rechtsschöpferische richterliche Auslegung ausgerichtet an den Grundsätzen, Generalklauseln und dem Geist des BGB möglich[11]. Nach anderer Auffassung richtet sich auch bei den sog. kodifikatorischen Bundesgesetzen der Ausschluß des Landesgesetzgebers danach, ob das entsprechende Sachgebiet tatsächlich eine erschöpfende Regelung erfahren hat. Weist das Gesetz Unvollständigkeiten auf, so soll die Zuständigkeit des Landesgesetzgebers nur dann nicht bestehen, wenn die Lücken aus den in einer bundesgesetzlichen Kodifikation selbst enthaltenen Sätzen im Wege einer zulässigen Auslegung oder der erlaubten Fortbildung geschlossen werden können[12].

Da der Bundesgerichtshof keine Überprüfung des bürgerlichen Rechts auf seine Vollständigkeit in dem in Frage stehenden Bereich vorgenommen, sondern vielmehr nur auf das EGBGB verwiesen hat, wird man davon ausgehen dürfen, daß er dem Kodifikationsprinzip eine generelle Sperrwirkung für den Landesgesetzgeber beimißt. Von seinem Standpunkt aus wären also die kommunalen Förmlichkeitsbestimmungen verstanden als „bürgerlich-rechtliche Formvorschriften“ wegen Verstoßes gegen Art. 72 I, 74 Nr. 1 GG verfassungswidrig, dagegen käme bei ihrer Bewertung als Vertretungsregeln ein Verstoß gegen Art. 72 I, 74 Nr. 1 GG nicht in Betracht. Nun entspricht es dem Gebot der verfassungskonformen Auslegung, eine Gesetzesnorm so zu interpretieren, daß sie mit den Grundsätzen der Verfassung in Einklang steht[13]. Allerdings darf sich die verfassungskonforme Auslegung, wenn sie Auslegung bleiben will, nicht über die Grenzen hinwegsetzen, die sich aus dem möglichen Wortsinn und dem Bedeutungszusammenhang des Gesetzes ergeben[14]. So hat das Bundesverfassungsgericht betont, daß eine verfassungskonforme Auslegung bei „eindeutigem Wortlaut und Sinn“ nicht möglich sei[15] und auch „keinesfalls ... das gesetzgeberische Ziel in einem wesentlichen Punkte verfehlen oder verfälschen“ dürfe[16]. Demgemäß setzt die verfassungskonforme Auslegung voraus,

---

[11] Vgl. *Endemann*, S. 75, insbes. Anm. 7; *v. Thur*, S. 12; *Meyer / Anschütz*, S. 716; *Cosack / Mitteis*, S. 14; *Lehmann / Hübner*, S. 37 f. Offengelassen in BVerfGE 7, 342 (355).

[12] *Maunz* in Maunz / Dürig, Art. 74 Rdn. 13.

[13] *Müller*, S. 72.

[14] *Larenz*, Methodenlehre, S. 326.

[15] BVerfGE 2, 380 (398); s. auch BVerfGE 8, 28 (34); 8, 38 (41); 18, 97 (111); 47, 46 (82); 54, 277 (299); 55, 134 (143).

[16] BVerfGE 8, 28 (34); vgl. auch BVerfGE 54, 277 (299).

daß zunächst Wortlaut, Normzweck sowie systematischer Zusammenhang des Gesetzes einer Untersuchung unterzogen werden. Der Bundesgerichtshof hat jedoch keines dieser Kriterien in Betracht gezogen, sondern vielmehr den Grundsatz der verfassungskonformen Auslegung isoliert angewendet. Seine Interpretationsmethode ist daher insoweit zumindest fragwürdig.

Zudem ist die Prämisse seiner Entscheidung bedenklich. Diese beruht auf der Gleichsetzung von „Formvorschriften" mit „bürgerlich-rechtlichen Formvorschriften". Die Bewertung einer Norm als Formvorschrift und die Frage, ob sie dem bürgerlichen Recht angehört, sind indessen zwei voneinander zu trennende Rechtsprobleme. Die Zuordnung eines Rechtssatzes zum öffentlichen oder bürgerlichen bzw. privaten Recht entscheidet sich etwa danach, ob der Rechtssatz dem öffentlichen Interesse dient oder Individualinteressen verfolgt — so die Interessentheorie[17] — bzw. unter Zugrundelegung der Subordinations- oder Subjektionstheorie nach der Unter- oder Gleichordnung der an einem Rechtsverhältnis Beteiligten[18]. Nach der von *Wolff* entwickelten Subjektstheorie[19] richtet sich die Unterscheidung zwischen öffentlichem und privatem Recht schließlich nach der Verschiedenheit der Zuordnungssubjekte. Für die Qualifizierung einer Norm als Formvorschrift ist indessen keines dieser Abgrenzungskriterien relevant[20]. Lassen sich dementsprechend auch im öffentlichen Recht Formvorschriften ausmachen[21], so verbietet sich aber die vom Bundesgerichtshof vorgenommene Gleichsetzung von „Formvorschriften" und „bürgerlich-rechtlichen Formvorschriften", ganz abgesehen davon, daß sich die kommunalen Förmlichkeitsbestimmungen ebenso auf öffentlich-rechtliche Erklärungen beziehen[22].

Zusammenfassend läßt sich feststellen, daß die Entscheidung des Gerichts im Hinblick auf die Außerachtlassung anerkannter Ausle-

[17] Sie wird vertreten etwa von *Eyermann / Fröhler*, § 40 Rdn. 5 und zum Teil vom BGH — BGHZ 66, 182 (185 f.). Vgl. zur Kritik an der Interessentheorie *Erichsen*, Jura 1982, S. 537 (538 f.) sowie *Zuleeg*, VerwArch Bd. 73 (1982), S. 384 (390 f.).

[18] Die Subordinations- oder Subjektionstheorie wird — jedenfalls auch — von *Redeker / v. Oertzen*, § 40 Anm. 6 ff. vertreten und liegt zum Teil der Rspr. des BGH — BGHZ 66, 229 (233, 235); 67, 81 (84 f., 86 f., 92) sowie der des BVerwG — BVerwGE 29, 159 (161 f.) zugrunde. Vgl. zur Kritik *Erichsen*, Jura 1982, S. 537 (539 f.) und *Zuleeg*, VerwArch Bd. 73 (1982), S. 384 (391 ff.).

[19] *Wolff / Bachof*, VerwR I, § 22 II c. Vgl. zur Kritik *Erichsen*, Jura 1982, S. 537 (540) und *Zuleeg*, VerwArch Bd. 73 (1982), S. 384 (386 ff.).

[20] Vgl. zu den Auslegungskriterien im einzelnen die nachfolgenden Ausführungen unter II.

[21] z. B. § 57 VwVfGe des Bundes und der Länder.

[22] Vgl. etwa *Masson / Samper*, Art. 38 Rdn. 5; *Kottenberg / Rehn*, § 56 Erl. II 1; *Schneider / Manz*, § 71 Erl. 3; *Schlempp / Schlempp*, § 71 Erl. VI 1; *Hofmann / Beth / Dreibus*, § 49 Erl. 1.

gungskriterien, der infolge isolierter Betrachtung fragwürdigen Anwendung des Grundsatzes der verfassungskonformen Auslegung sowie der Zugrundelegung einer zweifelhaften Prämisse von ihrem methodischen Vorgehen her nicht zu überzeugen vermag.

II. Kritik am Auslegungsergebnis

Darüber hinaus ist das Auslegungsergebnis, die Bewertung der kommunalen Förmlichkeitsbestimmungen als Regelungen der Vertretungsmacht zweifelhaft. Bedenken bestehen schon im Hinblick auf den Wortsinn der normierten Erfordernisse, den Bedeutungszusammenhang des Gesetzes, die Entstehungsgeschichte sowie objektiv-teleologische Gesichtspunkte.

1. Der Wortsinn

Unter dem Wortsinn wird die Bedeutung eines Ausdrucks oder einer Wortverbindung im allgemeinen Sprachgebrauch oder, falls ein solcher feststellbar ist, im besonderen Sprachgebrauch des jeweils Redenden, hier in dem des betreffenden Gesetzes verstanden[23].

a) Die Erfordernisse der „Schriftform", der „handschriftlichen Unterzeichnung", der „Angabe der Amtsbezeichnung" und des „Beidrückens des Dienstsiegels"

Die vorstehend aufgeführten Förmlichkeitserfordernisse stellen bereits vom allgemeinen Sprachgebrauch her keine Modalitäten der Vertretungsmacht dar. Das Gebot, schriftlich zu handeln, wird üblicherweise begriffen als Bestimmung darüber, in welcher Art und Weise eine Erklärung abzugeben ist, also als Regelung, die allein das „Wie" der Handlung und damit die Handlungsform, nicht dagegen das „Wer" der Handlungsberechtigung betrifft. Gleiches läßt sich im Hinblick auf das Erfordernis der handschriftlichen Unterzeichnung feststellen. Dieses gibt nach allgemeinem Verständnis dem Handelnden auf, seine Erklärung in bestimmter Form abzuschließen. Was Amtsbezeichnung und Dienstsiegel angeht, so ist für die Ermittlung ihrer Bedeutung darauf abzustellen, daß sie keine höchstpersönlichen Zeichen darstellen. Zu werten sind sie demgemäß als klarstellende Zusätze, die darauf aufmerksam machen wollen, daß die die Erklärung formulierende Person sich nicht selbst rechtserheblich betätigt, sondern vielmehr ein hin-

[23] *Larenz*, Methodenlehre, S. 305 f.

ter ihr stehender Verband. Demnach sind sie Zeichen, die einen Vertreterwillen andeuten. Förmlichkeiten, die einer solchen Funktion zu dienen bestimmt sind — etwa die gem. § 35 III GmbHG und § 79 AktG erforderliche Angabe der Firma einer Gesellschaft sowie der nach § 51 HGB gebotene, die Prokura andeutende Zusatz[24] —, werden als reine Formerfordernisse qualifiziert, die sie normierenden Vorschriften mithin nicht als Regelungen der Vertretungsmacht verstanden[25].

Die solchermaßen im Rahmen allgemeiner Betrachtungsweise gewonnenen Erkenntnisse harmonieren mit dem Sprachgebrauch des Gesetzes, soweit dieses identische Förmlichkeiten normiert oder konkret auf die hier zur Diskussion stehenden Formvoraussetzungen Bezug nimmt. Was die Erfordernisse der „Schriftform" und der „handschriftlichen Unterzeichnung" angeht, so sind die Beispiele für deren gesetzliche Bewertung als reine Formerfordernisse umfangreich, so daß nur gleichsam exemplarisch auf § 766 S. 1 BGB, der die Bürgschaftserklärung der Schriftform unterstellt[26], auf § 57 VwVfGe des Bundes und der Länder, der für den öffentlich-rechtlichen Vertrag die Einhaltung der Schriftform gebietet[27] sowie auf § 2247 I BGB, der für die Errichtung eines eigenhändigen Testaments eigenhändige und damit handschriftliche Unterzeichnung[28] verlangt[29], hingewiesen werden soll. Aufschlüsse über die Qualität von „Amtsbezeichnung" und „Dienstsiegel" erlaubt schließlich § 67 BeurkG. Nach dieser Vorschrift wird die bundes- oder landesrechtlich vorgeschriebene Beidrückung des Dienstsiegels durch die öffentliche Beurkundung ersetzt. Eine entsprechende Anwendung erfährt die Vorschrift, soweit in den genannten Ordnungen die Angabe der Amtsbezeichnung verlangt wird[30]. Die öffentliche, d. h. notarielle Beurkundung[31] stellt somit ein Surrogat für Amtsbezeichnung und Dienstsiegel dar. Dies bedeutet, daß § 67 BeurkG die Förmlichkeiten vom Ansatz her als gleichartige Erfordernisse behandelt, Amtsbezeichnung und

---

[24] Vgl. *Scholz / Schneider*, GmbHG, 6. Aufl., § 36 Rdn. 3 u. 5 sowie *Scholz*, GmbHG, 5. Aufl., § 35 Rdn. 27; *Geßler / Hefermehl / Eckhardt / Kropff*, § 79 Rdn. 1; *Schlegelberger / Schröder*, § 51 Rdn. 1.

[25] *Scholz*, GmbHG, 5. Aufl., § 35 Rdn. 27; *Geßler / Hefermehl / Eckhardt / Kropff*, § 79 Rdn. 1; *Schlegelberger / Schröder*, § 51 Rdn. 1.

[26] § 766 BGB ist eine Formvorschrift i. S. d. § 125 BGB.

[27] Die Verletzung des in § 57 VwVfGe des Bundes und der Länder normierten Schriftformerfordernisses zieht gem. § 59 VwVfGE des Bundes und der Länder i. V. m. § 125 S. 1 BGB entspr. die Nichtigkeit des Vertrages nach sich.

[28] *Palandt / Heinrichs*, § 2247 Anm. 2 c i. V. m. 2 a.

[29] § 2247 BGB ist gem. § 2231 BGB eine die Form des Testaments betreffende Norm und als solche Formvorschrift i. S. d. § 125 BGB.

[30] Vgl. *Jansen*, Erl. zu § 67 BeurkG.

[31] Nach *Höfer / Huhn / Schuckmann*, § 1 BeurkG Anm. 2 meint der Begriff der öffentlichen Beurkundung i. S. d. BeurkG die Tätigkeit, die herkömmlicherweise von Notaren ausgeübt wird.

Dienstsiegel also denselben Charakter wie der notariellen Beurkundung, die ein Formerfordernis darstellt[32], beimißt, jene mithin als Formmodalitäten wertet[33].

Anhaltspunkte dafür, daß die Gemeindeordnungen von dem üblichen gesetzlichen Sprachgebrauch abweichen, sind nicht ersichtlich.

b) Das Erfordernis der „zweifachen Unterzeichnung"

Problematischer gestaltet sich die Fixierung des Sinngehalts des in den Gemeindeordnungen normierten Erfordernisses der zweifachen Unterzeichnung. Auf den ersten Blick scheint dieses einem Verständnis in zweierlei Richtungen gleichermaßen zugänglich zu sein. Einerseits könnte man das Förmlichkeitsgebot dahin verstehen, daß Verpflichtungserklärungen durch zwei Unterschriften abgeschlossen werden sollen. In diesem Fall würden die kommunalen Rechtssätze eine reine Formmodalität regeln. Andererseits könnte das im Zusammenhang mit der Vertretung geforderte Tätigwerden zweier Personen bedeuten, daß beide nur gemeinschaftlich zur Vertretung der Gemeinde berechtigt sind. Die gemeinderechtlichen Vorschriften würden dann für den Bereich der Verpflichtungserklärungen den Tatbestand der Gesamtvertretung begründen[34], hätten mithin den Charakter von Vertretungsregeln.

Vergegenwärtigt man sich indessen die mit dem Erfordernis der zweifachen Unterzeichnung verbundenen Anforderungen genauer und stellt diese den im Rahmen des Gesamtvertretungstatbestandes geltenden Grundsätzen gegenüber, so erscheint allein die erste Auslegungsvariante als die hier einschlägige oder doch jedenfalls näherliegende. Bei exakter Betrachtung verlangt eine doppelte Unterzeichnung, daß eine *einheitliche* schriftliche Verpflichtungserklärung, versehen mit den Unterschriften zweier kommunaler Organwalter abzugeben ist, so daß spätestens in dem Zeitpunkt, in dem die Erklärung den Innenbereich der Verwaltung verläßt, ein gleichzeitiges und gemeinsames Handeln der Organwalter vorliegt. Gesamtvertreter brauchen demgegenüber weder gemeinschaftlich, noch gleichzeitig tätig zu werden, sondern können auch getrennte Erklärungen abgeben[35]. Ein Festhalten an der zweiten Auslegungsalternative läßt sich unter Berücksichtigung dieser Erkenntnisse von daher nur vertreten, wenn der Terminus der doppelten Un-

---

[32] Die notarielle Beurkundung i. S. d. § 128 BGB ist eine Form i. S. d. § 125 BGB, vgl. *Palandt / Heinrichs*, § 125 Anm. 1 a - c.

[33] Siehe hierzu auch *Jansen*, Erl. zu § 67 BeurkG.

[34] Vgl. *Staudinger / Dilcher*, § 167 Rdn. 51.

[35] *Flume*, § 45 I 3 (S. 782); *Enneccerus / Nipperdey*, § 184 IV (S. 1138); *Staudinger / Dilcher*, § 167 Rdn. 54.

terzeichnung einer Interpretation dahingehend zugänglich ist, daß er die Gesamtvertretung lediglich „als solche", d. h. die gemeinschaftliche Vertretung durch zwei Personen anordnet, dagegen die im Rahmen der Gesamtvertretung allgemein geltenden Grundsätze abbedingt[36]. Ein solches Verständnis ist zwar nicht ausgeschlossen, jedoch im Hinblick darauf, daß einem relativ einfachen Förmlichkeitserfordernis die Bedeutung einer komplizierten juristischen Regelung beigelegt wird, zumindest als nicht naheliegend zu bewerten.

Als unvereinbar mit dem Gebot der doppelten Unterzeichnung muß jedenfalls die vom Bundesgerichtshof vertretene Auffassung beurteilt werden. Der erkennende Senat, der dieses Erfordernis als Begründung eines Gesamtvertretungstatbestandes qualifiziert, erachtet die Alleinvertretung der Kommune durch einen Gesamtvertreter für zulässig, wenn jene von dem anderen Gesamtvertreter nachträglich schriftlich genehmigt wird[37]; daneben beschäftigt er sich mit der Alleinvertretung durch einen Gesamtvertreter im Fall der vorherigen Ermächtigung, die — falls sie überhaupt zulässig sei — ebenfalls schriftlich erfolgen müsse[38]. Sowohl bei nachträglicher schriftlicher Genehmigung als auch bei vorheriger schriftlicher Ermächtigung liegt indessen eine einheitliche, beide Unterschriften aufweisende Verpflichtungserklärung nicht vor, so daß dem gesetzlichen Erfordernis der zweifachen Unterzeichnung von Verpflichtungserklärungen nicht genügt wird.

2. *Der Bedeutungszusammenhang des Gesetzes*

Das Kriterium des Bedeutungszusammenhangs meint in erster Linie eine Berücksichtigung des Kontextes, darüber hinaus die sachliche Übereinstimmung der Bestimmungen innerhalb einer Regelung sowie ferner die Beachtung der äußeren Anordnung des Gesetzes und der ihr zugrundeliegenden äußeren Systematik, wobei letzteren allerdings nur ein begrenzter Wert für die Auslegung zukommt[39].

Mit Rücksicht auf die divergierenden Formulierungen, die die Landesgesetzgeber im Bereich der Förmlichkeitsbestimmungen gewählt haben sowie im Hinblick auf die unterschiedliche räumliche Beziehung dieser Vorschriften zu den jeweiligen Vertretungsregelungen, ist eine differenzierende Untersuchung der Rechtslage anhand eines jeden Bundeslandes geboten.

---

[36] In dieser Richtung *Wilhelm*, S. 147 f. und *Fritz*, S. 135 f.

[37] BGH DVBl. 1984, S. 335 (336). Vgl. auch BGH NJW 1982, S. 1036 (1037).

[38] BGH DVBl. 1984, S. 335 (336).

[39] *Larenz*, Methodenlehre, S. 313.

a) Nordrhein-Westfalen

Unter dem Aspekt des Bedeutungszusammenhangs des Gesetzes soll zunächst die nordrhein-westfälische Gemeindeordnung einer näheren Betrachtung unterzogen werden, die insoweit eine Sonderstellung einnimmt, als die Vertretungsregelung ausdrücklich auf die die Förmlichkeitserfordernisse normierende Vorschrift verweist.

§ 55 I GO NRW, der in Satz 1 dem Gemeindedirektor die Vertretung der Gemeinde überträgt, ihm also äußere Vertretungsmacht einräumt[40], bestimmt in Satz 2, daß § 56 GO NRW unberührt bleibt. Die Bezugnahme auf § 56 GO NRW — der in Absatz 1 bestimmte Förmlichkeitsgebote enthält — im unmittelbaren Anschluß an die Regelung der Vertretungsmacht, könnte eine Regel-Ausnahme-Beziehung zwischen § 55 I 1 GO NRW und § 56 I GO NRW andeuten, dergestalt, daß die in § 55 I 1 GO NRW dem Gemeindedirektor eingeräumte Vertretungsmacht zwar grundsätzlich umfassend ist, im Bereich der Verpflichtungserklärungen jedoch durch die in § 56 I GO NRW normierten Förmlichkeitserfordernisse eingeschränkt wird[41]. Ist § 55 I 2 GO NRW einer solchen Interpretation zugänglich, so verknüpft der Rechtssatz Vertretungsvorschrift und Förmlichkeitsvorschrift in ihrem Regelungsgehalt und verleiht § 56 I GO NRW über diese Verknüpfung die Qualität einer Vertretungsregelung.

Eine solche Auslegung des § 55 I 2 GO NRW setzt allerdings voraus, daß die Regelungsbereiche des § 55 I 1 GO NRW einerseits und des gesamten § 56 GO NRW andererseits sachlich sinnvoll zueinander in Beziehung gesetzt werden können. Denn § 55 I 2 GO NRW nimmt auf § 56 GO NRW insgesamt Bezug, dagegen nicht nur auf den Teil der Norm, der die Förmlichkeitserfordernisse normiert (§ 56 I GO NRW). Bei einer Bewertung der Verweisungsregel muß demnach der vollständige Regelungsgehalt des § 56 GO NRW und nicht lediglich ein Ausschnitt der Vorschrift berücksichtigt werden. Daher gilt es, sich zunächst sämtliche Tatbestände des § 56 GO NRW zu vergegenwärtigen und auf ihr Verhältnis zu § 55 I 1 GO NRW zu untersuchen.

Die Bezugnahme auf § 56 GO NRW in § 55 I 2 GO NRW könnte andeuten, daß die nach § 56 I 1 GO NRW erforderliche Einhaltung der

---

[40] Vgl. die Verwaltungsvorschrift (VV) zu § 55 GO, abgedr. in *Kottenberg / Rehn*, § 55 vor Erl.: § 55 I betrifft nicht die internen Entscheidungsbefugnisse, sondern nur die äußere Vertretungsmacht.

[41] So die Auffassung von *Kottenberg / Rehn*, § 55 Erl. II 3, § 56 Erl. IV 1 sowie von *Rauball / Pappermann / Roters*, § 55 Rdn. 6, § 56 Rdn. 1, die eine Einschränkung der Vertretungsmacht allerdings nur insoweit annehmen, als § 56 bei Verpflichtungserklärungen die Unterzeichnung des Gemeindedirektors und zusätzlich die eines vertretungsberechtigten Beamten oder Angestellten verlangt.

Schriftform Voraussetzung für eine wirksame Vertretung der Gemeinde ist. § 56 I 1 GO NRW würde in diesem Fall regeln, unter welchen Voraussetzungen bzw. inwieweit die Vertretungsmacht besteht und damit deren Umfang einschränkend festlegen. Eine solche Konstruktion ist zwar nicht denkunmöglich, jedoch in hohem Maße verkehrsfremd[42], ein Aspekt, der gegen eine Auslegung im obigen Sinne spricht.

Im Rahmen des § 56 I GO NRW bleibt zu prüfen, ob dessen Satz 2 eine Modifizierung der Vertretungsmacht darzustellen vermag. § 56 I 2 GO NRW bestimmt, daß Verpflichtungserklärungen vom Gemeindedirektor und einem vertretungsberechtigten Beamten oder Angestellten zu unterzeichnen sind. Eine Vertretungsregelung würde die Norm dann darstellen, wenn sie dahin auszulegen ist, daß im Bereich der Verpflichtungserklärungen der Gemeindedirektor und ein weiterer Beamter oder Angestellter derart Vertretungsmacht haben, daß sie nur gemeinsam vertretungsberechtigt sind. In diesem Fall würde § 56 I 2 GO NRW eine sog. Gesamt- oder Kollektivvertretung anordnen[43]. Ob § 56 I 2 GO NRW eine solche Bedeutung beigelegt werden kann, ist im Wege einer Analyse der Vorschrift zu ermitteln. Diese ordnet zunächst einmal eine zweifache Unterzeichnung der Verpflichtungserklärung an. Dabei ist neben dem Gemeindedirektor derjenige Beamte oder Angestellte zeichnungsberechtigt, der vertretungsberechtigt ist. Die Vertretungsberechtigung ist demnach Voraussetzung für die Zeichnungsberechtigung. Die Vertretungsberechtigung selbst wird allerdings in § 56 I 2 GO NRW nicht geregelt, vielmehr knüpft die Norm an das Bestehen einer solchen an. Damit erhebt sich die Frage, wer den Beamten oder Angestellten eine Vertretungsberechtigung verleiht, und um welche Art von Vertretungsrecht es sich dabei handelt. Die Verleihung der Vertretungsberechtigung erfolgt durch den Gemeindedirektor. Gem. § 51 III 1 GO NRW kann dieser andere Beamte und Angestellte mit der auftragsweisen Erledigung bestimmter Angelegenheiten betrauen. Angelegenheit in diesem Sinn ist auch die dem Gemeindedirektor nach § 55 I 1 GO NRW obliegende Vertretung[44]. Die Verleihung der Vertretungsberechtigung an Beamte oder Angestellte bewirkt nun keine partielle Einschränkung der Vertretungsmacht des Gemeindedirektors dergestalt, daß dieser nur noch mit jenen zusammen Vertretungsmacht besitzt. Vielmehr werden die Beamten oder Angestellten aufgrund amtlicher

---

[42] Vgl. in diesem Abschnitt A II 1 a.

[43] Vgl. zum Begriff *Larenz*, Allg. Teil, § 30 II a (S. 587); *Flume*, § 45 I 3 (S. 782); *Enneccerus / Nipperdey*, § 184 IV (S. 1138); *Staudinger / Dilcher*, § 167 Rdn. 51.

[44] Vgl. *Kottenberg / Rehn*, § 51 Erl. V 1, § 56 Erl. II 2.

Weisung[45] des Gemeindedirektors zu dessen Vertreter[46] bestellt, besitzen mithin insoweit eine „Einzelvertretungsberechtigung". Unter Berücksichtigung dieser Erkenntnisse ist § 56 I 2 GO NRW wie folgt zu lesen: Verpflichtungserklärungen sind vom Gemeindedirektor und einem Beamten oder Angestellten, der eine „Einzelvertretungsberechtigung" besitzt, zu unterzeichnen. Die oben aufgeworfene Frage nach dem gesamtvertretungsbegründenden Regelungsgehalt des § 56 I 2 GO NRW konkretisiert sich damit darauf, ob durch das Erfordernis der zweifachen Unterzeichnung die ursprünglich bestehenden Einzelvertretungsberechtigungen in eine Gesamtvertretung umgewandelt werden. Denkunmöglich ist eine solche Konstruktion nicht. Gegen sie spricht allerdings, daß der Gesetzgeber, wollte er für Verpflichtungserklärungen eine Gesamtvertretung anordnen, einen umständlichen Weg gewählt hätte. Bei einer solchen gesetzgeberischen Intention hätte es näher gelegen, eine Vorschrift zu erlassen, die bestimmt, daß im Bereich der Verpflichtungserklärungen die Gemeinde nur vom Gemeindedirektor und einem weiteren Beamten oder Angestellten vertreten werden kann. Abgesehen davon widerspricht das Erfordernis doppelter Unterzeichnung, das eine einheitliche Erklärung und damit ein gleichzeitiges Handeln der Vertretungsberechtigten verlangt[47], geradezu dem Tatbestand der Gesamtvertretung, in dessen Rahmen eine getrennte Abgabe von Vertretungserklärungen zulässig ist[48]. Da es nicht nahe liegt, daß die einfache Förmlichkeit der doppelten Unterzeichnung eine komplizierte juristische Konstruktion dergestalt enthält, daß sie nur die Gesamtvertretung als solche anordnet, dagegen die insoweit allgemein geltenden Grundsätze abbedingt, läßt insbesondere letzter Gesichtspunkt eine Interpretation des § 56 I 2 GO NRW als Vertretungsregel zweifelhaft erscheinen.

Zu untersuchen bleibt, ob die Absätze 2 - 4 des § 56 GO NRW eine Modifizierung der Vertretungsmacht des Gemeindedirektors darstellen. Nach § 56 II GO NRW gilt Absatz 1 nicht für Geschäfte der laufenden Verwaltung. § 56 II GO NRW stellt insoweit eine Ausnahmevorschrift zu § 56 I 1 u. 2 GO NRW dar und teilt von daher deren Rechtsnatur. Was die Absätze 3 und 4 des § 56 GO NRW betrifft, so läßt sich überhaupt keine Beziehung zur Vertretungsmacht des Gemeindedirektors feststellen. § 56 III GO NRW bestimmt, daß die Förmlichkeitserforder-

---

[45] Vgl. *Wolff / Bachof*, VerwR II, 4. Aufl., § 87 III a 3 α.

[46] *Kottenberg / Rehn*, § 51 Erl. V 1. Die Beamten und Angestellten zeichnen insoweit „im Auftrag" (i. A.): *Kottenberg / Rehn*, § 51 Erl. V 2, § 56 Erl. II 2; a. A. *Rauball / Pappermann / Roters*, § 56 Rdn. 1.

[47] Vgl. in diesem Abschnitt A II 1 b.

[48] Vgl. *Flume*, § 45 I 3 (S. 782); *Enneccerus / Nipperdey*, § 184 IV (S. 1138); *Staudinger / Dilcher*, § 167 Rdn. 54.

nisse des Absatzes 1 entbehrlich sind bei Geschäften, die ein ausdrücklich Bevollmächtigter abschließt, wenn die Vollmacht in Form des Absatzes 1 erteilt ist; § 56 III GO NRW trifft demnach eine Aussage im Hinblick auf das Außenhandeln gerade eines anderen als des Gemeindedirektors. Nach § 56 IV GO NRW binden Erklärungen, die nicht den Formvorschriften des Gesetzes entsprechen, die Gemeinde nicht. Schon allein die Verwendung des Terminus „Formvorschriften" indiziert, daß § 56 IV GO NRW nicht auf den „Vertretungs"-Tatbestand des § 55 I 1 GO NRW Bezug nehmen will. Überdies regelt § 56 IV GO NRW nur die Wirkungen eines Verhaltens, das in bestimmter Weise normwidrig ist, stellt von daher eine reine Rechtsfolgenregelung dar. Demgegenüber stellt eine Vorschrift, die das Bestehen der Vertretungsmacht an die Einhaltung bestimmter Förmlichkeiten knüpft, zumindest auch Verhaltensvoraussetzungen auf.

Unter Berücksichtigung der vorstehend gewonnenen Erkenntnisse gilt es, die Bedeutung des § 55 I 2 GO NRW insbesondere im Hinblick auf § 56 I GO NRW zu bestimmen. Die Verweisungsnorm kann zunächst in Verbindung mit § 56 III, IV GO NRW nicht als eine die Vertretungsmacht des Gemeindedirektors einschränkende Regelung verstanden werden. Da § 55 I 2 GO NRW nun auf § 56 GO NRW insgesamt verweist, eine Interpretation der Vorschrift also mit allen Absätzen des § 56 GO NRW in Einklang stehen muß, kann § 55 I 2 GO NRW auch nicht als Verknüpfungstatbestand zwischen § 55 I 1 GO NRW und § 56 I GO NRW gewertet werden in dem Sinne, daß die in § 55 I 1 GO NRW dem Gemeindedirektor eingeräumte Vertretungsmacht durch die in § 56 I GO NRW normierten Förmlichkeiten eingeschränkt wird. Dementsprechend kann auch § 56 II GO NRW keine Regelung der Vertretungsmacht sein und im Verhältnis zu § 55 I 1 GO NRW eine Regel-Ausnahme (§ 56 I GO NRW)-Ausnahmevorschrift darstellen. Sämtlichen Absätzen des § 56 GO NRW wird nur Rechnung getragen, versteht man § 55 I 2 GO NRW als Vorschrift, die lediglich darauf hinweist, daß § 55 I 1 GO NRW und § 56 GO NRW selbständig nebeneinander Geltung beanspruchen. § 55 I 2 GO NRW hat somit rein klarstellende Funktion. Diesem Auslegungsergebnis steht auch nicht ein anderslautender allgemeinüblicher Sinngehalt der Formulierung „bleibt unberührt" entgegen. Vielmehr läßt sich im Bereich der dem § 55 I 2 GO NRW vergleichbaren Verweisungsvorschriften ein entsprechendes Normverständnis feststellen. Ein selbständiges Nebeneinander von zwei Normen indiziert die Formulierung „bleibt unberührt" etwa in § 74 a HGB. Während die Absätze 1 und 2 des Rechtssatzes die Unverbindlichkeit bzw. Nichtigkeit eines Wettbewerbsverbots regeln, bestimmt Absatz 3, daß die Vorschriften des § 138 BGB über die Nichtigkeit sittenwidriger Rechtsgeschäfte unberührt bleiben. Die Bedeutung des § 74 a III HGB erschöpft sich in einer rein klarstellenden Funktion[49]. Die Norm weist lediglich daraufhin, daß die Gültigkeit eines Wettbewerbsverbots unter Beachtung beider Vorschriften getrennt zu überprüfen ist und insbesondere der Tatbestand der Sittenwidrigkeit i. S. d. § 138 BGB nicht erfüllt zu sein braucht, um das Wettbewerbsverbot nach § 74 a I, II HGB unverbindlich bzw. nichtig zu machen[50]. Der in § 55 I 2 GO NRW liegende Hinweis auf ein selbständiges Nebeneinander von § 55 I 1 GO NRW und § 56 GO NRW bedeutet aber, daß auch § 56 I GO NRW einen vom Vertretungstatbestand zu trennenden eigenständigen Regelungsbereich hat und spricht daher für dessen Charakter als Formvorschrift.

Eine isolierte Analyse des § 56 GO NRW, d. h. ein Vergleich zwischen seinen einzelnen Absätzen, unterstreicht dieses Ergebnis. Auf § 56 I GO NRW nimmt ausdrücklich § 56 III GO NRW Bezug. Nach dieser Norm bedürfen Geschäfte, die ein für ein bestimmtes Geschäft oder einen Kreis von Geschäften ausdrücklich Bevollmächtigter abschließt, nicht der Form des Absatzes 1, wenn die Vollmacht in der Form dieses Absatzes erteilt ist. § 56 III GO NRW knüpft also an die Vollmachtserteilung an, d. h. an die rechtsgeschäftliche Erklärung, mit der Vertretungsmacht eingeräumt wird[51]. Weist diese Erklärung eine bestimmte Form auf, sind Verpflichtungserklärungen[52] formlos zulässig. Die formgerechte Vollmachtserteilung ersetzt demnach die formgerechte Verpflichtungserklärung, sie ist für diese ein Surrogat. Die Möglichkeit der Surrogation spricht dafür, daß im Rahmen des § 56 I und III GO NRW gleichartige Tatbestände geregelt sind. Wertet man § 56 I GO NRW als Einschränkung der Vertretungsmacht, würde aber eine Regelung über den Umfang der Vertretungsmacht durch eine Norm ersetzt, die an die Form der (Bevollmächtigungs-)Erklärung und damit an etwas sachlich anderes anknüpft. Mißt man dagegen § 56 I GO NRW die Bedeutung einer Vorschrift über die Form der (Verpflichtungs-)Erklärung bei, erweisen sich die in § 56 I und III GO NRW geregelten Tatbestände als gleichartig. Aufschlüsse über die Rechtsnatur des § 56 I GO NRW erlaubt des weiteren § 56 IV GO NRW, nach dem Erklärungen, die nicht den Formvorschriften dieses Gesetzes entsprechen, die Gemeinde nicht binden. Die Norm, die von ihrer systematischen Stellung her als letzter Absatz des § 56 GO NRW auf die vorangehenden Bezug nimmt[53],

---

[49] Vgl. *Schlegelberger / Schröder*, § 74 a Rdn. 1.

[50] *Schlegelberger / Schröder*, § 74 a Rdn. 4.

[51] Vgl. hierzu *Palandt / Heinrichs*, § 167 Anm. 1 a.

[52] „Geschäfte" i. S. d. § 56 III GO NRW sind Verpflichtungserklärungen, *Rauball / Pappermann / Roters*, § 56 Rdn. 3.

[53] Nach *Kottenberg / Rehn*, § 56 Erl. IV 1 bezieht sich § 56 IV GO NRW auf alle Formvorschriften der GO, was sie aus der Verwendung des Begriffs „dieses Gesetzes" ableiten. Die mangelnde Selbständigkeit der Norm legt

schreibt § 56 I GO NRW ausdrücklich den Charakter einer Formvorschrift zu. Eine Betrachtung des § 56 I GO NRW unter Berücksichtigung der Absätze 3 und 4 der Vorschrift steht somit ebenfalls seiner Qualifizierung als Regelung der Vertretungsmacht entgegen.

Eine Begutachtung der äußeren Gestaltung des § 55 GO NRW einerseits und des § 56 GO NRW andererseits ist in derselben Richtung ergiebig. Während § 55 GO NRW die Überschrift „gesetzliche Vertretung" führt, weist § 56 GO NRW den Titel „Abgabe von Erklärungen" auf, woraus sich die Vermutung ableiten läßt, daß allein erstere Norm den Vertretungstatbestand regelt und letztere dagegen lediglich die Modalitäten der Erklärungsabgabe festlegt.

b) Baden-Württemberg

Die baden-württembergische Gemeindeordnung ist zunächst unter dem Aspekt der inneren Systematik einer näheren Betrachtung zugänglich. § 54 I GO BaWü verlangt für Verpflichtungserklärungen Einhaltung der Schriftform und handschriftliche Unterzeichnung, gem. § 54 III GO BaWü soll der Unterschrift zudem die Amtsbezeichnung beigefügt werden. Auf § 54 I, III GO BaWü nimmt § 54 IV GO BaWü Bezug. Nach diesem gelten die Formvorschriften von Absatz 1 bis 3 nicht für Geschäfte der laufenden Verwaltung oder aufgrund einer in der Form von Absatz 1 bis 3 ausgestellten Vollmacht. § 54 IV GO BaWü schreibt danach den Normen über Schriftform, handschriftliche Unterzeichnung und Amtsbezeichnung ausdrücklich den Charakter von Formvorschriften zu. Mittelbar ergibt sich dieser auch aus der in § 54 IV GO BaWü begründeten Ersetzungsfähigkeit der formgerechten Verpflichtungserklärung durch die formgerechte Bevollmächtigungserklärung. Die Möglichkeit der Surrogation spricht dafür, daß die Förmlichkeiten im Bereich der Bevollmächtigung einerseits und im Hinblick auf die Verpflichtungserklärungen andererseits die gleiche Bedeutung haben. Bezüglich des Bevollmächtigungsaktes betreffen sie nun den Erklärungsmodus; dies legt nahe, daß sie auch im Rahmen der Verpflichtungserklärung (nur) Art und Weise der Erklärungen reglementieren.

Gegen eine Qualifizierung der in § 54 I GO BaWü aufgeführten Förmlichkeitserfordernisse als Modifizierungen der Vertretungsmacht sprechen zudem die äußere Systematik und Gestaltung des Gesetzes. Die gesetzliche Vertretung ist dem Bürgermeister bereits in § 42 I GO BaWü zugewiesen. Die Vertretungsregel steht demnach mehr als zehn Paragraphen entfernt von der Norm, die für die Abgabe von Verpflich-

---

indessen nahe, den vorstehenden Terminus als Synonym für § 56 I - III GO NRW zu begreifen.

tungserklärungen die Einhaltung bestimmter Förmlichkeiten vorschreibt. Die räumliche Trennung der Vorschriften läßt Anhaltspunkte für eine Verknüpfung in ihrem Regelungsgehalt nicht erkennen. Eine Betrachtung der Titel vorstehender Rechtssätze verstärkt diesen Eindruck. Während § 42 GO BaWü die Überschrift „Rechtsstellung des Bürgermeisters" führt, demnach „organbezogen" ist, trägt § 54 GO BaWü die Oberbezeichnung „Verpflichtungserklärungen", was vermuten läßt, daß die Vorschrift lediglich Art und Weise von Erklärungen dieser Art regeln will und daher rein „erklärungsbezogen" ist.

c) Bayern

Im Rahmen der bayerischen Gemeindeordnung gibt eine Berücksichtigung des Kontextes für die Frage nach der Rechtsnatur der Förmlichkeitsbestimmungen nichts her.

Und auch die äußere Systematik sowie Gestaltung des Gesetzes sind nur bedingt aussagekräftig. Die Vertretung der Gemeinde, d. h. die Zuweisung dieser Zuständigkeit an den ersten Bürgermeister und die Modalitäten der Verpflichtungserklärung sind hier in ein und derselben Vorschrift, Art. 38 GO Bay, geregelt. Innerhalb der Norm ist allerdings eine Trennung zwischen Vertretungsregelung und Förmlichkeitsregelung durchgeführt, insoweit als jene in Absatz 1 und diese in Absatz 2 normiert ist. Die innerhalb des Art. 38 GO Bay vorgenommene Aufteilung kann jedoch für sich gesehen nicht als Indiz für eine sachliche Selbständigkeit von Vertretungszuständigkeit und Förmlichkeitserfordernissen gewertet werden. Denn der insoweit durchgeführten Trennung zwischen beiden Gesichtspunkten steht ihre Behandlung in einer einheitlichen Vorschrift gegenüber, so daß die textliche Aufmachung als solche neutral ist. Würdigt man diese indessen im Zusammenhang mit der Überschrift des Art. 38 GO Bay „Verpflichtungsgeschäfte; Vertretung der Gemeinde nach außen", so lassen sich von der äußeren Gestaltung her jedenfalls Tendenzen in eine bestimmte Richtung erkennen. Der differenzierende Titel der Vorschrift spricht gegen einen einheitlichen Regelungsgehalt, d. h. inneren Verbund der beiden Absätze. Er deutet vielmehr auf deren sachliche Selbständigkeit hin. Zwar entspricht die Aufzählung der „Verpflichtungsgeschäfte" und der „Vertretung der Gemeinde nach außen" in der Überschrift des Art. 38 GO Bay nicht der Abhandlung dieser Gesichtspunkte im Text, die Reihenfolge ist insoweit gerade umgekehrt. Dies kann die vorstehende Bewertung des Art. 38 GO Bay aber nur dann in Frage stellen, wenn die Reihenfolge im Titel eine Rangordnung bedeutet in dem Sinn, daß der Begriff der „Verpflichtungsgeschäfte" als Oberbegriff den der „Vertretung der Gemeinde nach außen" umfaßt. Eine derartige Verknüpfung der Termini könnte die Gleichartigkeit der Regelung über die Verpflichtungserklärung und der über die Vertretungszuständigkeit andeuten. Die getrennte Aufführung der beiden Gesichtspunkte in zwei Absätzen hätte dann nur rein formalistischen Wert. Die Überschrift des Art. 38 GO Bay ist indessen einer solchen Interpretation nicht zugänglich. Der Abschluß von Verpflichtungsgeschäften stellt nur einen Teil der im Rahmen der Vertretung nach außen anfallenden Rechtshandlungen dar. Hierzu zählen des weiteren etwa die Verfügungsgeschäfte. Mit Rücksicht darauf kann der Begriff des „Verpflichtungsgeschäfts" kein Oberbegriff zu dem der „Vertretung nach außen" sein. Die divergierende Reihenfolge in Titel und Text des Art. 38 GO Bay ist daher — hält man eine Harmonie insoweit für erforderlich oder doch wenigstens für geboten — als redaktionelles Versehen zu bewerten und als solches unbeachtlich. Die äußere Aufmachung des Art. 38 GO Bay läßt somit bedingt den Schluß auf die sachliche Selbständigkeit von Vertretungsvorschrift und Förmlichkeitsbestimmung zu und spricht insoweit für die Qualifizierung letzterer Norm als Formvorschrift.

d) Bremerhaven

Einer eingehenderen Betrachtung ist die Verfassung Bremerhavens zugänglich. Dabei ist eine differenzierende Untersuchung geboten unter Berücksichtigung, daß hier zwei Funktionseinheiten, Magistrat und Gemeindevorsteher, in die Wahrnehmung der Vertretungszuständigkeit eingeschaltet sind.

Nach § 42 I 3 g Verf Bremhv ist der Magistrat der gesetzliche Vertreter der Stadt. Damit stellt sich als erstes die Frage, ob die in § 46 II 1 u. 2 Verf Bremhv für Verpflichtungserklärungen normierten Förmlichkeiten der Schriftform und handschriftlichen Unterzeichnung die Vertretungsmacht des Magistrats einschränken. Gegen eine derartige Interpretation läßt sich zunächst einwenden, daß § 46 II 1 u. 2 Verf Bremhv auf den Magistrat als solchen keinen Bezug nehmen. Zudem spricht die räumliche Trennung zwischen Vertretungsvorschrift und Förmlichkeitsbestimmungen gegen eine Verknüpfung beider Normen in ihrem Regelungsgehalt. Von daher können die Formerfordernisse des § 46 II 1 u. 2 Verf Bremhv schwerlich dahin verstanden werden, daß sie die in § 42 I 3 g Verf Bremhv begründete Vertretungsmacht des Magistrats einschränken.

Erörterungsbedürftig bleibt die Bedeutung der Förmlichkeitsanforderungen im Hinblick auf den Gemeindevorsteher.

Gem. § 46 I 1 Verf Bremhv ist dieser für die Abgabe von Erklärungen zuständig. Er ist insoweit Vertreter des gesetzlichen Vertreters in der

Erklärung[54], womit sich die Frage erhebt, ob die Förmlichkeitsbestimmungen des § 46 II 1 u. 2 Verf Bremhv eine Einschränkung seiner Erklärungsmacht darstellen. Für eine derartige Auslegung läßt sich anführen, daß die Zuständigkeit der Erklärungsabgabe und die Erklärungsform in einer einheitlichen Vorschrift geregelt sind, gegen sie indessen einwenden, daß innerhalb des § 46 Verf Bremhv beide Aspekte eine voneinander getrennte Behandlung in verschiedenen Absätzen erfahren haben. Eine isolierte Würdigung der Norm ist mithin unergiebig.

Aufschlüsse über das Verhältnis zwischen § 46 II 1 u. 2 Verf Bremhv und § 46 I 1 Verf Bremhv ergeben sich jedoch unter Berücksichtigung des Verhältnisses zwischen § 46 II 1 u. 2 Verf Bremhv und § 42 I 3 g Verf Bremhv. Insoweit wurde festgestellt, daß die Förmlichkeitsbestimmungen des § 46 II 1 u. 2 Verf Bremhv die in § 42 I 3 g Verf Bremhv begründete Vertretungsmacht des Magistrats nicht einschränken. Vergegenwärtigt man sich daneben die organisatorischen Zusammenhänge zwischen Magistrat und Gemeindevorsteher, so läßt sich die Bedeutung von § 46 II 1 u. 2 Verf Bremhv im Hinblick auf § 46 I 1 Verf Bremhv einwandfrei fixieren.

Der Magistrat als gesetzlicher Vertreter ist Kollegialorgan[55]. Der Gemeindevorsteher nimmt an der Wahrnehmung dieser Kollektivzuständigkeit teil, indem er die im Rahmen der Vertretung anfallenden Erklärungen abgibt; er hat insoweit den Status eines Organteils[56]. Nun sind die Zuständigkeiten des Kollegialorgans gleichzeitig Zuständigkeiten der Gesamtheit seiner Organteile in ihrer kollegialischen Verbundenheit[57], so daß die Zuständigkeiten des Kollektivs mit den Zuständigkeiten der Gesamtheit seiner Organteile inhaltlich deckungsgleich sind. Die inhaltliche Übereinstimmung zwischen Kollegialzuständigkeit und Organteilzuständigkeiten gilt nun nicht nur für den Fall, daß sämtliche Organteile bzw. die die Organteilfunktionen ausübenden Organwalter als Kollegialorgan tätig werden, sondern auch dann, wenn aufgrund Beauftragungsakts oder aufgrund gesetzlicher Anordnung ein einzelnes Organteil durch seinen Organwalter für das Kollegialorgan in Ausübung der Kollektivzuständigkeit handelt. Der Magistrat als gesetzlicher Vertreter ist — hypothetisch betrachtet — zur Vornahme von Vertretungshandlungen, etwa zur Abgabe von Erklärungen bzw. Verpflichtungserklärungen, befugt. § 46 II 1 u. 2 Verf Bremhv bewirken keine Einschränkung seiner Vertretungsmacht, so daß er zur Abgabe

---

[54] Vgl. 1. Teil, C.

[55] Vgl. 2. Teil, C I 1 u. 2.

[56] Vgl. 2. Teil, C II 2.

[57] Vgl. 2. Teil, C II 1 a dd.

mündlicher Verpflichtungserklärungen zuständig ist. Da der Gemeindevorsteher nun aufgrund gesetzlicher Anordnung für das Kollegialorgan Erklärungen abgibt und seine Zuständigkeiten sich insoweit mit denen des Kollektivs inhaltlich decken, muß demnach auch er zur Abgabe mündlicher verpflichtender Erklärungen zuständig sein.

Unter Berücksichtigung des Verhältnisses zwischen § 46 II 1 u. 2 Verf Bremhv und § 42 I 3 g Verf Bremhv sowie der organisatorischen Beziehung von Magistrat und Gemeindevorsteher können § 46 II 1 u. 2 Verf Bremhv nicht als Einschränkung der in § 46 I 1 Verf Bremhv normierten Zuständigkeit des Gemeindevorstehers zur Erklärungsabgabe, d. h. nicht als Einschränkung seiner Erklärungsmacht verstanden werden. Indessen wären diese Überlegungen nicht zwingend, könnten sie auch in umgekehrter Reihenfolge vollzogen werden, also von einer möglichen Einschränkung der Erklärungsmacht des Gemeindevorstehers ausgehend auf eine Einschränkung der Vertretungsmacht des Magistrats geschlußfolgert werden. Eine solche Betrachtungsweise verbietet sich aber schon mit Rücksicht darauf, daß nicht vom Teil auf das Ganze geschlossen werden kann, sondern nur vom Ganzen, dem Kollegialorgan, auf die (Organ-)Teile, da diese ihre Berechtigungen von jenem als dem „eigentlichen" Zuständigkeitsinhaber „ableiten". Zudem gibt § 46 Verf Bremhv für eine Auslegung im obigen Sinne — Einschränkung der Erklärungsmacht — nichts her.

Zusammenfassend läßt sich festhalten, daß § 46 II 1 u. 2 Verf Bremhv weder in bezug auf § 42 I 3 g Verf Bremhv noch in bezug auf § 46 I 1 Verf Bremhv zuständigkeitseinschränkende Regelungen sein können, mithin nicht den Charakter vertretungsmodifizierender Normen aufzuweisen vermögen. Vielmehr indizieren die vorstehend gewonnenen Erkenntnisse einen selbständigen Regelungsgehalt der Rechtssätze und sprechen daher für ihre Qualifizierung als Formvorschriften.

e) Hessen

Eine Untersuchung der hessischen Gemeindeordnung ist unter dem Aspekt der systematischen Zusammenhänge der Normen verbunden mit einer Berücksichtigung des organisationsrechtlichen Beziehungsverhältnisses zwischen kollegialem Gemeindevorstand und Gemeindevorsteher aufschlußreich.

Was den Gemeindevorstand, den gem. § 71 I 1 GO He gesetzlichen Vertreter der Gemeinde, betrifft, so ist eine Bewertung der in § 71 II 1 u. 2 GO He niedergelegten Förmlichkeitsanforderungen als Einschränkung seiner Vertretungsmacht zweifelhaft. Im Hinblick auf das in § 71 II 2 GO He normierte Erfordernis doppelter Unterzeichnung von

Verpflichtungserklärungen durch den Bürgermeister (Gemeindevorsteher) und ein weiteres „Mitglied" des Gemeindevorstands ist eine solche Konstruktion zunächst denkunmöglich. Die Zuständigkeit eines Kollegialorgans kann durch das Handeln seiner Glieder bzw. der die Gliedfunktionen ausübenden physischen Personen[58] nicht eingeschränkt werden. Die Glieder stellen nämlich in ihrer durch das Gesetz bewirkten Verbindung zu einer rechtlichen Einheit das Kollegialorgan dar[59], so daß das Verhalten der Gliedpersonen das „Verhalten" des Kollegialorgans ist, mithin eine Ausübung der Kollegialzuständigkeit darstellt. Diese Erkenntnis hat unter dem Gesichtspunkt der äußeren Systematik im weiteren Bedeutung für die Auslegung des in § 71 II 1 GO He aufgestellten Schriftformerfordernisses und die in § 71 II 2 GO He vorgeschriebene handschriftliche Unterzeichnung von Verpflichtungserklärungen sowie die gebotene Beidrückung des Dienstsiegels. Da das Erfordernis der zweifachen Unterzeichnung und die zuletzt genannten Förmlichkeitsanforderungen teils in einem Absatz, teils sogar in einem Satz normiert sind und eine Vermutung für die sachliche Zusammengehörigkeit einzelner Bestimmungen innerhalb einer Regelung besteht[60], können diese schwerlich anders als jenes eingestuft werden. § 71 II 1 u. 2 GO He sind von daher einer Qualifizierung als Modifizierung der Vertretungsregel des § 71 I 1 GO He nicht zugänglich, lassen sich mithin nicht als Einschränkung der Vertretungsmacht des Gemeindevorstands begreifen.

Da nun die Zuständigkeiten des Gemeindevorstands sich mit denen des Gemeindevorstehers im Hinblick auf die Kollektivzuständigkeit der Vertretung decken[61] und der Gemeindevorstand mangels gesetzlicher Einschränkung seiner Vertretungsmacht die Zuständigkeit zur Abgabe mündlicher Erklärungen besitzt, muß der Gemeindevorsteher gleichfalls zur Abgabe mündlicher Erklärungen zuständig sein. § 71 II 1 u. 2 GO He vermögen daher auch die in § 71 I 2 GO He festgelegte Zuständigkeit des Gemeindevorstehers, Erklärungen abzugeben, nicht zu berühren, d. h. seine Erklärungsmacht nicht einzuschränken.

Einer Bewertung von § 71 II 1 u. 2 GO He als Vertretungsregeln steht letztendlich auch § 71 II 3 GO He entgegen, nach welchem ein in der Form des § 71 II 1 u. 2 GO He Bevollmächtigter Verpflichtungserklärungen formlos abgeben kann. Die formgerechte Bevollmächtigungserklärung ersetzt mithin die formgerechte Verpflichtungserklärung. Dies indiziert, daß die Erfordernisse der Schriftform, der handschrift-

---

[58] Vgl. 2. Teil, C II 1 a aa.

[59] Vgl. 2. Teil, C II 1 a dd.

[60] Vgl. *Larenz*, Methodenlehre, S. 329.

[61] Vgl. in diesem Abschnitt A II 2 d.

lichen sowie zweifachen Unterzeichnung und des Dienstsiegels im Hinblick auf Bevollmächtigungsakt und Verpflichtungserklärung die gleiche Bedeutung haben. Da sie in bezug auf jenen reine Förmlichkeitsanforderungen darstellen, läßt sich schlußfolgern, daß sie den gleichen Sinngehalt bezüglich der Verpflichtungserklärung aufweisen.

Die vorstehenden Erwägungen sprechen demnach für eine Qualität der Sätze 1 und 2 des § 71 II GO He als Formvorschriften.

Die äußere Gestaltung des § 71 GO He, d. h. die Oberbezeichnung der Norm, unterstreicht dieses Ergebnis allerdings nicht. § 71 GO He führt keine zwischen den Gesichtspunkten Vertretung/Förmlichkeitserfordernisse differenzierende Überschrift, sondern ist vielmehr einheitlich mit dem Begriff „Vertretung der Gemeinde" tituliert. Angesichts der im Rahmen inhaltlicher Würdigung gewonnenen Erkenntnisse kann dies indessen nicht als Anzeichen für einen Verbund der Absätze 1 (Vertretung) und 2 (Förmlichkeitserfordernisse) in ihrem Regelungsgehalt gewertet werden. Die Führung einer einheitlichen Oberbezeichnung in § 71 GO He ist von daher — hält man es für erforderlich oder doch wenigstens für geboten, daß der Titel sämtliche Aspekte des Paragraphentextes widerspiegelt — nur als redaktionelle Ungenauigkeit anzusehen.

f) Niedersachsen

Die Gemeindeordnung Niedersachsens erlaubt eine inhaltlich systematische Würdigung.

Dabei gilt es, als erstes den Sinngehalt des § 63 II 1 GO Nds zu erfassen, nach dem der Gemeindedirektor Verpflichtungserklärungen nur gemeinsam mit dem Ratsvorsitzenden abgeben kann. Fraglich ist, ob die Norm einer Interpretation dahingehend zugänglich ist, daß sie für den Bereich verpflichtender Erklärungen eine Gesamtvertretung vorschreibt und damit § 63 I GO Nds, der die Außenvertretung dem Gemeindedirektor allein überträgt, insoweit modifiziert. Vergegenwärtigt man sich die im Rahmen der Gesamtvertretung geltenden Grundsätze, wonach Gesamtvertreter weder gemeinschaftlich noch gleichzeitig zu handeln brauchen, sondern vielmehr auch getrennte Erklärungen abgeben können[62], erscheint die Berechtigung einer solchen Auslegung zweifelhaft. Denn § 63 II 1 GO Nds verlangt gerade im Hinblick auf die Handlung, die Abgabe der Erklärung, Gemeinsamkeit. Die Bedenken gegen den gesamtvertretungsbegründenden Charakter der Vorschrift verdichten sich, berücksichtigt man zusätzlich § 63 II 2 GO Nds. Das in dieser Vorschrift enthaltene Gebot der (handschriftlichen) Unterzeichnung,

---

[62] Vgl. *Flume*, § 45 I 3 (S. 782); *Larenz*, Allg. Teil, § 30 II a (S. 587); *Staudinger / Dilcher*, § 167 Rdn. 54.

das sich sowohl auf den Gemeindedirektor als auch auf den Ratsvorsitzenden bezieht[63], fordert nach außen eine einheitliche Erklärung und damit ebenfalls ein gemeinsames, gleichzeitiges Handeln. Ein solches Normziel läßt sich aber mit dem Tatbestand der Gesamtvertretung nicht in Einklang bringen[64]. § 63 II 1 GO Nds kann daher insbesondere unter Berücksichtigung des § 63 II 2 GO Nds nur dahingehend gewertet werden, daß er für Verpflichtungserklärungen eine zweifache Unterschrift verlangt und jene insoweit einer bestimmten Form unterwirft.

Was die in § 63 II 2 GO Nds normierten Erfordernisse der handschriftlichen Unterzeichnung und des Dienstsiegels betrifft, ist zu bedenken, daß diese gem. § 63 II 2 GO Nds entbehrlich sind, wenn die Erklärung gerichtlich oder notariell beurkundet wird. Die notarielle Beurkundung stellt nun ein Formerfordernis dar. Der Umstand, daß dieses die handschriftliche Unterzeichnung und das Dienstsiegel ersetzt, läßt an der Qualifizierung der die Erfordernisse normierenden Vorschrift als solche der Vertretungsmacht zweifeln. Denn bei einer derartigen Qualifizierung des Rechtssatzes würde eine Regelung des Vertretungsrechts durch eine Regelung über die Form und damit durch etwas sachlich Unterschiedliches ersetzt. Die Wertung des § 63 II 2 GO Nds geht indessen dahin, daß die notarielle Beurkundung einerseits und die handschriftliche Unterzeichnung sowie das Dienstsiegel andererseits gleichartig sind, insoweit als jene für diese ein Surrogat darstellt. Dieser Gesichtspunkt legt es nahe, im Rahmen des § 63 II 2 GO Nds dem Erfordernis der handschriftlichen Unterzeichnung und dem des Dienstsiegels dieselbe Rechtsnatur zuzuerkennen wie der notariellen Beurkundung, da jede andere Bewertung zu einer sachlichen Inkongruenz der Vorschriften führen würde[65].

Aufschlüsse über den Sinngehalt der Erfordernisse der doppelten Unterzeichnung, der handschriftlichen Unterzeichnung und des Dienstsiegels erlaubt ferner eine Betrachtung des § 63 III 2 GO Nds. Nach dieser Vorschrift bedürfen Verpflichtungserklärungen, die im Rahmen einer nach Absatz 2 erteilten Vollmacht abgegeben werden, der Schriftform, sofern sie nicht gerichtlich oder notariell beurkundet werden. Bei förmlicher Vollmachtserteilung unterliegt demnach die Verpflichtungserklärung nicht den oben aufgeführten Erfordernissen. Die formgerechte Bevollmächtigungserklärung ersetzt insoweit die formgerechte Verpflichtungserklärung. Die Möglichkeit der Surrogation legt aber nahe, daß die doppelte sowie handschriftliche Unterzeichnung und das Dienstsiegel, die im Hinblick auf den Bevollmächtigungsakt den Erklä-

---

[63] Vgl. *Lüersen / Neuffer*, § 63 Anm. 3.
[64] Vgl. in diesem Abschnitt A II 1 b.
[65] Vgl. auch *Larenz*, Methodenlehre, S. 310.

rungsmodus betreffen, die gleiche Bedeutung in bezug auf die Verpflichtungserklärung haben.

§ 63 III 2 GO Nds gibt des weiteren Hinweise auf die Bedeutung des Schriftformerfordernisses, das in Absatz 2 zwar nicht expressis verbis aufgestellt, durch die übrigen Erfordernisse aber impliziert ist. Der Ersatz der Schriftform durch gerichtliche oder notarielle Beurkundung ist vom praktischen her bedeutungslos, da die Beurkundung eine schriftliche Erklärung voraussetzt, rein gedanklich indessen aufschlußreich. Die Behandlung der notariellen Beurkundung als Surrogat der Schriftform spricht für deren einheitliche Rechtsnatur. Da die notarielle Beurkundung ein Formerfordernis darstellt, ist demnach auch die Schriftform als solches anzusehen.

Einer Qualifizierung des § 63 II GO Nds als Regelung der Vertretungsmacht steht letztendlich auch die Ausführungsbestimmung zu § 63 GO Nds entgegen. Diese lautet[66]:

> „Die Absätze 1 und 5 sind Vertretungsvorschriften, die Absätze 2 bis 4 sind Formvorschriften.
> ...
> Abs. 2 und 3
> Die Vorschriften stellen keine die Zuständigkeitsverteilung zwischen den Gemeindeorganen berührende Sonderregelung dar; sie betreffen allein die Form der Erklärung des Willens der Gemeinde nach außen ..."

Unter Berücksichtigung der im Rahmen inhaltlich systematischer Würdigung gewonnenen Erkenntnisse sowie angesichts der Ausführungsbestimmung zu § 63 GO Nds wird man den einheitlichen Titel der Vorschrift „Rechts- und Verwaltungsgeschäfte" nicht als Indiz für eine Verknüpfung des Vertretungstatbestands und der Förmlichkeitserfordernisse in ihrem Regelungsgehalt werten können.

g) Rheinland-Pfalz

Im Rahmen der rheinland-pfälzischen Gemeindeordnung sind unter dem Aspekt der sachlichen Kongruenz, der inhaltlichen Übereinstimmung einzelner Bestimmungen innerhalb einer Regelung[67], die in § 49 I 2 GO RhPf normierten Erfordernisse der Amtsbezeichnung und des Dienstsiegels einer näheren Betrachtung zugänglich. Gem. § 49 I 3 GO RhPf sind diese entbehrlich, soweit die Verpflichtungserklärung gerichtlich oder notariell beurkundet ist. Da die notarielle Beurkundung ein Formerfordernis ist, können Amtsbezeichnung und Dienstsiegel im Hinblick auf ihre Ersetzungsfähigkeit durch jene schwerlich eine andere Bewertung erfahren.

---

[66] Abgedr. bei *Lüersen / Neuffer* im Anschluß an den Wortlaut des § 63.
[67] *Larenz*, Methodenlehre, S. 313.

Diese Erkenntnis gewinnt im weiteren Bedeutung unter dem Aspekt der äußeren Systematik des Gesetzes, die ihrerseits wiederum Hinweise auf die sachliche Zusammengehörigkeit von Vorschriften geben kann[68]. Zu berücksichtigen ist insoweit, daß nach § 49 I 1 GO RhPf eine Verpflichtungserklärung schriftlich abzufassen ist und nach § 49 I 2 GO RhPf neben Amtsbezeichnung sowie Dienstsiegel eine handschriftliche Unterzeichnung aufweisen muß. Die Zusammenfassung dieser Erfordernisse in einem Absatz bzw. zum Teil sogar in einem Satz spricht für ihre sachliche Zusammengehörigkeit und damit für eine einheitliche Rechtsnatur der sie normierenden Vorschriften. Da Amtsbezeichnung und Dienstsiegel im Hinblick auf ihre Ersetzungsfähigkeit durch die notarielle Beurkundung aus Gründen der sachlichen Kongruenz nicht als Regelungen der Vertretungsmacht bewertet werden können, sind auch Schriftform und handschriftliche Unterzeichnung wegen des räumlichen Verbundes mit jenen einer solchen Auslegung nicht zugänglich.

Ein weiteres Argument gegen eine Qualifizierung des § 49 I GO RhPf im vorstehenden Sinn läßt sich aus einem Vergleich dieser Vorschrift mit § 47 I GO RhPf gewinnen. § 47 I GO RhPf weist dem Bürgermeister die gesetzliche Vertretung der Gemeinden zu. Vertretungsrecht und Förmlichkeitserfordernisse der Verpflichtungserklärungen sind also in getrennten Normen geregelt. Diese verweisen weder ausdrücklich aufeinander, noch läßt sich von ihrer äußeren Gestaltung her eine Verknüpfung im Regelungsgehalt erkennen. Vielmehr deuten die Überschriften der beiden Vorschriften auf deren sachliche Selbständigkeit hin. Während § 47 GO RhPf den Titel „Stellung und Aufgaben des Bürgermeisters“ trägt, demnach also die Übertragung von Zuständigkeiten auf den Bürgermeister zum Inhalt hat, führt § 49 GO RhPf die Oberbezeichnung „Verpflichtungserklärungen“, was vermuten läßt, daß die Vorschrift lediglich Art und Weise der Abgabe von Erklärungen dieser Art regelt. § 47 GO RhPf ist demnach „zuständigkeitsbezogen“, § 49 GO RhPf dagegen rein „erklärungsbezogen“. Eine sachliche Zusammengehörigkeit der §§ 47, 49 GO RhPf in dem Sinne, daß § 49 GO RhPf das Vertretungsrecht und damit § 47 I GO RhPf modifiziert, ist von der äußeren Anordnung der Normen nicht feststellbar.

h) Saarland

Im Bereich des saarländischen Kommunalselbstverwaltungsgesetzes lassen sich im Wege der Berücksichtigung des Kontextes und unter dem Aspekt der sachlichen Kongruenz keine Erkenntnisse über den Sinngehalt der Förmlichkeitserfordernisse gewinnen.

---

[68] *Larenz*, Methodenlehre, S. 329.

Allein die äußere Gestaltung des Gesetzes erlaubt Aufschlüsse über die Rechtsnatur der entsprechenden Vorschriften. So sind nach § 62 S. 1 u. 2 KSVG Sa Verpflichtungserklärungen sowie Erklärungen, durch die die Gemeinde auf Rechte verzichtet, schriftlich abzugeben und mit Amtsbezeichnung, Dienstsiegel und handschriftlicher Unterzeichnung zu versehen. Demgegenüber ist in § 59 I KSVG Sa die gesetzliche Vertretung dem Bürgermeister übertragen. Die räumliche Trennung der Vorschriften verbunden mit ihren divergierenden Titeln — § 62 KSVG Sa trägt die Überschrift „Verpflichtungserklärungen", § 59 KSVG Sa die Oberbezeichnung „Aufgaben des Bürgermeisters" — lassen Anhaltspunkte für eine Verknüpfung der Vorschriften in ihrem Regelungsgehalt nicht erkennen.

i) Schleswig-Holstein

Demgegenüber ist die Gemeindeordnung Schleswig-Holsteins einer Analysierung unter inhaltlich systematischen Aspekten zugänglich.

Dabei soll zunächst die Rechtslage im Bereich der Bürgermeisterverfassung, d. h. § 50 II GO SH einer näheren Betrachtung unterzogen werden. Dieser gebietet in Satz 1 die schriftliche Abgabe der Verpflichtungserklärung und in Satz 2 deren handschriftliche Unterzeichnung durch den Bürgermeister sowie einen seiner Stellvertreter nebst Beifügung des Dienstsiegels. Aufschlüsse über die Bedeutung des § 50 II GO SH vermittelt § 50 III 2 GO SH, der bestimmt, daß Erklärungen, die im Rahmen einer nach Absatz 2 erteilten Vollmacht abgegeben werden, (nur) der Schriftform bedürfen. Doppelte und handschriftliche Unterzeichnung sowie Beifügung des Dienstsiegels sind demnach insoweit bei Abgabe der Verpflichtungserklärung entbehrlich. Die Ersetzung der formgerechten Verpflichtungserklärung durch die formgerechte Bevollmächtigungserklärung in diesem Rahmen spricht dafür, daß die vorstehend aufgeführten Erfordernisse im Hinblick auf Bevollmächtigungsakt und Verpflichtungserklärung dieselbe Bedeutung haben, mithin in beiden Fällen nur den Erklärungsmodus betreffen. Diese Erkenntnis wirkt sich wiederum unter dem Aspekt der äußeren Systematik aus, die Aufschlüsse über die sachliche Zusammengehörigkeit einzelner Bestimmungen geben kann[69]. Der Umstand, daß das Erfordernis der Schriftform einerseits und die Erfordernisse der doppelten und handschriftlichen Unterzeichnung sowie der Beifügung des Dienstsiegels andererseits in demselben Absatz geregelt sind, legt den Schluß auf deren gleichartigen Sinngehalt nahe. Über diesen Gedanken ist daher ebenfalls dem Schriftformerfordernis die Bedeutung eines reinen Form-

[69] *Larenz*, Methodenlehre, S. 329.

erfordernisses zuzuerkennen. Eine Berücksichtigung des § 50 III 2 GO SH spricht mithin für eine Qualifizierung von § 50 II 1 u. 2 GO SH als Formvorschriften und läßt demgegenüber eine Bewertung der Normen als Regelungen der Vertretungsmacht zumindest fragwürdig erscheinen.

Zu würdigen bleibt die rechtliche Lage im Geltungsbereich der Magistratsverfassung, wobei eine differenzierende Betrachtungsweise im Hinblick auf den Magistrat einerseits und den Bürgermeister (Gemeindevorsteher) andererseits geboten ist.

Der Magistrat ist gem. § 61 I GO SH der gesetzliche Vertreter der Städte, womit sich als erstes die Frage erhebt, ob die in § 61 II GO SH normierten Förmlichkeiten — S. 1: Schriftform; S. 2: handschriftliche Unterzeichnung verpflichtender Erklärungen durch den Bürgermeister und ein weiteres „Mitglied" des Magistrats nebst Beidrückung des Dienstsiegels — eine Einschränkung seiner Vertretungsmacht zu bewirken imstande sind. Was das Erfordernis der doppelten Unterzeichnung betrifft, so gelten die schon in bezug auf die hessische Gemeindeordnung angestellten Überlegungen. Eine Bewertung dieses Erfordernisses als Modifizierung der Vertretungsmacht des Magistrats im Sinne der Begründung eines Gesamtvertretungstatbestandes ist angesichts seiner kollegialischen Struktur denkunmöglich. Der Magistrat handelt durch seine Glieder bzw. durch die die Gliedfunktionen ausübenden physischen Personen[70], so daß deren Handeln eine Ausübung der Kollegialzuständigkeit ist und von daher keine Einschränkung derselben bewirken kann. Demgemäß vermag das Erfordernis doppelter Unterzeichnung nur die Bedeutung eines Formerfordernisses zu haben, in dem Sinne, daß die Verpflichtungserklärung zwei Unterschriften aufweisen muß. Da dieses Erfordernis mit denen der handschriftlichen Unterzeichnung, des Dienstsiegels und der Schriftform zusammen in einem Absatz bzw. zum Teil in einem Satz aufgeführt ist, liegt es nahe, ihnen die gleiche Bedeutung wie jenem zuzumessen, mithin also § 61 II GO SH insgesamt den Charakter einer Formvorschrift zuzuerkennen.

Das solchermaßen erkannte Verhältnis zwischen § 61 I GO SH und § 61 II GO SH erlaubt gleichzeitig Aufschlüsse über den Sinngehalt der Förmlichkeiten in bezug auf den Gemeindevorsteher, der für die Abgabe der Erklärungen zuständig ist[71]. Da die Formerfordernisse keine Einschränkung der gesetzlichen Vertretungsmacht des Magistrats bewirken, dieser also zur Abgabe mündlicher Verpflichtungserklärungen zuständig ist, muß auch der Gemeindevorsteher, der für den Magistrat tätig wird, eine derartige Zuständigkeit besitzen[72]. § 61 II GO SH kann

[70] Vgl. 2. Teil, C II 1 a aa.

[71] Vgl. 1. Teil, C u. Fn. 3 ebd.

von daher nicht als Einschränkung der Erklärungsmacht des Gemeindevorstehers verstanden werden, sondern ist vielmehr insoweit ebenfalls als reine Formvorschrift zu bewerten.

Für eine Qualifizierung des § 61 II GO SH in diesem Sinne spricht schließlich auch § 61 III GO SH, der die entsprechende Geltung des § 50 III GO SH im Bereich der Magistratsverfassung anordnet. Da § 61 II GO SH inhaltlich mit § 50 II GO SH identisch ist, gelten die aus § 50 III GO SH im Hinblick auf letztere Norm gewonnenen Erkenntnisse gleichermaßen für § 61 II GO SH.

Angesichts der vorstehenden auf einer inhaltlichen Betrachtungsweise beruhenden Erwägungen kann aus den Titeln der §§ 50, 61 GO SH, die „gesetzliche Vertretung der Gemeinde" lauten, also nicht zwischen Vertretungs- und Formaspekt differenzieren, kein Argument für die Qualität der §§ 50 II, 61 II GO SH als Vertretungsregeln hergeleitet werden; vielmehr sind jene als redaktionelle Ungenauigkeit anzusehen, die als solche bedeutungslos ist.

j) Zusammenfassendes Ergebnis

In Nordrhein-Westfalen, Baden-Württemberg, Bremerhaven, Hessen, Niedersachsen, Rheinland-Pfalz und Schleswig-Holstein stehen der Aspekt des inneren gesetzlichen Bedeutungszusammenhangs sowie Gesichtspunkte der äußeren Systematik der Qualifizierung der kommunalen Förmlichkeitsvorschriften als Regelungen der Vertretungsmacht entgegen. Im Saarland und bedingt in Bayern spricht die räumliche Beziehung zwischen Vertretungstatbestand und Förmlichkeitsregelung verbunden mit den diesbezüglich differenzierenden Überschriften der entsprechenden Normen gegen eine derartige Interpretation. Allerdings kommt der Aussagekraft solcher Kriterien nur begrenzter Wert zu, so daß eine isolierte Würdigung der Gemeindeordnungen der zuletzt genannten Länder lediglich zu einer Vermutung in dieser Richtung berechtigt. Diese verdichtet sich indessen unter Berücksichtigung der im Hinblick auf die übrigen Bundesländer gewonnenen Erkenntnisse. Zwar sind textliche Fassung der gemeindlichen Förmlichkeitsvorschriften, deren Stellung im Gesetz sowie die Quantität der normierten Erfordernisse nicht bundeseinheitlich gestaltet. Homogenität besteht jedoch insoweit, als Verpflichtungserklärungen bestimmten Anforderungen unterworfen werden. Von daher erscheint es naheliegend, daß sämtliche diesen Problemkreis betreffenden Vorschriften dieselbe Rechtsnatur haben, zumal sie geschichtlich auf dieselbe Grundlage zurückgehen.

---

[72] Vgl. in diesem Abschnitt A II 2 d.

3. *Entstehungsgeschichte*

a) Die Rechtsnatur des § 36 II DGO (v. 1935)

Gemeinsamer Vorläufer der kommunalen Förmlichkeitsbestimmungen ist § 36 II DGO[73]. Seine Formulierung

> „Erklärungen, durch die die Gemeinde verpflichtet werden soll, bedürfen der schriftlichen Form. Sie sind unter der Amtsbezeichnung des Bürgermeisters handschriftlich zu unterzeichnen[74]."

hat zum Teil fast wörtlich Eingang in die heutigen landesrechtlichen Förmlichkeitsvorschriften gefunden. Soweit — wie etwa in Nordrhein-Westfalen — die Formulierung „Erklärungen, durch die die Gemeinde ..." ersetzt wurde durch die Wendung „Erklärungen, durch welche die Gemeinde ...", hat dies nur sprachlich-ästhetische Gründe[75]. Ebenso wird man die Abänderung des Terminus „schriftliche Form" in „Schriftform" allein auf einen Wandel im Sprachgebrauch zurückführen dürfen. Da die Vorschrift des § 36 II DGO einerseits und die heutigen Förmlichkeitsbestimmungen andererseits von ihrer textlichen Gestaltung her im wesentlichen gleich sind, besteht eine Vermutung dafür, daß diese — soweit die Bedeutung der Schriftform, der Amtsbezeichnung und der handschriftlichen Unterzeichnung in Frage steht — den gleichen Sinngehalt wie jene haben.

An der Rechtsnatur des § 36 II DGO als Formvorschrift kann angesichts der eindeutigen amtlichen Begründung zu dieser Vorschrift[76] kein Zweifel bestehen. Unter deren Ziffer 2 a schreibt der Reichsgesetzgeber § 36 II DGO ausdrücklich einen solchen Charakter zu. Diese subjektiv-gesetzgeberische Vorstellung hat ausweislich des Wortlauts der Norm auch im Gesetzestext selbst Ausdruck gefunden. Die Stellungnahme des Reichsgesetzgebers wiegt um so mehr, als die Streitfrage um die Rechts-

---

[73] Zwar wurde in der 29. Sitzung des Ausschusses zur Beratung der Gemeinde-, Amts- und Kreisordnung in NRW am 5. 10. 1951 vom Ausschußvorsitzenden, dem Abg. Dr. Meyers (CDU), § 37 der DGO v. 1946 als Vorläufer des § 56 GO NRW bezeichnet, vgl. den Stenographischen Bericht über die Ausschußsitzung in Landtag NRW — 2. Wahlperiode — Bd. A0303/41 S. 2659. § 37 der DGO v. 1946 ist aber seinerseits wiederum aus § 36 der DGO v. 1935 entwickelt worden. Dies ergibt sich schon daraus, daß die DGO v. 1946 ausweislich ihres amtlichen Titels eine „Abänderung der Deutschen Gemeindeordnung" von 1935 ist, s. Amtsblatt der Militärregierung Deutschland, Britisches Kontrollgebiet 1946, S. 127 (128).

[74] RGBl. 1935 I, Nr. 6 (S. 49).

[75] Vgl. den Stenographischen Bericht über die 29. Sitzung des Ausschusses zur Beratung der Gemeinde-, Amts- und Kreisordnung vom 5. 10. 1951 in Landtag NRW — 2. Wahlperiode — Bd. A0303/41 S. 2659: Der Vorsitzende des Ausschusses, der Abg. Dr. Meyers (CDU), schlug diese Fassung des § 56 GO NRW vor, da die Formulierung „... durch die die Gemeinde" klinge, als ob jemand stottere.

[76] Abgedr. im Deutschen Reichsanzeiger und Preußischen Staatsanzeiger 1935, Nr. 27.

natur der Förmlichkeitsbestimmungen schon damals zu einer umfangreichen höchstrichterlichen Judikatur geführt hatte[77] und der Gesetzgeber in Kenntnis davon seine Entscheidung getroffen hat[78].

Überdies hätte sich ein § 36 II DGO verstanden als Einschränkung der Vertretungsmacht nicht mit dem auch die Gemeindeordnung beherrschenden „Führerprinzip"[79] vereinbaren lassen. Danach sollte nämlich der Bürgermeister die Gemeinde „in voller und ausschließlicher Verantwortung" nach innen und außen verwalten[80]. Allerdings — dies sei aus Gründen der Klarstellung ausdrücklich betont — handelt es sich bei § 36 II DGO nicht um eine Vorschrift, mit der spezifisch nationalsozialistische Grundsätze verwirklicht werden sollten. In diesem Fall hätte sich eine Orientierung an der Gesetzesbestimmung bei Neuerlaß der Gemeindeordnungen verboten[81]. § 36 II DGO als solcher ist indessen politisch neutral. Dies zeigt insbesondere die abgeänderte Deutsche Gemeindeordnung von 1946[82], deren § 37 II dem § 36 II DGO von 1935 mehr oder weniger nachgebildet ist. Jener lautet:

> „Erklärungen, durch die die Gemeinde verpflichtet werden soll, bedürfen der schriftlichen Form. Sie sind nur rechtsverbindlich, wenn sie von dem Bürgermeister oder seinem Stellvertreter, sowie von einem weiteren Gemeinderat unterzeichnet sind. Die Unterzeichnung durch einen weiteren Gemeinderat kann unterbleiben, wenn die Gemeindeverfassung dies vorsieht[83]."

Ziel der Militärregierung war es aber, mit Hilfe der abgeänderten Deutschen Gemeindeordnung von 1946 „das Führerprinzip in allen Sphären der örtlichen Verwaltung auszumerzen"[84].

---

[77] RGZ 64, 408 (414); 82, 7 (8); 139, 58 (61, 62) z. B. erkannten Förmlichkeitsbestimmungen dieser Art allgemein den Charakter von Vertretungsregeln zu, während etwa RGZ 73, 205 (207, 210) die nach § 88 IV Nr. 7 der preuß. LGO vom 3. 7. 1891 erforderliche Mitunterschrift eines Schöffen und die Beidrückung des Gemeindesiegels als reine Formerfordernisse wertete.

[78] Vgl. Ziff. 2 der amtl. Begr. zu § 36 DGO, Deutscher Reichsanzeiger und Preußischer Staatsanzeiger 1935, Nr. 27.

[79] Vgl. Vorwort der DGO v. 30. 1. 1935, RGBl. I Nr. 6 S. 49 und den Allg. Teil der amtl. Begr. zur DGO, Deutscher Reichsanzeiger und Preußischer Staatsanzeiger 1935, Nr. 25.

[80] Vgl. amtl. Begr. zu § 32 DGO, Deutscher Reichsanzeiger und Preußischer Staatsanzeiger 1935, Nr. 27.

[81] Vgl. zu dieser Problematik BVerfGE 7, 29 (37).

[82] Die gelegentlich verwendete Bezeichnung „Revidierte Deutsche Gemeindeordnung" ist in Anlehnung an die englische Formulierung „Revision of the Deutsche Gemeindeordnung" gebildet worden. Im amtlichen deutschen Text ist indessen von der „abgeänderten Deutschen Gemeindeordnung" die Rede, vgl. Amtsblatt der Militärregierung Deutschland, Britisches Kontrollgebiet 1946, Verordnung Nr. 21, S. 127 (133).

[83] Abgedr. i. Amtsblatt der Militärregierung Deutschland, Britisches Kontrollgebiet 1946, Verordnung Nr. 21, S. 127 (133).

[84] Vgl. Vorspruch der abgeänderten Deutschen Gemeindeordnung, Amtsblatt der Militärregierung Deutschland, Britisches Kontrollgebiet 1946, Verordnung Nr. 21, S. 127 (128).

b) Verwertbarkeit

Zwar begegnet danach die Verwertbarkeit der dem § 36 II DGO vom Reichsgesetzgeber beigelegten Bedeutung keinen Bedenken unter dem Gesichtspunkt der Übertragung nationalsozialistischen Gedankenguts. Gleichwohl läßt sich jener nicht ohne weiteres ein indizieller Wert für die Frage der Rechtsnatur der heutigen Förmlichkeitsbestimmungen zuerkennen. Denn das historische Gesetzesverständnis kann aufgrund eines Wandels der Normsituation oder aufgrund von Wandlungen im Gefüge der gesamten Rechtsordnung unzulänglich geworden sein[85] und hätte mithin bei der Auslegung außer Betracht zu bleiben.

Ein Wandel der Normsituation ist indessen nicht feststellbar. Dieser Aspekt meint eine Veränderung der tatsächlichen Verhältnisse oder Gepflogenheiten, die der historische Gesetzgeber vor Augen hatte, und auf die hin er seine Regelung entworfen hatte in einer solchen Weise, daß der ursprüngliche Norminhalt auf die geänderten Verhältnisse nicht mehr „paßt"[86]. Die reale Situation, auf die sich die kommunalen Förmlichkeitsbestimmungen beziehen, ist nach wie vor die gleiche.

Hingegen haben sich im Gefüge der Rechtsordnung Wandlungen vollzogen. So existierte im Jahre 1935 nur eine Gesetzgebungsgewalt des Reiches; durch das Gesetz über den Neuaufbau des Reiches vom 30. Januar 1934[87] waren das bis dahin bestehende bundesstaatliche System beseitigt und die Hoheitsrechte der Länder auf das Reich übertragen worden[88]. Danach bestand anders als heute in bezug auf die kommunalen Förmlichkeitsvorschriften kein Spannungsverhältnis zwischen der Gesetzgebungskompetenz des Reiches bzw. Bundes und der Länder. Indessen ist fraglich, ob eine Veränderung in den Gesetzgebungskompetenzen das historische Gesetzesverständnis als gegenstandslos erscheinen läßt. Welcher Art Wandlungen im Gefüge der gesamten Rechtsordnung sein müssen, um das herkömmliche Gesetzesverständnis obsolet werden zu lassen, kann jedenfalls tendenziell einer Entscheidung des Bundesverfassungsgerichts entnommen werden. Der erkennende Senat hat die Anwendung des Kodifikationsprinzips der Art. 3, 55, 218 EGBGB auf das Arbeitsrecht verneint, da dieses „durch die seit Erlaß des BGB eingetretene sozialrechtliche Entwicklung als Sonderrecht der unselbständigen Arbeitnehmer verselbständigt und aus dem Privatrecht ganz herausgelöst worden" sei[89]. Mithin kommt es auf Momente

---

[85] Vgl. hierzu *Larenz*, Methodenlehre, S. 334 ff.

[86] *Larenz*, Methodenlehre, S. 334.

[87] RGBl. 1934 I, Nr. 11 (S. 75).

[88] Siehe insbes. Art. 2 I des sog. NeuaufbauG.

[89] BVerfGE 7, 342 (350).

an, die in dem Gegenstand des jeweiligen Normbereichs selbst angelegt, die für ihn wesenstypisch sind, nicht hingegen auf solche, die von außen an jenen herangetragen werden. Zu letzteren wird man die Gesetzgebungskompetenz rechnen dürfen, so daß Veränderungen insoweit einer Berücksichtigung des historischen Gesetzesverständnisses im Rahmen der Untersuchung des Rechtscharakters der kommunalen Förmlichkeitsnormen nicht entgegenstehen.

Die dem § 36 II DGO vom Reichsgesetzgeber beigelegte Bedeutung einer Formvorschrift spricht dafür, daß die heutigen Förmlichkeitsbestimmungen — jedenfalls soweit sie die gleichen Erfordernisse wie jener normieren — ebenfalls als Formvorschriften, nicht dagegen als Regeln der Vertretungsmacht zu qualifizieren sind.

4. Objektiv-teleologische Kriterien

Eine solche Interpretation erweist sich schließlich auch mit Rücksicht auf die sog. objektiv-teleologischen Auslegungskriterien im Sinne von *Larenz*, die dem Umstand Rechnung tragen wollen, daß die meisten Gesetze eine Regelung erstreben, die „sachgemäß" ist[90], als fragwürdig. Die Ermittlung der „sachgemäßen" Bedeutung einer Norm verlangt in erster Linie deren Interpretation vor dem Hintergrund der sozialen Wirklichkeit, auf den das Normprogramm Bezug nimmt. Dabei kommt u. a. Bedeutung dem Aspekt der sogenannten „Natur der Sache" zu[91]. Dieser meint eine in den Lebensverhältnissen selbst angelegte, wenn auch noch umrißhafte und fragmentarische Ordnung, ein dem Seienden selbst zu entnehmendes normatives Element oder anders formuliert eine durch die Struktur der Sache bereits vorgezeichnete Regelung[92]. Soweit die kommunalen Förmlichkeitsbestimmungen für Verpflichtungserklärungen Schriftform, Amtsbezeichnung, Dienstsiegel und handschriftliche Unterzeichnung verlangen, ist deren Qualifizierung als Regelungen der Vertretungsmacht unter Berücksichtigung des Kriteriums der Natur der Sache zweifelhaft.

Zu bedenken ist, daß die Vertretung einer juristischen Person in Frage steht. Diese hat keine natürliche, sondern allein eine rechtliche Existenz, kann demgemäß nicht als solche handeln, sondern agiert vielmehr durch Menschen, deren Handeln ihr über die Figur der Organschaft zugerechnet wird[93]. Hiernach muß der Umfang der einer juristischen Person überhaupt eröffneten Sphäre rechtlicher Lebensbetäti-

---

[90] Vgl. *Larenz*, Methodenlehre, S. 319.

[91] Vgl. *Larenz*, Methodenlehre, S. 320 f.

[92] Vgl. *Larenz*, Methodenlehre, S. 320 f.

[93] Vgl. *Schnapp*, AöR Bd. 105 (1980), S. 243 (253 Fn. 56).

gung notwendig zusammenfallen mit dem Umfang, in welchem die Repräsentation einer juristischen Person durch ihre Organe rechtlich möglich ist[94]; oder anders formuliert — die Zuständigkeiten einer juristischen Person müssen mit denen der Gesamtheit ihrer Organe dekkungsgleich sein.

Die juristische Person hat entsprechend dem Sinn und Zweck ihrer Gründung die Berechtigung, zu außerhalb ihrer Organisation stehenden Dritten in rechtliche Beziehung zu treten. Die Aufnahme rechtlicher Beziehungen ist nun von Natur aus bei einer natürlichen wie bei einer juristischen Person mündlich, — in unterschiedlichen Variationen — schriftlich oder durch sonstiges Verhalten möglich. Demnach besitzt die Gemeinde die Zuständigkeit für mündliche Verpflichtungserklärungen.

Abgesehen davon, daß diese Erkenntnis das Ergebnis eines natürlichen Denkprozesses ist, dürfte sie sich auch — jedenfalls mittelbar — aus dem im Grundgesetz[95], den Landesverfassungen[96] und den Gemeindeordnungen[97] verankerten Prinzip der gemeindlichen Allzuständigkeit herleiten lassen. Danach sind die Gemeinden berechtigt, alle Angelegenheiten der örtlichen Gemeinschaft zu regeln, gleichgültig ob diese dem öffentlichen oder privaten Recht angehören, ob sie technischer, wirtschaftlicher, finanzieller, sozialer oder sonstiger Art sind[98]. Soweit die Befriedigung lokaler Interessen in Frage steht, sind die Gemeinden die ausschließlichen und eigenverantwortlichen Träger dieser Kompetenzen. Kompetenz und Form der Zuständigkeitsausübung stehen rein gedanklich insoweit in einem engen Zusammenhang, als die Wahrnehmung der Kompetenz ein gegenständlicher auf Kommunikation gerichteter Akt ist und von daher notwendig die verkehrsübliche Natur kommunikativer Maßnahmen hat, mithin von mündlicher, irgendwie gearteter schriftlicher — beispielsweise textlicher oder graphischer — oder sonstiger Beschaffenheit ist. Stehen Kompetenz und Form der Zuständigkeitsausübung aber in einem solch engen Zusammenhang, wird man den die Allzuständigkeit der Gemeinden thematisierenden Vorschriften auch eine Aussagekraft im Hinblick auf den letzteren Gesichtspunkt beilegen dürfen und im Hinblick darauf, daß Art und Weise der Auf-

---

[94] So schon *v. Gierke*, Genossenschaftstheorie, S. 625.

[95] Art. 28 II 1 GG.

[96] Art. 71 I 1 u. 2, II 1 Verf BaWü; Art. 11 II Verf Bay; Art. 144 S. 2 Verf Brem; Art. 137 I Verf He; Art. 44 I, III Vorl. Verf Nds; Art. 78 II Verf NRW; Art. 49 S. 1 u. 2 Verf RhPf; Art. 117 II, III Verf Saarl; Art. 39 I LSatzung SchlH.

[97] § 2 I GO BaWü; Art. 1 S. 1 GO Bay; § 2 Verf Bremhv; § 2 S. 1 GO He; § 2 II 1 GO Nds; § 2 GO NRW; § 2 I GO RhPf; § 1 I 2 KSVG Sa; § 2 I 1 GO SH.

[98] *Stern* in BK, Art. 28 (Zweitbearbeitung) Rdn. 86.

gabenwahrnehmung keiner Beschränkung unterworfen sind, schlußfolgern können, daß die Gemeinden — unter Zuständigkeitsgesichtspunkten — alle ihnen garantierten Funktionen in beliebiger Artikulation wahrzunehmen berechtigt sind. Die kommunalen Förmlichkeitsvorschriften können hierzu für den Bereich der Verpflichtungserklärungen schon wegen des mangelnden systematischen Bezuges dieser Rechtssätze zum Wirkungskreis der Gemeinden keinen Ausnahmetatbestand bilden.

Besitzen demnach die Gemeinden die Zuständigkeit zu mündlichen Verpflichtungserklärungen und sind die Zuständigkeiten der Gemeinde deckungsgleich mit denen der Gesamtheit ihrer Organe, so muß ein kommunales Organ vorhanden sein, das für mündliche Verpflichtungserklärungen zuständig ist. Die Verneinung einer solchen Zuständigkeit im Hinblick auf den Gemeindevorsteher außerhalb des Geltungsbereichs der Magistratsverfassung sowie im Hinblick auf den Gemeindevorstand bzw. Magistrat im Geltungsbereich der Magistratsverfassung wäre demgemäß nur dann möglich, wenn die Zuständigkeit zur Abgabe mündlicher Verpflichtungserklärungen einem anderen kommunalen Organ übertragen wäre. Dies ist indessen nicht der Fall. Die Gemeindeordnungen haben vielmehr die Zuständigkeit der Vertretung, wozu die Verpflichtungserklärungen gehören, ausdrücklich und ausschließlich dem Gemeindevorsteher bzw. Gemeindevorstand/Magistrat zugewiesen. Die Erkenntnis, daß im Hinblick auf die Deckungsgleichheit zwischen den Zuständigkeiten der Gemeinde und den Zuständigkeiten der Gesamtheit ihrer Organe der Magistrat als gesetzlicher Vertreter zur Abgabe mündlicher Verpflichtungserklärungen zuständig ist, bedeutet gleichzeitig, daß der Gemeindevorsteher, der für jenen die Erklärungen abgibt, eine solche Zuständigkeit besitzt, da dessen Zuständigkeiten wiederum, soweit er wie hier als Organteil für das Kollegialorgan Magistrat „handelt“[99], inhaltlich den Zuständigkeiten des Magistrats entsprechen[100].

Die Struktur der Gemeinde als juristische Person, d. h. das Kriterium der Natur der Sache, steht mithin der Qualifizierung der kommunalen Förmlichkeitsvorschriften über Schriftform, handschriftliche Unterzeichnung, Dienstsiegel und Amtsbezeichnung als Regelungen der Vertretungsmacht und damit Einschränkungen der Zuständigkeit entgegen.

5. Ergebnis

Zusammenfassend läßt sich damit festhalten, daß die vom Bundesgerichtshof vorgenommene Auslegung der kommunalen Förmlichkeits-

[99] Vgl. 2. Teil, C II 2.

[100] Vgl. in diesem Abschnitt A II 2 d.

bestimmungen als Regeln der Vertretungsmacht unter Berücksichtigung des Wortsinns der normierten Erfordernisse in Verbindung mit dem Bedeutungszusammenhang des Gesetzes, der Entstehungsgeschichte sowie objektiv-teleologischen Aspekten nicht zu überzeugen vermag.

B. Die Argumentation des Reichsgerichts

Auch das Reichsgericht hat den kommunalen Förmlichkeitsvorschriften überwiegend den Charakter von Vertretungsregeln beigelegt[1]. Seine Entscheidungen beeinflussen noch heute Judikatur[2] sowie rechtswissenschaftliche Lehre[3] und besitzen von daher nach wie vor Aktualität. Von besonderem Interesse in diesem Zusammenhang ist ein Urteil des II. Zivilsenats[4], der die Bewertung der kommunalen Förmlichkeitsbestimmungen als Regeln der Vertretungsmacht mit Grundsätzen der zivilrechtlichen Stellvertretung begründet hat. In seiner Entscheidung heißt es:

> „Wie im Privatrecht der Vollmachtgeber mehreren Personen derart Vollmacht erteilen kann, daß sie nur ... unter Einhaltung bestimmter Formen z. B. nicht mündlich Willenserklärungen für ihn abgeben dürfen, so kann naturgemäß auch der Gesetzgeber bezüglich der gesetzlichen Vertretung dabei innezuhaltende Formen verordnen ... In Frage steht ... allein der Rahmen der Vertretungsmacht, und ob innerhalb derselben gehandelt ist oder nicht[5]."

Ob eine Übertragung zivilrechtlicher Grundsätze auf den hier zu diskutierenden Problemkreis zulässig ist, erscheint zweifelhaft. Bedenken bestehen insoweit unter objektiv-teleologischen Gesichtspunkten, nach denen im Rahmen einer Norminterpretation dem Prinzip der Gleichbehandlung gleichgelagerter Sachprobleme sowie der Ungleichbehandlung ungleicher Tatbestände Beachtung zu schenken ist, da jede gegen diesen Grundsatz verstoßende Auslegung zu einem Wertungswiderspruch innerhalb der Rechtsordnung führt und daher mit der zu vermutenden Konformität rechtlicher Wertungen nicht in Einklang steht[6].

---

[1] Vgl. etwa RGZ 64, 408 (414); 82, 7 (8); 146, 42 (45 f.); 139, 58 (61, 62); a. A. im Hinblick auf das Erfordernis doppelter Unterzeichnung sowie die gebotene Siegelbeidrückung RGZ 73, 205 (207, 210).

[2] Vgl. z. B. BGH NJW 1980, S. 117 (118); BGHZ 6, 330 (332 f.); BGH NJW 1952, S. 1130 (1131); BAG AP Nr. 7 zu § 125 BGB; OLG Hamburg MDR 1968, S. 238.

[3] *Gönnenwein*, S. 350; *Häsemeyer*, S. 180 f.; *Steinweg*, S. 57.

[4] RGZ 64, 409.

[5] RGZ 64, 409 (414). *Steinweg*, S. 57 hat u. a. diese Überlegung des Reichsgerichts seinem Lösungsvorschlag zugrundegelegt.

[6] Vgl. *Larenz*, Methodenlehre, S. 321.

Organschaft und individualrechtliche Stellvertretung, d. h. Stellvertretung einer natürlichen Person, sind weder identische Rechtsinstitute[7], noch sind sie in dem hier maßgeblichen Zusammenhang vergleichbar. Ein grundlegender Unterschied zwischen ihnen besteht im Hinblick auf die Person des Vertretenen. Während die juristische Person nicht selbständig handeln kann, ist dies dem Stellvertretenen als Menschen physisch möglich. Bei der individualrechtlichen Stellvertretung ist daher eine auf schriftliches Handeln beschränkte Vertretungsmacht ohne Schwierigkeiten denkbar. Die Berechtigung, mündlich zu handeln, bleibt einem handlungsfähigen Subjekt, dem Stellvertretenen, zugeordnet, so daß die von Natur aus bestehende Fähigkeit einer natürlichen Person, sich mündlich oder schriftlich zu betätigen, auch bei Inanspruchnahme eines Stellvertreters mit „beschränkter" Vertretungsmacht insgesamt gesehen aufrechterhalten ist. Bei einer auf schriftliches Handeln beschränkten Organmacht des Gemeindevorstehers bzw. im Geltungsbereich der Magistratsverfassung des Magistrats kann die Berechtigung, mündlich in Rechtsbeziehung zu Dritten zu treten, nicht von der Gemeinde selbst als juristischer Person realisiert werden. Da diese nur ein rechtstechnischer Zurechnungspunkt ist[8], mithin zur Ausübung von Zuständigkeiten ihrer Organe bzw. der hinter den Organen stehenden Menschen bedarf, außer dem Gemeindevorsteher bzw. Magistrat aber keinem kommunalen Organ die Vertretung der Gemeinde zugewiesen ist, wäre ihre Berechtigung, mündlich tätig zu werden, nicht umsetzungsfähig, sie würde „ins Leere fallen".

Eine Übertragung des individualrechtlichen Stellvertretungsprinzips auf die Vertretungsorgane der Gemeinde — den Gemeindevorsteher (außerhalb des Geltungsbereichs der Magistratsverfassung) und den Magistrat — ist wegen der Ungleichartigkeit der Tatbestände abzulehnen. Dies bedeutet gleichzeitig, daß die Grundsätze der individualrechtlichen Stellvertretung auch in bezug auf den Gemeindevorsteher im Geltungsbereich der Magistratsverfassung keine Anwendung finden können, der hier als Organteil des Vertretungsorgans Magistrat die im Rahmen der gesetzlichen Vertretung anfallenden Erklärungen abgibt[9]. Eine Übertragung der Stellvertretungsprinzipien insoweit hätte zur Konsequenz, daß die Erklärungsmacht des Gemeindevorstehers einer Einschränkung zugänglich wäre, was im Hinblick auf die mangelnde Einschränkbarkeit der Vertretungsmacht des Magistrats zu einer inhaltlichen Inkongruenz zwischen den Zuständigkeiten des Kollegialorgans und den Zuständigkeiten des für das Kollegialorgan „handeln-

[7] So schon *v. Gierke*, Genossenschaftstheorie, S. 622.
[8] *Wolff*, Vertretung, S. 242.
[9] Vgl. 2. Teil, C II 2.

den" Organteils führen würde, ein Ergebnis, das sich unter Berücksichtigung des organisationsrechtlichen Beziehungsverhältnisses zwischen diesen verbietet[10].

Eine Übertragung der Stellvertretungsregeln auf die Vertretung der Gemeinde ist von daher insgesamt als unzulässig zu bewerten und vermag demnach eine Qualifizierung der gemeindlichen Förmlichkeitsvorschriften als Normen der Vertretungsmacht nicht zu stützen.

2. Abschnitt

Die kommunalen Förmlichkeitsbestimmungen als Formvorschriften und Vertretungsregeln

Die kommunalen Förmlichkeitsbestimmungen werden teilweise zugleich als Formvorschriften und öffentlich-rechtliche Zuständigkeitsregelung, die die Vertretungsmacht der gemeindlichen Organwalter bestimmt, verstanden[1]. Im Hinblick auf den letzten Aspekt gelten zunächst dieselben Bedenken, die im Rahmen der vorstehenden Ausführungen erörtert wurden. Ein weiterer Gesichtspunkt gegen die hier zur Diskussion stehende Auffassung ergibt sich unter Berücksichtigung der Rechtsfolgen, die deren Vertreter durch eine Verletzung der kommunalen Förmlichkeitsnormen ausgelöst sehen wollen. Abgesehen von dem Verstoß gegen das doppelte Unterzeichnungserfordernis, der stets eine schwebende Unwirksamkeit der Erklärung nach § 177 BGB nach sich ziehen soll[2], werden formwidrige Verpflichtungserklärungen der Gemeinde entweder entspr. § 125 BGB als nichtig, oder aber, wenn das Formerfordernis als Einschränkung der Vertretungsmacht zu bewerten sei, als schwebend unwirksam erkannt[3]. Demnach kann ein und derselbe Fehler unterschiedliche Rechtsfolgen äußern, was die Gefahr in sich birgt, daß die Kommune jeweils die für sie günstigere Rechtsfolge wählt, ein Ergebnis, das aus Gründen der Rechtssicherheit unvertretbar ist.

---

[10] Vgl. in diesem Abschnitt A II 2 d.

[1] So insbesondere *Wolff / Bachof*, VerwR II, 4. Aufl., § 87 III c 2; s. auch *H. P. Westermann*, Anm. z. Urt. d. BAG v. 6. 8. 1970 — 2 AZR 427/69 in BAG AP Nr. 7 zu § 125 BGB.

[2] Vgl. *Wolff / Bachof*, VerwR II, 4. Aufl., § 87 III c 3 α i. V. m. § 87 III c 2.

[3] *Wolff / Bachof*, VerwR II, 4. Aufl., § 87 III c 3 β.

3. Abschnitt

Die kommunalen Vorschriften als „verfassungs- oder personenrechtliche Formvorschriften" im Unterschied zu den „geschäftsrechtlichen Formvorschriften" des BGB

Die kommunalen Vorschriften über Schriftform, Dienstsiegel, Amtsbezeichnung und handschriftliche Unterzeichnung werden von einem Teil der Literatur als „verfassungs- oder personenrechtliche Formvorschriften" den sog. „geschäftsrechtlichen Formvorschriften" des BGB gegenübergestellt[1]. Dabei werden erstere definiert als organisatorische Regelungen darüber, wie überhaupt eine Willenserklärung eines Verbandes zustandekommt, letztere hingegen als Rechtssätze über die formale Beschaffenheit einer Willenserklärung[2].

A. Kritik am Ansatz der Differenzierung

Schon vom Ansatz her vermag diese Differenzierung nicht zu überzeugen. Wertet man die kommunalen Formvorschriften als Normen, die das Zustandekommen einer Verbandserklärung regeln, würde bei Nichteinhaltung der vorgeschriebenen Förmlichkeiten eine Willenserklärung der Gemeinde nicht entstehen. Mithin läge ein Nichtakt vor. Von einem solchen kann indessen nur ausgegangen werden, wenn entweder kein zurechenbarer Anschein für ein Handeln des Verbandes besteht, eine Erklärung durch unmittelbaren Zwang erwirkt oder offenkundig nicht ernst gemeint ist[1]. Keine dieser Alternativen liegt jedoch vor, wenn der Gemeindevorsteher als Leiter der Gemeindeverwaltung in mündlicher Form tätig wird. Auch sprechen teilweise die Formulierungen der kommunalen Vorschriften gegen ein Verständnis im obigen Sinne. Nach § 56 IV GO NRW etwa binden Erklärungen, die den Formvorschriften widersprechen, die Gemeinde nicht[2]. (Konstitutive) Bedeutung kommt dieser Vorschrift nur zu, wenn eine rechtlich existente, fehlerhafte Erklärung gegeben ist. Würde ein Formverstoß zu einem Nichtakt der Gemeinde führen, so wäre die Erklärung auch ohne ausdrückliche gesetzliche Anordnung rechtlich irrelevant. Zwar ist

---

[1] *Hummelbeck*, S. 103 ff. (106); *Eckhardt*, S. 95 f.; vgl. auch *Krüger*, S. 42, 46; *Friedrichs*, S. 67.

[2] *Hummelbeck*, S. 103, 106; *Eckhardt*, S. 95 f.; s. auch *Krüger*, S. 42.

[1] Vgl. *Wolff / Bachof*, VerwR I, § 51 II a - c.

[2] Ähnlich formulieren § 46 II 2 Verf Bremhv, § 71 II 2 GO He, § 63 II 2 GO Nds, § 49 I 2 GO RhPf, § 62 S. 2 KSVG Sa: Verpflichtungserklärungen sind nur „rechtsverbindlich", wenn ...

diese Überlegung nicht zwingend. Denn die Gemeindeordnungen kennen auch Vorschriften, die sich in einer rein deklaratorischen Funktion erschöpfen[3]. Unter Berücksichtigung der allgemeinen Voraussetzungen für einen Nichtakt liegt indessen eine Interpretation des § 56 IV GO NRW und der ihm vergleichbaren Normen im ersteren Sinne näher.

Bedenken gegen die Bildung zweier Gruppen von Formvorschriften bestehen allerdings nicht nur im Hinblick auf den Ansatz der Typisierung. Fragwürdig erscheint zudem die der Differenzierung zugrundeliegende Argumentation.

B. Unterschiedlicher Bezugspunkt der Normen?

Deren vornehmlicher Aspekt ist die These unterschiedlicher Bezugspunkte beider Arten von Normen.

Bezugspunkt der geschäftsrechtlichen Formvorschriften seien Art und Bedeutung eines bestimmten Geschäfts, Anknüpfungspunkt der personenrechtlichen Formvorschriften hingegen die Gemeinde als Körperschaft des öffentlichen Rechts. Dafür spreche, daß das bürgerliche Recht die Formbedürftigkeit nur für bestimmte Rechtsgeschäfte vorsehe, während die Gemeindeverfassungen die besonderen Förmlichkeiten allein für Verpflichtungserklärungen forderten. Auch seien die kommunalen Förmlichkeiten in ihrer Ausgestaltung eindeutig den Bedürfnissen der Gemeinde als Körperschaft des öffentlichen Rechts angepaßt, was sich insbesondere in den Erfordernissen der Siegelbeidrückung und der Angabe der Amtsbezeichnung zeige[1].

Die Feststellung, die sog. geschäftsrechtlichen Formvorschriften bezögen sich nur auf bestimmte Rechtsgeschäfte, ist in dieser Absolutheit unkorrekt. Für den Regelfall mag sie zwar zutreffen, ausnahmslos gilt sie jedoch nicht. Denn auch das Bürgerliche Gesetzbuch kennt Formvorschriften, die allgemein verpflichtende Erklärungen betreffen, so etwa § 780 BGB. Danach ist jede Erklärung, durch die eine Leistung in der Weise versprochen wird, daß das Versprechen die Verpflichtung selbständig begründet, grundsätzlich schriftlich zu erteilen. Die Art des Grundgeschäfts und damit ein bestimmter Vertragstypus sind unbeachtlich. Enthält aber das Bürgerliche Gesetzbuch ebenfalls Normen, die unabhängig von Bedeutung sowie Tragweite eines bestimmten Vertragstyps gelten und allgemein verpflichtende Erklärungen einer Form unterwerfen, läßt sich ein durchgehend andersgelagerter Bezugspunkt zwischen den Rechtssätzen des BGB und denen der Gemeindeordnungen insoweit nicht feststellen.

[3] Z. B. § 55 I 2 GO NRW; vgl. in diesem Kap. 1. Abschn., A II 2 a.

[1] *Hummelbeck*, S. 104 f.

Die weitere in diesem Zusammenhang angestellte Erwägung, die kommunalen Formvorschriften seien im Hinblick auf die gebotene Siegelbeidrückung und die Angabe der Amtsbezeichnung den Bedürfnissen der Gemeinde als öffentlich-rechtliche Körperschaft angepaßt, vermag die Anerkennung einer Sonderstellung der Normen ebensowenig zu rechtfertigen.

Ein solches Verständnis würde zunächst der rechtlichen Wertung des § 67 BeurkG widersprechen. Nach dieser Vorschrift stellt die öffentliche, d. h. notarielle Beurkundung[2] ein Surrogat für Dienstsiegel und Amtsbezeichnung[3] dar, ein Gesichtspunkt, der die Schlußfolgerung auf die Gleichartigkeit der Förmlichkeiten erlaubt. Da die notarielle Beurkundung nun ein Erfordernis ist, das die sog. geschäftsrechtlichen Formvorschriften des BGB aufstellen[4], erfahren diese über § 67 BeurkG eine Gleichstellung bzw. Gleichbehandlung mit den Dienstsiegel und Amtsbezeichnung normierenden Rechtssätzen der Gemeindeordnungen.

Gegen eine Charakterisierung letzterer Normen als besondere öffentlich-rechtliche verbandsbezogene Formvorschriften sprechen zudem allgemeine Überlegungen. Die Erfordernisse der Siegelbeidrückung sowie der Angabe der Amtsbezeichnung könnten eine derartige Qualifizierung allenfalls dann rechtfertigen, wenn diese ein Spezifikum des öffentlichen Rechts wären, sich also im Bereich privatrechtlicher Regelung keine Parallele finden lassen würde. Dienstsiegel und Amtsbezeichnung vergleichbare Zeichen finden sich indessen im Handels- und Gesellschaftsrecht. Von der Funktion her entsprechen den gemeinderechtlichen Förmlichkeiten die etwa nach § 79 AktG und § 35 III GmbHG erforderliche Angabe der Firma einer Gesellschaft sowie der in § 51 HGB vorgeschriebene Hinweis auf die Prokura. Die Beidrückung des Dienstsiegels, das Hoheitszeichen der Gemeinde ist, sowie die Angabe der Amtsbezeichnung weisen darauf hin, daß der Handelnde lediglich in seiner Funktion als Gemeindebediensteter tätig wird und machen von daher seinen Willen erkennbar, daß nicht er persönlich, sondern die Gemeinde Vertragspartei werden soll[5]. Ebenso dienen die Firmenbenennung, die namentliche Bezeichnung der Gesellschaft und der die Prokura andeutende Zusatz der Sichtbarmachung, daß allein die hinter der handelnden Person stehende Gesellschaft oder auch der Inhaber eines Handelsgewerbes sich rechtsrelevant betätigen wollen[6]. Das We-

---

[2] Vgl. in diesem Kap. 1. Abschn., A II 1 a u. Fn. 31 ebd.

[3] Vgl. *Jansen*, Erl. zu § 67 BeurkG.

[4] Vgl. etwa §§ 311, 312 II, 313, 1491 II, 1501 II, 1587 o, 2033, 2348, 2371 BGB.

[5] So auch *Hofmann / Beth / Dreibus*, § 49 Erl. 2.

[6] In dieser Richtung wohl auch *Schlegelberger / Schröder*, § 51 HGB Rdn. 5; *Scholz / Schneider*, GmbHG, 6. Aufl., § 36 Rdn. 3 sowie *Scholz*, GmbHG, 5. Aufl., § 35 Rdn. 27; *Geßler / Hefermehl / Eckhardt / Kropff*, § 79 AktG Rdn. 1.

senstypische von Zeichnungsvorschriften dieser Art liegt daher nicht in der Erkennbarmachung, daß gerade eine juristische Person des öffentlichen Rechts bzw. eine Person des Privatrechts zu einem Dritten in Rechtsbeziehung tritt. Deren originäres Anliegen besteht vielmehr gleichermaßen in dem Hinweis auf die bloße Vertreterrolle des Handelnden.

Die Bildung zweier Gruppen von Formvorschriften wird unter dem Aspekt der verschiedenartigen Bezugspunkte letztlich damit begründet, daß im Bereich der kommunalen Regelung die Abgabe einer formgerechten Verpflichtungserklärung nicht notwendig sei, wenn eine formgerechte Vollmachtserteilung vorliege. Dies zeige, daß die kommunalen Förmlichkeiten anders als die geschäftsrechtlichen Förmlichkeiten nicht an die Erklärung selbst gebunden seien[7] — eine Argumentation, die die vorgenommene Typisierung allenfalls dann zu tragen vermag, wenn die sog. geschäftsrechtlichen Förmlichkeiten in keinem Fall durch außerhalb der Vertragserklärung liegende Momente ersetzt werden könnten. Davon ist indessen nicht auszugehen. So werden gem. § 313 S. 2 BGB der Mangel der notariellen Beurkundung und gem. § 518 II BGB der Mangel der Schriftform durch Auflassung und Eintragung ins Grundbuch bzw. Bewirkung der versprochenen Leistung geheilt und damit durch außerhalb der Erklärung liegende Faktoren surrogiert.

Die These, daß Bezugspunkt der sog. geschäftsrechtlichen Formvorschriften Art und Bedeutung eines bestimmten Rechtsgeschäfts sei, Bezugspunkt der personenrechtlichen Formvorschriften dagegen die Gemeinde als Körperschaft des öffentlichen Rechts, wird daher durch keinen der aufgezeigten Aspekte getragen.

C. Andersgelagerte Zweckbestimmung der Vorschriften?

Die Bildung zweier Typen von Formvorschriften wird des weiteren damit begründet, daß diese unterschiedliche Zweckbestimmungen aufweisen. Der Zweck der geschäftsrechtlichen Formvorschriften liege darin, die Aufmerksamkeit der Beteiligten auf die Art und Bedeutung des abzuschließenden Geschäfts zu lenken und die Geschäftspartner so vor Übereilung zu schützen. Des weiteren komme jenen die Funktion zu, die Vertragsparteien zur Überlegung und zur klaren sowie vollständigen Abgabe der Willenserklärungen anzuhalten. Daneben dienten die geschäftsrechtlichen Formvorschriften der Erleichterung des Beweises und bewirkten zum Teil eine fachmännische juristische Bera-

[7] *Hummelbeck*, S. 105.

tung[1]. Hauptzweck der kommunalen Formvorschriften sei es demgegenüber, den mit der Wahrnehmung der Außenvertretungszuständigkeit betrauten Organwalter zum Schutze der Gemeinde an der Abgabe formal interessenwidriger Verpflichtungserklärungen zu hindern, die Gemeinde also vor übereiltem und unbedachtem Handeln ihrer an sich zuständigen Organwalter zu bewahren[2]. Ob diese Überlegungen die getroffene Differenzierung zu rechtfertigen vermögen, erscheint zweifelhaft.

Nur den sog. geschäftsrechtlichen Formvorschriften wird zunächst der Schutzzweck zuerkannt, die Aufmerksamkeit der Beteiligten auf Art und Bedeutung des abzuschließenden Geschäfts zu lenken. Eine Würdigung des Kontextes der kommunalen Formvorschriften ergibt indessen, daß diese durch Normierung des Schriftformerfordernisses das gleiche sachliche Ziel verfolgen[3]. Die kommunalen Formerfordernisse gelten — ausgenommen die bayerische Regelung[4] — nicht für Geschäfte der laufenden Verwaltung[5], betreffen also nicht den Abschluß jener Geschäfte, die etwa wegen ihrer finanziellen Geringwertigkeit oder auch im Hinblick auf ihre regelmäßige Wiederkehr für die Gemeinde nur unerhebliche Bedeutung haben[6]. Die kommunalen Formvorschriften unterwerfen demnach überwiegend lediglich solche Geschäfte einer bestimmten Form, die sachlich erheblich bzw. außergewöhnlich sind. Dies bedeutet aber, daß vor Abgabe einer Erklärung bedacht werden muß, ob ein erhebliches oder unerhebliches Geschäft abgeschlossen wird, da sich danach die jeweilige Handlungsform richtet. Mithin bewirken die meisten kommunalen Formbestimmungen, daß der Bedeutung des abzuschließenden Geschäfts Aufmerksamkeit geschenkt wird. Von einem solchen sachlichen Normzweck müßten die Befürworter der zwei Kategorien an sich selbst ausgehen, da sie die Funktion der kommunalen Rechtssätze u. a. darin sehen, vor übereiltem und unbedachtem Handeln zu bewahren.

---

[1] *Hummelbeck*, S. 103.

[2] *Hummelbeck*, S. 105 f.

[3] Einer genauen Differenzierung zwischen den Zweckbestimmungen der einzelnen kommunalen Formerfordernisse bedarf es in diesem Zusammenhang nicht, da die Vertreter der hier zur Diskussion stehenden Auffassung die Normen des BGB denen der GOen pauschal gegenüberstellen.

[4] Vgl. Art. 38 II GO Bay sowie *Masson / Samper*, Art. 38 Rdn. 7.

[5] § 54 IV GO BaWü; § 46 II 3 Verf Bremhv; § 71 II 3 GO He; § 63 IV GO Nds; § 56 II GO NRW; § 49 III GO RhPf; § 62 S. 3 KSVG Sa; nach § 50 IV GO SH gelten die Formvorschriften nicht, wenn der Wert der Leistung der Gemeinde einen in der Hauptsatzung bestimmten Betrag nicht übersteigt.

[6] § 49 III GO RhPf; § 50 IV GO SH; § 46 II 3 Verf Bremhv; § 71 II 3 GO He; vgl. auch *Kunze / Bronner / Katz*, § 54 Anm. IV 2 und *Kottenberg / Rehn*, § 28 Erl. IV 1.

Des weiteren wird nur den „geschäftsrechtlichen Formvorschriften" des BGB eine primäre Klarstellungs- und Beweisfunktion beigemessen, während die kommunalen Formvorschriften diesen Zweck nur „ungewollt und nebenher" erfüllen sollen[7]. Eine derartige Interpretation erscheint mehr als willkürlich. Jedes Schriftstück kann von Natur aus gleichermaßen belegen, ob überhaupt und gegebenenfalls mit welchem Inhalt eine Willenserklärung abgegeben wurde. Eine schriftlich verfaßte Willensäußerung vermag daher stets ein Beweismittel für oder gegen den Erklärenden darzustellen, ein Gesichtspunkt, der den Formulierenden dazu anhält, vor Niederlegung der Erklärung diese in ihrer rechtlichen Tragweite zu überdenken und sie sodann deutlich und vollständig abzufassen, um nicht der Gefahr ausgesetzt zu sein, später an einem Text festgehalten zu werden, der seine rechtlichen Vorstellungen nicht einwandfrei wiedergibt. Hat aber jede schriftlich niedergelegte Erklärung von Natur aus Klarstellungs- und Beweisfunktion, so wird man jeder Formvorschrift eine solche Zweckbestimmung als essentielle, wesenstypische zumessen müssen. Für eine primäre Klarstellungs- und Beweisfunktion der gemeindlichen Formvorschriften spricht zudem der Umstand, daß der Gemeindebedienstete, der die Verpflichtungserklärung abgefaßt hat, bereits aus dem Gemeindedienst ausgeschieden sein kann, wenn es zu rechtlichen Streitigkeiten im Hinblick auf die Verpflichtungserklärung kommt. Insoweit ist es für die Gemeinde von unmittelbarem Interesse, Belege zu besitzen, die über Existenz und Inhalt von Verpflichtungserklärungen Auskunft geben. Daß Schriftstücke diese Beweisfunktion nur dann effektiv erfüllen können, wenn sie klar und präzise verfaßt sind, bedarf keiner näheren Erläuterung.

Letztendlich wird als allein den sog. geschäftsrechtlichen Formvorschriften zukommende Zweckbestimmung die juristisch fachmännische Beratung genannt, wobei zutreffend darauf hingewiesen wird, daß eine solche Funktion nur einem Teil jener Rechtssätze obliegt. Insoweit handelt es sich nämlich lediglich um diejenigen Normen, die eine notarielle Beurkundung vorschreiben[8]. Enthält demnach auch das Bürgerliche Gesetzbuch Formvorschriften, die dem Zweck sachgemäßer Beratung nicht zu dienen bestimmt sind, so vermag dieser Gesichtspunkt eine Unterscheidung zwischen Formvorschriften des BGB und solchen der Gemeindeordnungen nicht zu tragen. Wäre dieser Aspekt ein Kriterium, das eine Anerkennung unterschiedlicher Gruppen von Formvorschriften rechtfertigen würde, so müßte ja auch innerhalb der Formvorschriften des Bürgerlichen Gesetzbuchs differenziert werden, eine Konsequenz, die man vernünftigerweise nicht ziehen kann, und die

---

[7] *Hummelbeck*, S. 105.

[8] Vgl. *Palandt / Heinrichs*, § 125 Anm. 1 a.

selbst die Vertreter der hier zu diskutierenden Auffassung nicht erwägen.

Von der sachlichen Zweckbestimmung her ist demgemäß kein entscheidungsrelevanter Unterschied zwischen den Normen des Bürgerlichen Gesetzbuchs und denen der Gemeindeordnungen festzustellen.

Zu überprüfen bleibt, ob sich Gleiches im Hinblick auf den personellen Schutzbereich sagen läßt. Die Befürworter der zwei Kategorien von Formvorschriften beziehen die Schutzfunktion der „geschäftsrechtlichen Formvorschriften" stets auf beide Vertragsparteien. Da die kommunalen Formvorschriften nur die Verpflichtungserklärung der Gemeinde reglementieren, insoweit also eine einseitige Adressatenrichtung haben, liegt die Vermutung nahe, daß hierin ein maßgeblicher Unterschied zwischen „geschäftsrechtlichen" und „personenrechtlichen" Formvorschriften gesehen wird. Indessen zu Unrecht. Denn auch das Bürgerliche Gesetzbuch kennt Normen, die die Erklärung nur eines Vertragspartners einer bestimmten Form unterwerfen, beispielsweise das Schenkungsversprechen in § 518 S. 1 BGB oder die Bürgschaftserklärung in § 766 S. 1 BGB. Mit Rücksicht darauf, daß ebenfalls das Bürgerliche Gesetzbuch einseitig ausgerichtete Formvorschriften enthält, kann der Gesichtspunkt der einseitigen Adressatenrichtung keine Unterscheidung zwischen jenen und denen der Gemeindeordnungen rechtfertigen. Ein Unterschied im personellen Schutzbereich könnte allenfalls noch darin liegen, daß die Formvorschriften des Bürgerlichen Gesetzbuches die Vertragspartei sozusagen vor sich selbst schützen soll, also etwa vor eigenem unüberlegten Handeln, während die Gemeinde vor einem Fehlverhalten ihrer Organwalter bewahrt werden soll. Eine solche Betrachtungsweise behandelt allerdings Gemeinde und Organwalter wie einander gegenüberstehende Dritte und verbietet sich mithin. Denn die Gemeinde kann als juristische Person nur durch ihre die Organfunktionen ausübenden Organwalter handeln, so daß deren Verhalten mit dem „Organisationsverhalten" identisch ist[9]. Gemeinde, Organe und Organwalter sind insoweit eine Einheit. Dementsprechend wollen die kommunalen Formvorschriften die Organwalter und damit gleichzeitig die Gemeinde vor etwaigem Fehlverhalten schützen. Auch im Hinblick auf den personellen Schutzbereich lassen sich somit keine Unterschiede ausmachen.

Da die Rechtssätze des Bürgerlichen Gesetzbuchs einerseits und die der Gemeindeordnungen andererseits entscheidungserhebliche Unterschiede weder im Regelungsgegenstand noch in der Zweckbestimmung erkennen lassen, entbehrt die Entwicklung unterschiedlicher Typen von Formvorschriften der Grundlage.

[9] Vgl. *Wolff / Bachof*, VerwR II, 4. Aufl., § 74 I f 1.

4. Abschnitt

Die kommunalen Förmlichkeitsbestimmungen als Formvorschriften

Die kommunalen Bestimmungen über Schriftform, Dienstsiegel, Amtsbezeichnung sowie handschriftliche und zweifache Unterzeichnung sind vielmehr als „normale" Formvorschriften zu qualifizieren[1].

Im Hinblick auf die ersten vier Erfordernisse ergibt sich dies schon unter Zugrundelegung des üblichen Sinngehalts der Termini, wonach Förmlichkeiten dieser Art reine Formmodalitäten darstellen[2]. Was das Gebot der zweifachen Unterzeichnung angeht, so sprechen für die Bewertung dieser Förmlichkeisanforderung als Formerfordernis und gegen ihre Bedeutung als Vertretungsregel im Sinne der Begründung einer Gesamtvertretung die im Rahmen dieses Vertretungstyps geltenden Grundsätze, d. h. die jedem Gesamtvertreter zustehende Berechtigung auch einzeln zu handeln[3].

Für die Klassifizierung der Schriftform, der handschriftlichen Unterzeichnung und der Amtsbezeichnung als Formmodalitäten streitet zudem die Entstehungsgeschichte der kommunalen Förmlichkeitsbestimmungen. Deren gemeinsamer Vorläufer, § 36 II DGO v. 1935, hatte die Rechtsnatur einer Formvorschrift[4].

Die Auslegung sämtlicher Förmlichkeitsanforderungen als Formerfordernisse rechtfertigt sich schließlich unter dem Aspekt des Bedeutungszusammenhangs des Gesetzes. In Nordrhein-Westfalen, Baden-Württemberg, Bremerhaven, Hessen, Niedersachsen, Rheinland-Pfalz und Schleswig-Holstein ergibt sich eine derartige Qualität der Förm-

---

[1] Im Ergebnis ebenso, ausgenommen das Erfordernis doppelter Unterzeichnung, *Schmidt-Jortzig*, Kommunalrecht, Rdn. 256, *Fritz*, S. 175 f., 179 und *Lutter*, Rpfleger 1969, S. 11. *Kottenberg / Rehn*, § 56 Erl. IV 1 und *Rauball / Pappermann / Roters*, § 56 Rdn. 1 im Hinblick auf Schriftform und handschriftliche Unterzeichnung. *Reinicke*, S. 137 und *Wild*, NJW 1955, S. 693 f. in bezug auf Schriftform und Dienstsiegel. *Römer*, DNotZ 1956, S. 359 (361 mit Fn. 11) im Hinblick auf Schriftform, Dienstsiegel und Amtsbezeichnung. *Wild*, BayBgm 1955, S. 175 f. interpretiert Art. 38 II GO Bay als Formvorschrift und damit die dort aufgestellten Erfordernisse der Schriftform, der handschriftlichen Unterzeichnung und der Amtsbezeichnung als Formmodalitäten. BGH NJW 1958, S. 866 im Hinblick auf das Dienstsiegel. BGH NJW 1956, S. 1355 (1356) bezüglich der Schriftform.

[2] Vgl. in diesem Kap. 1. Abschn., A II 1 a.

[3] Vgl. *Flume*, § 45 I 3 (S. 782); *Enneccerus / Nipperdey*, § 184 IV (S. 1138); *Staudinger / Dilcher*, § 167 Rdn. 54. Vgl. auch in diesem Kap. 1. Abschn., A II 1 b.

[4] Vgl. in diesem Kap. 1. Abschn., A II 3.

lichkeiten aus Gründen der inneren, als auch der äußeren gesetzlichen Systematik[5]. Im Bereich der Gemeindeordnungen Bayerns und des Saarlands läßt sich insoweit zwar nur auf die räumliche Trennung zwischen Vertretungstatbestand und Förmlichkeitsregelung verbunden mit einer diesbezüglich differenzierenden Begrifflichkeit in den Überschriften der entsprechenden Normen verweisen[6], so daß eine isolierte Würdigung der Gesetze nur zu einer Vermutung in Richtung Formvorschrift führt. Unter Berücksichtigung des Umstandes, daß Verpflichtungserklärungen bundeseinheitlich bestimmten Anforderungen unterworfen sind und von daher naheliegend erscheint, daß die sie normierenden Rechtssätze eine homogene Rechtsnatur aufweisen, verdichtet sich diese Vermutung im Hinblick auf die im Rahmen der übrigen Bundesländer gewonnenen Erkenntnisse indessen weitestgehend.

Eine Interpretation der gemeindlichen Förmlichkeitsbestimmungen als Formvorschriften kann sich letztlich auf die Zweckbestimmung der Rechtssätze berufen. Das Schriftformerfordernis will die Aufmerksamkeit auf die Bedeutung des abzuschließenden Geschäfts lenken und so vor Übereilung schützen; des weiteren dient es Klarstellungs- und Beweiszwecken[7]. Beweisfunktion entfalten auch die handschriftliche Unterschrift insoweit als sie den personellen Urheber der Erklärung anzeigt[8] sowie Amtsbezeichnung und Dienstsiegel, die darauf hinweisen, daß die die Erklärung formulierende Person sich nicht selbst rechtserheblich betätigt, sondern vielmehr die Gemeinde[9]. Das Erfordernis der doppelten Unterzeichnung schließlich zwingt den Aussteller, die Erklärung — bevor diese den Bereich der inneren Verwaltung verläßt — einer weiteren Person zugänglich zu machen, wirkt daher auf eine interne Kontrolle hin und besitzt demgemäß Kontrollfunktion[10].

[5] Vgl. in diesem Kap. 1. Abschn., A II 2 a, b, d - g, i.

[6] Vgl. in diesem Kap. 1. Abschn., A II 2 c, h.

[7] Vgl. in diesem Kap. 3. Abschn., C.

[8] Vgl. BVerwGE 45, 189 (193); *Palandt / Heinrichs*, § 126 Anm. 3 e.

[9] Vgl. in diesem Kap. 3. Abschn., B.

[10] Vgl. zur Kontrollfunktion als Zweck von Formvorschriften *Palandt / Heinrichs*, § 125 Anm. 1 a.

2. *Kapitel*

Die kommunalen Formvorschriften — Normen des Innen- oder Außenrechtskreises?

Mit der Bewertung der kommunalen Förmlichkeitsbestimmungen als Formvorschriften ist deren Regelungsgehalt indessen noch nicht vollständig erfaßt. Erörterungsbedürftig bleibt, ob die Normen dem Innen- oder Außenrechtskreis angehören, womit sich als erstes die Frage erhebt, wie beide Rechtskreise voneinander abzugrenzen sind.

A. Definition des Innen- und Außenrechtskreises

Rupp versteht als Innenrechtsverhältnis oder Innenbeziehung diejenigen Rechtsbeziehungen, die ausschließlich den organschaftlichen Funktionsablauf zwischen Organwaltern, Organen und Organisation betreffen, als Außenrechtsverhältnis dagegen den Komplex von Rechtsrelationen, durch welche das Verhältnis von Verwaltungsorganisationen zu Subjekten, die nicht in der Wahrnehmung einer Organfunktion begriffen sind, bestimmt wird[1].

Der Bundesgerichtshof, der sich in seiner jüngsten Grundsatzentscheidung zur Rechtsnatur der kommunalen Förmlichkeitsbestimmungen auch mit der Frage ihrer Zuordnung zum Innen- oder Außenrechtskreis beschäftigt, stellt diesbezüglich auf den Schutzzweck der Normen ab. So führt der erkennende Senat aus, daß den Vorschriften nicht nur Bedeutung für das Innenverhältnis zukomme, da sie die Gemeinde vor den nachteiligen Folgen unbedachter und übereilt abgegebener Verpflichtungserklärungen schützen sollten[2].

Unter zwei Gesichtspunkten stoßen die Überlegungen des Gerichts auf Bedenken. Zum einen erscheint zweifelhaft, ob der Schutzzweck der Norm ein taugliches Abgrenzungskriterium im Rahmen der Zuordnung einer Vorschrift zum Innen- oder Außenrechtskreis darstellt. Zum anderen vermischt der erkennende Senat ausweislich seiner Formulierung „nicht nur Bedeutung für das Innenverhältnis" zwei voneinander

[1] *Rupp*, S. 34.

[2] Vgl. BGH NJW 1980, S. 117 (118).

zu trennende Rechtsprobleme — die Frage, ob eine Norm Innenrechtssatzqualität hat mit der Frage, welche Folgen ein Innenrechtsverstoß auslöst.

Danach gilt es zunächst zu überprüfen, ob der Schutzzweck der kommunalen Förmlichkeitsbestimmungen, d. h. der Schutzzweck des Schriftlichkeitserfordernisses[3], für die Bewertung der Vorschriften als Außenrechtssätze und gegen ihre Qualität als Innenrechtsnormen spricht. Dies wäre nur dann der Fall, wenn die Schutzfunktion, klassifizierte man die Bestimmungen als Innenrecht, ihre Bedeutung verlöre, mithin gegenstandslos würde. Hiervon kann indessen nicht ausgegangen werden. Dem Schutzzweck wird auch dann Rechnung getragen, wenn die kommunalen Förmlichkeitsbestimmungen nur internes Recht darstellen, also lediglich die Rechtsbeziehungen innerhalb der Gemeindeorganisation betreffen. Denn allein das an die kommunalen Organwalter gerichtete Gebot, Verpflichtungserklärungen schriftlich abzufassen, führt dazu, daß sie zur Überlegung der Erklärung angehalten und damit von vorschnellem Handeln abgehalten werden. Darüber hinaus bedeutet eine Qualifizierung der kommunalen Formvorschriften als Innenrechtssätze nicht gleichzeitig, daß ihre Verletzung keine Folgen im Außenverhältnis, d. h. im Verhältnis der Gemeinde zu außerhalb ihrer selbst stehenden Dritten, begründen kann. Innen- und Außenrecht sind — wie z. B. *Schnapp* betont hat — nicht zwei voneinander geschiedene Rechtsmassen, die sich „gleichsam antithetisch“ gegenübertreten bzw. völlig unverbunden nebeneinanderstehen, sondern stellen vielmehr zwei ineinander übergreifende Rechtskreise dar[4]. Die Verschränkung von Innen- und Außenrecht kann sich etwa darin äußern, daß die Verletzung von Innenrecht Außenwirkung entfaltet, dann nämlich, wenn eine Norm an die Verletzung eines Innenrechtssatzes eine Rechtsfolge betreffend das Außenverhältnis knüpft[5].

[3] Die übrigen Förmlichkeitsanforderungen entfalten Beweis- und Kontrollfunktion.

[4] *Schnapp*, AöR Bd. 105 (1980), S. 243 (251, 252 m. w. N.).

[5] Nach *Schwabe*, JA 1975, S. 45 liegt in diesem Fall wohl kein Innenrechtssatz vor. *Schwabe*, a.a.O., entscheidet anscheinend die Zuordnung einer Vorschrift zum Innen- oder Außenrechtskreis nicht allein danach, ob diese den inneren Funktionsablauf einer Organisation betrifft oder nicht, sondern stellt zusätzlich auf die Rechtsfolge ab, die ein Normverstoß auslöst und bejaht nur bei dessen Unbeachtlichkeit eine Innenrechtssatzqualität. Gegen diese Auffassung läßt sich einwenden, daß sie nicht imstande ist, eine Norm aus sich heraus zu klassifizieren. Ordnen etwa Zuständigkeits- oder Verfahrensvorschriften keine rechtliche Folge für den Fall ihrer Verletzung an, so wäre unter Zugrundelegung der Ansicht *Schwabes*, a.a.O., ihre Zuordnung zum Innen- oder Außenrecht erst dann möglich, wenn sämtliche in Betracht kommenden Gesetze, die eventuell einen Normverstoß sanktionieren könnten, hierauf überprüft wurden. Methodische Bedenken gegen ein solches Vorgehen bestehen insbesondere dann, wenn diese Gesetze die Verwaltungsverfahrensgesetze sind (so aber *Schwabe*, a.a.O.). Denn insoweit handelt es

Die Überlegungen des Bundesgerichtshofs vermögen demnach nicht zu überzeugen. Dies gilt insbesondere im Hinblick auf das seiner Entscheidung zugrundeliegende Differenzierungskriterium des Schutzzwecks der Norm, welches für die hier in Frage stehende Unterscheidung keine Differenzierungskraft besitzt.

Demgegenüber ermöglicht der Aspekt *Rupps*, die Zielrichtung der Norm, eine Abgrenzung des Innen- vom Außenrechtskreis, so daß die Zuordnung der kommunalen Formvorschriften zu diesem oder jenem Bereich davon abhängig zu machen ist, ob sie die Rechtsbeziehungen innerhalb der Gemeindeorganisation gestalten oder ob sie die Rechtsbeziehungen der Gemeinde zu Außenrechtssubjekten regeln[6].

B. Überprüfung der kommunalen Formvorschriften auf ihre Qualität als Innen- oder Außenrechtssätze

I. § 54 I, III GO BaWü, Art. 38 II 1 u. 2 GO Bay, § 46 II 1 Verf Bremhv, § 71 I 1 GO He, § 63 II 1 GO Nds, § 56 I GO NRW, § 49 I 1 GO RhPf, § 62 S. 1 KSVG Sa, §§ 50 II, 61 II GO SH — Normen des Innenrechtskreises

Der Regelungsgehalt der vorstehend aufgeführten Vorschriften erschöpft sich darin, den kommunalen Organwaltern bestimmte Verhaltensgebote aufzuerlegen, die darauf gerichtet sind, Verpflichtungserklärungen gemeinsam abzugeben, schriftlich abzufassen, handschriftlich und zum Teil zweifach zu unterzeichnen sowie mit Dienstsiegel oder Amtsbezeichnung zu versehen. Als Normen, die ausschließlich das Verhalten von Innenrechtssubjekten determinieren, gestalten sie die Rechtsbeziehungen innerhalb der Gemeindeorganisation und sind von daher dem Innenrechtskreis zuzuordnen.

II. § 46 II 2 Verf Bremhv, § 71 II 2 GO He, § 63 II 2 GO Nds, § 49 I 2 GO RhPf, § 62 S. 2 KSVG Sa — Normen des Innen- als auch des Außenrechtskreises

Demgegenüber besitzen diese Rechtsnormen ausweislich ihres Regelungsgehalts Doppelcharakter. Nach § 46 II 2 Verf Bremhv, § 71 II 2 GO He, § 63 II 2 GO Nds, § 49 I 2 GO RhPf und § 62 S. 2 KSVG Sa sind Verpflichtungserklärungen „nur rechtsverbindlich", wenn sie etwa

sich um subsidiäres Recht (vgl. etwa § 1 I, II 1 VwVfG des Bundes; §/Art. 1 I VwVfG BaWü, Bay). Da Zuständigkeits- und Verfahrensvorschriften zumindest überwiegend in besonderen Fachgesetzen normiert sind, würden unter Zugrundelegung der Differenzierung *Schwabes*, a.a.O., Normen eines speziellen Gesetzes mittels Normen eines subsidiären Gesetzes ausgelegt.

[6] Vgl. auch *Hoppe*, S. 132 f.

handschriftlich oder bzw. und zweifach unterzeichnet, mit Amtsbezeichnung oder bzw. und Dienstsiegel versehen sind. Die Vorschriften enthalten zunächst an die Organwalter gerichtete Gebote, Verpflichtungserklärungen in bestimmter Art und Weise abzufassen und betreffen insoweit die kommunalen Innenrechtsbeziehungen. Darüber hinaus ordnen sie für den Fall der Mißachtung der internen Verhaltensregeln die Nichtverbindlichkeit der gemeindlichen Willenserklärung an. Der Terminus „nicht rechtsverbindlich" kann dabei nur so verstanden werden, daß die Gemeinde an eine formwidrige Willenserklärung nicht gebunden sein, diese also keine rechtlichen Folgen nach sich ziehen soll, so daß derjenige, demgegenüber die Verpflichtungserklärung abgegeben wird, keinerlei Rechte aus ihr herleiten kann. Verpflichtungserklärungen im Sinne der vorstehenden Vorschriften sind nun Willenserklärungen, die ein Organwalter für die Gemeinde gegenüber einem außerhalb der Gemeinde stehenden Dritten abgibt[1]. Die Normen beziehen sich daher insoweit auf das Verhältnis der gemeindlichen Organisation zu einem außerhalb ihrer selbst stehenden Rechtssubjekt und sind folglich diesbezüglich dem Außenrechtskreis zuzuordnen.

III. § 56 IV GO NRW — Norm des Außenrechtskreises

Nach § 56 IV GO NRW binden formwidrige Verpflichtungserklärungen die Gemeinde nicht. Der Terminus „nicht binden" kann dabei nur die gleiche Interpretation erfahren wie der Begriff „nicht rechtsverbindlich", ist mithin dahin zu verstehen, daß der Erklärungsgegner der Gemeinde im Fall der Formfehlerhaftigkeit der Erklärung aus dieser keine Rechte herleiten kann. Die Vorschrift betrifft ausschließlich das Verhältnis der Kommune zu einem außerhalb ihrer selbst stehenden Dritten (Erklärungsgegner) und hat von daher die Qualität eines reinen Außenrechtssatzes.

[1] Vgl. nur *Hofmann / Beth / Dreibus*, § 49 Erl. 1.

Vierter Teil

Verfassungsmäßigkeit der in den Gemeindeordnungen normierten Formvorschriften — § 54 I, III GO BaWü, Art. 38 II 1 u. 2 GO Bay, § 46 II 1 u. 2 Verf Bremhv, § 71 II 1 u. 2 GO He, § 63 II GO Nds, § 56 I, IV GO NRW, § 49 I 1 u. 2 GO RhPf, § 62 S. 1 u. 2 KSVG Sa, §§ 50 II, 61 II GO SH

Die Frage der Verfassungsmäßigkeit der in den Gemeindeordnungen normierten Formvorschriften bedarf unter dem Gesichtspunkt der Regelungskompetenz der Landesgesetzgeber einer näheren Reflexion. Problematisch ist insoweit allerdings schon der Ansatzpunkt der Untersuchung. Schwierigkeiten bereitet insbesondere die Zuordnung der Normen zu einer bestimmten Regelungsmaterie, eine Thematik, die untrennbar mit der Frage der Regelungskompetenz verbunden ist.

A. Die Regelungsbefugnis der Länder unter dem Gesichtspunkt des Kommunalrechts

Unter Berücksichtigung des Standorts der hier zur Diskussion stehenden Rechtssätze innerhalb der Gemeindeordnungen könnten diese dem Kommunalrecht zuzuordnen sein. Das Bundesverfassungsgericht hat mehrfach betont, daß die Länder die ausschließliche Gesetzgebungsbefugnis für das Kommunalrecht besäßen, weil diese Materie in dem in Art. 73 bis 75 GG aufgezählten Katalog von Gesetzgebungstiteln des Bundes nicht aufgeführt sei und daher gemäß Art. 70 I GG in die Gesetzgebungszuständigkeit der Länder falle[1], eine Auffassung, die wohl auch zum traditionellen Hausgut der Rechtslehre gezählt werden darf[2]. Unter Zugrundelegung dieses klassischen Verständnisses müßte am Beginn der verfassungsrechtlichen Untersuchung die These stehen, daß

[1] Vgl. etwa BVerfGE 1, 167 (176); 22, 180 (210); 26, 172 (181). Siehe auch BVerwGE 40, 276 (281).

[2] Vgl etwa *Niemeier*, S. 24; *Püttner*, S. 9 ff.; *v. Mangoldt / Klein*, Vorbem. IV 1 a zum VII. Abschnitt (S. 1377); *Maunz* in Maunz / Dürig, Art. 84 Rdn. 25; *Lerche*, S. 60 ff.; *Gönnenwein*, S. 168 ff.; *Köttgen*, S. 38 ff.; *Tettinger*, S. 29.

die Landesgesetzgeber zum Erlaß der in den Gemeindeordnungen enthaltenen Formvorschriften gem. Art. 70 I GG befugt waren, wenn die Normen zum Kommunalrecht gehören.

Eine solche These setzt allerdings voraus, daß es eine einheitliche Materie des Kommunalrechts, die in den ausschließlichen Regelungsbereich der Länder fällt, überhaupt gibt, eine Prämisse, die zumindest als zweifelhaft bewertet werden darf. Schon ein Blick in die Gemeindeordnungen zeigt, daß das Kommunalrecht kein geschlossener Regelungsgegenstand, sondern ein Komplex von Normen mit unterschiedlichsten Regelungsgegenständen ist[3], etwa der Statuierung der Gemeinde als Gebietskörperschaft[4], der Zuweisung von Aufgaben an die Kommunen[5], der Bestimmung gemeindlicher Aufgabentypen[6] oder der Strukturierung der inneren Gemeindeorganisation[7]. Auch ist zu bedenken, daß zahlreiche Bundesgesetze „kommunalrechtliche" Tatbestände in diesem Sinne thematisieren. So weisen etwa §§ 2 I, 46 I Bundesbaugesetz, § 51 Personenstandsgesetz, § 12 I Bundesseuchengesetz, § 5 II Bundesfernstraßengesetz, § 96 I Bundessozialhilfegesetz, §§ 1, 12 erstes Wohnungsbaugesetz oder § 89 zweites Wohnungsbaugesetz den Gemeinden bestimmte Aufgaben zu[8]. Das Jugendwohlfahrtsgesetz determiniert darüber hinaus sogar den Bereich der inneren Organisation der Gemeinden, indem es in § 12 II jeder kreisfreien Stadt die Errichtung eines Jugendamtes aufgibt und in § 13 bis § 16 Bestimmungen über Aufbau und Verfahren des Jugendamtes trifft[9]. Die Gesetzeswirklichkeit läßt sich daher mit der Qualifizierung des Kommunalrechts als einheitliche, in den ausschließlichen Kompetenzbereich der Länder fallende Regelungsmaterie nicht ohne weiteres in Einklang bringen[10].

Kann aber das Kommunalrecht unter Berücksichtigung der realen Gesetzeslage nicht als homogene Rechtsmasse gewertet werden, die schlechthin einer einheitlichen kompetentiellen Zuordnung zugänglich

---

[3] *Burmeister*, S. 57 bezeichnet das Gemeinderecht als „Konglomerat aus einer Fülle verschiedenartigster Materien". Vgl. auch *Schmidt-Jortzig*, Kommunalrecht, Rdn. 109.

[4] § 1 IV GO BaWü; Art. 1 GO Bay; § 2 Verf Bremhv; § 1 II GO He; § 1 II GO Nds; § 1 II GO NRW;§1 II 1 GO RhPf; § 1 II KSVG Sa; § 1 II GO SH.

[5] So etwa § 10 II 2 GO BaWü; § 18 I GO NRW.

[6] So etwa § 2 II, III GO BaWü; § 2 Verf Bremhv; § 4 GO He; §§ 4, 5 GO Nds; § 3 GO NRW; § 2 GO RhPf; §§ 5, 6 KSVG Sa; §§ 2, 3 GO SH.

[7] So etwa §§ 23 ff. GO BaWü; Art. 29 ff. GO Bay; §§ 5, 17 ff., 38 ff. Verf Bremhv; §§ 49 ff. GO He; §§ 27 ff. GO NRW; §§ 31 ff. GO Nds; §§ 28 ff. GO RhPf; §§ 32 ff. KSVG Sa; §§ 27 ff. GO SH.

[8] Weitere Beispiele bei *Hohrmann*, S. 34 f.

[9] Vgl. zur Verfassungsmäßigkeit des JWG insoweit BVerfGE 22, 180 (insbes. 209 ff.).

[10] Vgl. hierzu auch *Burmeister*, S. 36 ff.

ist, so stellt sich die Frage, welche kommunalen Regelungsgegenstände es im einzelnen gibt und inwieweit sie in den Kompetenzbereich der Länder oder des Bundes fallen. Eine Lösung dieser Problematik läßt sich nicht unmittelbar in den Grundgesetzartikeln finden, die die Kompetenzen zwischen Bund und Ländern verteilen. Denn diese enthalten keinen konstruktiven Ansatzpunkt, um die einzelnen Gegenstände des Kommunalrechts inhaltlich zu fixieren. Unergiebig ist insoweit die in Art. 30, 70 I, 83 GG zum Ausdruck kommende Wertung des Verfassungsgebers, daß die Länder für alle Bereiche zuständig sind, für die nicht eine Zuständigkeit des Bundes besteht; hierdurch wird nur die Verteilungsfrage geregelt. Die kompetentielle Zuordnung erschöpft sich indessen nicht in der Verteilungsthematik, sondern birgt vielmehr eine zweischichtige Problematik. Vom rechtstheoretischen Standpunkt zerfällt sie in das Erkennen einer Regelungsmaterie einerseits und deren Verteilung auf Bund und Länder andererseits. Soweit Kompetenzen in den Kompetenzkatalogen enumerativ aufgeführt sind, fallen beide Komponenten zusammen. Geht es jedoch um eine „ungeschriebene", inhaltlich noch zu fixierende Kompetenz, so lebt die Duplizität der Problematik auf. Daher gilt es, eine Verfassungsvorschrift zu finden, die Erkenntnisse in beide Richtungen vermittelt. Aussagekräftig sowohl im Hinblick auf den Inhalt der kommunalen Regelungsgegenstände als auch bezüglich der Frage der Regelungsbefugnis ist der in Art. 20 I GG niedergelegte Grundsatz der Bundesstaatlichkeit. Allerdings — dies soll ausdrücklich betont sein — sind die aus Art. 20 I GG abzuleitenden Erkenntnisse zum Teil nur vorläufige. Art. 20 I GG ist grundsätzlich keine verfassungsrechtliche Vollregelung, die einen totalen, nicht näher konkretisierungs- und korrigierungsfähigen Geltungsanspruch erhebt, vielmehr enthält die Verfassungsvorschrift überwiegend nur Prinzipien, die durch andere Normen des Grundgesetzes im einzelnen ausgestaltet werden[11]. Derartige Detailbestimmungen stellen im Hinblick auf den Grundsatz der Bundesstaatlichkeit insbesondere die Kompetenzkataloge dar[12]. Im Rahmen der hier zu erörternden Problematik sind diese indessen nur bedingt aussageergiebig. Nicht in bezug auf den Inhalt der kommunalen Regelungsgegenstände, sondern allein in bezug auf deren Verteilung im Bund — Länder — Verhältnis vermögen sie daher das sich aus Art. 20 I GG ergebende Ergebnis gegebenenfalls zu korrigieren.

[11] Vgl. *Maunz* in Maunz / Dürig, Art. 20, Gliederungspunkt I, Rdn. 24, 25.

[12] Vgl. *Herzog* in Maunz / Dürig, Art. 20, Gliederungspunkt IV, Rdn. 32.

I. Die Gegenstände des Kommunalrechts und die diesbezügliche Regelungsbefugnis der Länder im Lichte des in Art. 20 I GG verankerten Bundesstaatsprinzips

Nach der im Grundgesetz verwirklichten Bundesstaatlichkeit setzt sich der deutsche Bundesstaat allein aus Bund und Ländern zusammen[13]. Nur Bund und Länder besitzen Staatsqualität[14], nur ihnen kommt Staatsgewalt zu[15]. Demgegenüber sind die Gemeinden in den Staat inkorporierte Gebilde[16], die staatlicher Gewalt unterliegen. Vornehmliche Eigenschaft der Staatsgewalt ist die Selbstorganisationsfähigkeit des Staates[17], die sich über den Bereich der unmittelbaren staatlichen Verwaltung hinaus auch auf die juristisch personifizierten staatlichen Untergliederungen erstreckt[18]. Als juristisch personifizierte Glieder des Staates[19] unterstehen die Gemeinden daher der staatlichen Organisationsbefugnis[20] oder anders formuliert der staatlichen Organisationsgewalt[21]. Im Lichte bundesstaatlicher Betrachtung erweisen sich damit die auf die Gemeinden bezogenen staatlichen Regelungen als Ausfluß der staatlichen Organisationsgewalt, so daß sich die Frage nach dem Inhalt der kommunalen Regelungsmaterien im einzelnen auf die Frage nach Inhalt und Umfang der diesbezüglichen staatlichen Organisationsgewalt konkretisiert[22].

1. Die kommunalen Regelungsgegenstände als Ausfluß der staatlichen Organisationsgewalt

a) Der Begriff der Organisationsgewalt

Die Organisationsgewalt umfaßt im einzelnen die Befugnis zur Bildung, Errichtung und Einrichtung von juristisch personifizierten Glie-

---

[13] *Maunz* in Maunz / Dürig, Art. 28 Rdn. 79; *Stern*, DÖV 1975, S. 515 (518).

[14] Vgl. hierzu *Stern*, DÖV 1975, S. 515 (518). Nach BVerfGE 36, 342 (360 f.) ist das „Eigentümliche des Bundesstaates, daß der Gesamtstaat Staatsqualität und daß die Gliedstaaten Staatsqualität besitzen".

[15] Vgl. hierzu *Maunz / Zippelius*, § 14 I 1, 2 (S. 101).

[16] Vgl. hierzu *Stern*, DÖV 1975, S. 515 (518); *v. Unruh* in v. Münch, S. 107; s. auch *Wolff / Bachof*, VerwR I, § 4 I a 2.

[17] Vgl. *G. u. E. Küchenhoff*, S. 73; s. auch *Stern / Gröttrup*, Kommunalwissenschaftliche Forschung, S. 141 (144).

[18] Vgl. *Stern / Gröttrup*, Kommunalwissenschaftliche Forschung, S. 141 (144); s. auch *Wolff / Bachof*, VerwR II, 4. Aufl., § 78 I a und *Stern*, Staatsrecht I, § 20 IV 4 d (S. 824).

[19] Vgl. *Wolff / Bachof*, VerwR I, § 4 I a 2.

[20] Vgl. *Stern / Gröttrup*, Kommunalwissenschaftliche Forschung, S. 141 (144).

[21] Siehe auch *Böckenförde*, Organisationsgewalt, S. 29.

[22] Im Ansatz ähnlich *Stern / Gröttrup*, Kommunalwissenschaftliche Forschung, S. 141 (143 f.).

dern und Organen nebst der Befugnis zu den jeweiligen organisatorischen Gegenakten der Abschaffung, Aufhebung und Abwicklung[23].

aa) Der Aspekt der Bildung

Die Bildung eines juristisch personifizierten Glieds oder Organs ist die Anordnung, daß ein bestimmtes Funktionssubjekt bestehen soll, einschließlich seiner begrifflichen Bezeichnung sowie eines groben Umrisses seines Aufgaben- bzw. Zuständigkeitskreises[24].

bb) Der Aspekt der Errichtung

In die Rubrik der Errichtung gehören:

(1) Die Spezifizierung der Kompetenz, die Zuweisung bestimmter Aufgaben an juristisch personifizierte Glieder und Organe (Endfestlegung der sachlichen Zuständigkeit) sowie die Umgrenzung des geographischen Wirkungskreises (Festlegung der örtlichen Zuständigkeit)[25].

(2) Ggf. die Bestimmung des Sitzes der Funktionssubjekte und ihres Namens[26].

(3) Die Festlegung der Verfaßtheit der juristisch personifizierten Glieder und Organe[27], z. B.
- die Bestimmung über ihre Rechtsfähigkeit bzw. Nicht-Rechtsfähigkeit,
- die Strukturierung der Organe als kollegialische oder monokratische,
- die Entscheidung darüber, wie die Organwalter gewonnen werden.

(4) Fraglich ist, ob zur Organisations-Errichtungsgewalt des weiteren die Befugnis zur Regelung des internen Verfahrens zu zählen ist.

---

[23] Vgl. *Wolff / Bachof*, VerwR II, 4. Aufl., § 78 I a; s. zum Begriff auch *Stern*, Staatsrecht I, § 20 IV 4 d (S. 824).

[24] Vgl. *Wolff / Bachof*, VerwR II, 4. Aufl., § 78 II b, § 74 III a; s. auch *Böckenförde*, Organisationsgewalt, S. 49 mit Fn. 16.

[25] Vgl. *Wolff / Bachof*, VerwR II, 4. Aufl., § 78 III u. § 74 III b; *Schmidt-Jortzig*, Kommunale Organisationshoheit, S. 22.

[26] Vgl. *Wolff / Bachof*, VerwR II, 4. Aufl., § 74 III b; *Schmidt-Jortzig*, Kommunale Organisationshoheit, S. 22. A. A. *Böckenförde*, Organisationsgewalt, S. 48/49, der die Bestimmung des Sitzes des Funktionsträgers als Komponente der „Einrichtung" sieht.

[27] Vgl. hierzu *Wolff / Bachof*, VerwR II, 4. Aufl., § 74 III b; *Böckenförde*, Organisationsgewalt, S. 48; *Schmidt-Jortzig*, Kommunale Organistionshoheit, S. 22 f.

Klarheit bzw. Einigkeit besteht über diese Zuordnung nicht[28], was wohl hauptsächlich darin begründet liegen dürfte, daß weitgehend ungeklärt ist, was unter dem Begriff des internen Verfahrens zu verstehen ist. Nach *Bettermann* etwa ist Gegenstand des internen Verfahrens das Zusammenwirken mehrerer Behörden, Amtsträger oder Organe[29]. Eine solche Umschreibung des Terminus erscheint indessen im Hinblick auf ihre Enge nicht ausreichend. *Bettermann* selbst räumt an anderer Stelle ein, daß das Zusammenwirken mehrerer organisatorischer Funktionseinheiten nur einen Teil des internen Verfahrens ausmache[30]. Von daher kann seiner Erläuterung nur beispielhafter Wert, nicht hingegen der Charakter einer allgemeinen begrifflichen Bestimmung beigemessen werden.

Eine solche wird man wohl nur in Abgrenzung und Gegenüberstellung des internen Verfahrens zu dem von diesem zu unterscheidenden externen Verwaltungsverfahren entwickeln können[31]. Das externe Verwaltungsverfahren ist die nach außen wirkende, den Rechts- oder Pflichtenkreis des Bürgers regelnde öffentlich-rechtliche Tätigkeit der Behörden[32]. Zum „internen" Verfahren gehört demgemäß die Tätigkeit, die sich lediglich innerhalb der Organisation auswirkt, die allein dem Innenrechtsverhältnis zuzurechnen ist. Zum Innenrechtsverhältnis sind im einzelnen die Rechtsbeziehungen zu zählen, die ausschließlich den Funktionsablauf zwischen Organisation, Organen und Organwaltern determinieren[33]. Diesem Bereich zuzuordnen sind u. a. die Bestimmungen, deren Regelungsgehalt sich darin erschöpft anzuordnen, wie der Organwille zu bilden und durchzuführen ist, wie also die Organwalter bei Ausübung der Or-

---

[28] *Bettermann*, VVDStRL Bd. 17 (1959), S. 118 (133 f.) zählt die Befugnis zur Regelung des internen Verfahrens zur Organisationsgewalt ohne zwischen Errichtungs- und Einrichtungsgewalt zu differenzieren; ebenso *Brückner*, S. 52. Nach *Hohrmann*, S. 55 f. gehört das Verfahren innerhalb einer Behörde zum Bereich der Einrichtung, das Verfahren zwischen verschiedenen Behörden dagegen zum Bereich der Errichtung bzw. Bildung. Nach *Böckenförde*, Organisationsgewalt, S. 48/49 fällt das interne Verfahren insgesamt in die Rubrik der Einrichtung.

[29] *Bettermann*, VVDStRL Bd. 17 (1959), S. 118 (134). Demgegenüber verwendet *Brückner*, S. 52 den Begriff des internen Verwaltungsverfahrens in anderem Zusammenhang. *Brückner*, a.a.O., zählt hierzu etwa den Geschäftsablauf, die Behandlung der eingegangenen Post sowie den Aktenumlauf und subsumiert damit unter den Terminus rein geschäftsordnende Maßnahmen. *Böckenförde*, Organisationsgewalt, S. 48 verwendet den Terminus internes Verfahren, ohne ihn näher darzulegen.

[30] So führt *Bettermann*, VVDStRL Bd. 17 (1959), S. 118 (133) aus, die Befugnis zur Ordnung des internen Verfahrens beziehe sich „insbesondere" auf das Zusammenwirken mehrerer Behörden, etc.

[31] Siehe auch *Bettermann*, VVDStRL Bd. 17 (1959), S. 118 (134).

[32] Vgl. *Badura* in Erichsen / Martens, § 37 II (S. 329).

[33] Vgl. *Rupp*, S. 34; *Hoppe*, S. 132 f.

ganzuständigkeit zu verfahren, d. h. sich zu verhalten haben[34]. Die Erkenntnis, daß das interne Verfahren nur die Innenrechtsbeziehungen erfaßt, führt zu einem weiteren Unterschied zwischen internem und externem Verfahren. Während das externe Verwaltungsverfahren nur die öffentlich-rechtliche Tätigkeit der Behörden meint[35], kommt es im Rahmen des internen Verfahrens auf eine Unterscheidung zwischen öffentlichem und privatem Recht nicht an[36]. Die Regeln über Bildung und Durchführung des Organwillens können vielmehr gleichermaßen für beide Bereiche anwendbar sein[37]. Der Unterschied zwischen öffentlichem und privatem Recht wird erst bedeutsam, wenn der Rechtskreis eines außerhalb der Organisation stehenden Dritten berührt wird. Dann ist entscheidend, ob dies etwa durch Verwaltungsakt oder privatrechtliche Willenserklärung geschieht, da sich öffentlich-rechtliche und privatrechtliche Handlungsformen grundsätzlich an unterschiedlichen rechtlichen Maßstäben messen lassen müssen und zudem der Rechtsschutz des Bürgers jeweils ein andersartiger ist[38].

Zusammenfassend läßt sich damit das interne Verfahren beschreiben als Inbegriff der an die Organwalter gerichteten Gebote, die Organzuständigkeiten in bestimmter Art und Weise auszuüben. Die Befugnis zur Regelung des internen Verfahrens in diesem Sinne ist Teil der Organisations-Errichtungsgewalt[39].

(5) In die Kategorie der Errichtung gehört ferner die Bestimmung der Stellung der Funktionssubjekte innerhalb der Gesamtorganisation[40], z. B. die Festlegung von Weisungs- und Aufsichtsrechten.

---

[34] Vgl. zur Frage der Steuerung des Organwalterverhaltens durch organisationsrechtliche Normen *Schnapp*, Rechtstheorie Bd. 9 (1978), S. 275 (295). Die von *Bettermann*, VVDStRL Bd. 17 (1959), S. 118 (138) und *Hohrmann*, S. 56 zur Abgrenzung von Organisationsrecht und externem Verfahrensrecht bemühte Faustregel — Regelung des „wer" = Organisationsrecht, Regelung des „wie", der Art und Weise des Gesetzesvollzugs = (externes) Verfahrensrecht — erweist sich daher in diesem Zusammenhang als zu grobmaschig.

[35] Vgl. aber auch *Pietzcker*, VVDStRL Bd. 41 (1983), S. 193 (230), der eine vorsichtige Ausdehnung auf privatrechtliches Verwaltungshandeln für geboten hält. Zustimmend *Erichsen*, VVDStRL Bd. 41 (1983), S. 278 (279).

[36] So auch *Bettermann*, VVDStRL Bd. 17 (1959), S. 118 (135 f.).

[37] So gelten etwa die Vorschriften, die die Beschlußfähigkeit und die Abstimmungen des Gemeinderats (z. B. §§ 34, 35 GO NRW) regeln, gleichermaßen für dessen Entscheidungen über den Erlaß von Satzungen (z. B. § 28 I 2 g GO NRW) sowie über den Erwerb von Vermögensgegenständen (z. B. § 28 I 2 k GO NRW), die durch private Kaufverträge angeschafft werden.

[38] Vgl. auch *Bettermann*, VVDStRL Bd. 17 (1959), S. 118 (136).

[39] Vgl. *Schmidt-Jortzig*, Kommunale Organisationshoheit, S. 22 und *Wolff / Bachof*, VerwR II, 4. Aufl., § 74 III b, die die Bestimmung darüber, wie der Organwille zu bilden und durchzuführen ist, der Rubrik der Errichtung zuordnen.

[40] Vgl. *Böckenförde*, Organisationsgewalt, S. 48; *Schmidt-Jortzig*, Kommunale Organisationshoheit, S. 23.

cc) Der Aspekt der Einrichtung

Die Einrichtungsgewalt schließlich ist die Befugnis zur Regelung der Ausstattung einer Funktionseinheit mit den erforderlichen räumlichen, sächlichen und personellen Mitteln[41] sowie zur Regelung der geschäftsmäßigen inneren Ordnung (Dezernate, Ämter) und der internen Geschäftsverteilung[42]. Einer Einrichtung im eigentlichen Sinne ist dabei zwar lediglich das Organ fähig, nicht hingegen der Organträger, das juristisch personifizierte Glied. Da dieses aber, soweit seine Organe aktuell wirksam werden, gleichfalls aktionsfähig wird, kann jedenfalls in einem weiten Sinne auch von der Einrichtung des Organträgers gesprochen werden.

dd) Die Aspekte der Abschaffung, Aufhebung und Abwicklung

Die Abschaffung, Aufhebung und Abwicklung von Funktionssubjekten korrespondieren als jeweilige organisatorische Gegenakte zur Bildung, Errichtung und Einrichtung der vorstehenden Einteilung und bedürfen von daher keiner näheren Erörterung.

b) Die Organisationsgewalt des Staates über die Gemeinden

Dem Staat stehen in bezug auf die Gemeinden nicht sämtliche der vorstehend aufgelisteten organisatorischen Befugnisse zu. Die Ausübung der staatlichen Organisationsgewalt erfährt vielmehr insoweit durch Art. 28 GG eine Begrenzung und Einschränkung[43].

---

[41] *Schmidt-Jortzig*, Kommunale Organisationshoheit, S. 25 f. zählt zur Ausstattung einer Funktionseinheit mit personellen Mitteln nur die formalen Einbringungselemente wie Durchführung eventueller Wahlen oder die Anlegung der Personalakte. Die Befugnis, die zur Funktionsverwirklichung erforderlichen Personen selbstbestimmt auszuwählen, zu ernennen, zu befördern und zu entlassen sowie ihre Dienst- und Besoldungsverhältnisse zu regeln und die Aufgaben der Personalverwaltung wahrzunehmen, zählt *Schmidt-Jortzig*, a.a.O., S. 17 zu der von der Organisationsgewalt zu unterscheidenden Personalhoheit.

[42] Vgl. *Schmidt-Jortzig*, Kommunale Organisationshoheit, S. 25 f.; *Wolff / Bachof*, VerwR II, 4. Aufl., § 78 IV, § 78 IV a; *Böckenförde*, Organisationsgewalt, S. 48/49.

[43] A. A. *Schmidt-Jortzig*, Kommunale Organisationshoheit, S. 157 f., 15 f., der die im Verfassungsgesetz enthaltenen organisatorischen Regelungen begrifflich nicht zur Organisationsgewalt zählt. Demgegenüber wird man auch eine andere Auffassung vertreten können. Zu bedenken ist, daß die Organisationsgewalt eine in der Staatsgewalt enthaltene Befugnis ist (vgl. *Böckenförde*, Organisationsgewalt, S. 29). Diese wird nicht durch die Verfassung geschaffen, vielmehr indiziert die Selbstgebung einer Verfassung das Bestehen von Staatsgewalt (vgl. *Maunz / Zippelius*, § 14 I 2 [S. 102]). Die Staatsgewalt ist demnach eine unabhängig vom Verfassungstext existierende Macht, der Inbegriff staatlicher Aufgaben und Befugnisse schlechthin (vgl. auch *Herzog* in Maunz / Dürig, Art. 20, Gliederungspunkt IV, Rdn. 5). Von daher vermag die Verfassung durch ihr Wort bzw. Nicht-Wort nicht zu entscheiden, was Inhalt der Staatsgewalt ist. Sie kann diesen vielmehr nur (deklaratorisch) konkretisieren und im übrigen die Ausübung der Staats-

Art. 28 II GG enthält zunächst eine institutionelle Garantie der Selbstverwaltung, gewährleistet also, daß es Gemeinden als solche überhaupt gibt[44]. Des weiteren muß nach dem in diesem Grundgesetzartikel zum Ausdruck kommenden Willen des Verfassungsgebers ein Kernbestand kommunaler Aufgaben stets erhalten bleiben[45]. In die Gewährleistung der Selbstverwaltung eingeschlossen ist ferner die Bestimmung, daß die Gemeinden Rechtssubjekte im Sinne juristischer Personalität mit selbständiger Rechts- und Handlungsfähigkeit sind[46]. Schließlich ist in Art. 28 II GG auch die Rechtsform der Kommunen als Körperschaft des öffentlichen Rechts verankert[47]. Art. 28 I 2 GG ordnet zudem an, daß das Volk in den Gemeinden eine Vertretung haben muß, die aus allgemeinen, unmittelbaren, freien, gleichen und geheimen Wahlen hervorgegangen ist. Diese „organisatorischen Vorgaben" des Grundgesetzes sind staatlicherseits zu beachten, d. h. positiv-rechtlich umzusetzen oder auszugestalten und in jedem Fall zu erhalten. Verfassungsrechtlich unzulässig sind daher staatliche Organisationsakte, die darauf gerichtet sind, die Gemeinden als solche oder auch die demokratisch legitimierte Gemeindevertretung abzuschaffen. Ebenso verbieten sich organisatorische Regelungen, die den Kommunen sämtliche Aufgaben entziehen oder ihren grundgesetzlich festgelegten Rechtsstatus verändern.

In dieser Begrenzung der staatlichen Befugnisse erschöpft sich die Wirkung des Art. 28 GG nicht. Die grundgesetzlich verankerte Garantie der Selbstverwaltung bedeutet darüber hinaus, daß den Gemeinden grundsätzlich ein Bereich erhalten bleiben muß, in dem sie sich selbst verwalten, d. h. selbst organisieren können[48]. Der den Kommunen vorbehaltene organisatorische Bereich umfaßt dabei die Ausstattung der kommunalen Funktionseinheiten mit räumlichen, sächlichen und personellen Mitteln sowie die Regelung der inneren Geschäftsordnung und

---

gewalt reglementieren, sie etwa verteilen oder auch begrenzen und einschränken. Da die Organisationsgewalt eine in der Staatsgewalt enthaltene Befugnis ist, wird man im Hinblick auf jene aber die gleichen Grundsätze anwenden dürfen.

[44] Vgl. hierzu *Maunz* in Maunz / Dürig, Art. 28 Rdn. 45.

[45] Vgl. hierzu *Maunz* in Maunz / Dürig, Art. 28 Rdn. 53. — Anders als hier *Schmidt-Jortzig*, Kommunale Organisationshoheit, S. 157 f. i. V. m. S. 143 ff., der in diesem Zusammenhang den in Art. 28 II GG garantierten Kernbestand kommunaler Aufgaben außer Betracht läßt. Während hier die Zuweisung von Aufgaben an die Gemeinden unter dem Gesichtspunkt der Errichtung von juristisch personifizierten Gliedern als Akt der Organisationsgewalt gewertet wird, versteht *Schmidt-Jortzig*, Kommunalrecht, Rdn. 103 ff., 454 ff., 459 ff. die Aufgabenzuweisung nicht als organisatorische Maßnahme.

[46] Vgl. hierzu *Maunz* in Maunz / Dürig, Art. 28 Rdn. 54.

[47] Vgl. hierzu *Maunz* in Maunz / Dürig, Art. 28 Rdn. 54; *Schmidt-Jortzig*, Kommunale Organisationshoheit, S. 144 ff.

[48] Vgl. *Schmidt-Jortzig*, Kommunalrecht, Rdn. 343 ff.; s. auch *dens.*, Kommunale Organisationshoheit, S. 160.

Geschäftsverteilung[49]. Demnach dürfen mittels staatlicher Organisationsakte die Gemeinden bzw. kommunalen Organe grundsätzlich nicht eingerichtet und damit auch nicht abgewickelt werden. Art. 28 GG schränkt insoweit die Ausübung der staatlichen Organisationsgewalt ein[50].

Diese umfaßt daher in der Regel nur die Bildung und Errichtung der Gemeinden und kommunalen Organe nebst der jeweiligen organisatorischen Gegenakte unter Beachtung der durch Art. 28 GG gesteckten Grenzen.

c) Inhaltliche Bestimmung der kommunalen Regelungsgegenstände

Vergegenwärtigt man sich die einzelnen unter die Oberbegriffe der Bildung und Errichtung fallenden organisatorischen Befugnisse, so läßt sich feststellen, daß diese drei voneinander zu unterscheidende Ebenen der kommunalen Organisation betreffen.

aa) Der Bereich der äußeren kommunalen Organisation[51] im engeren Sinne[52]

So beziehen sich die (deklaratorische) Anordnung, daß es Gemeinden überhaupt gibt, die Festlegung der (äußeren) Verfaßtheit der Gemeinde, gegebenenfalls die Bestimmung des Sitzes etwa bei Gemeindeverbänden[53], die Regelung der Namensgebung und die Einordnung der Gemeinden in die staatliche Gesamtorganisation auf den äußeren existentialen Bestand der Kommunen. Hierunter fallen etwa die Regelung der Rechtsnatur der Gemeinde als Gebietskörperschaft und damit zusammenhängend Regelungen über ihr Gebiet sowie die Gliedschaftsposition ihrer Einwohner[54], des weiteren die Akte der Gebietsreform mit Zusammengemeindungen, Eingemeindungen und Ausgemeindungen, ferner die Bestimmungen über den Status kreisfreier oder kreisangehöriger Städte[55] sowie die Festlegung von Weisungs- und Aufsichtsrechten.

[49] Vgl. *Schmidt-Jortzig*, Kommunalrecht, Rdn. 346 ff., 361 ff.; s. auch *Wolff / Bachof*, VerwR II, 4. Aufl., § 78 IV.

[50] Zu weitgehend daher die Formulierung *Brückners*, S. 60, die Gemeinde sei ein Geschöpf der staatlichen Organisationsgewalt.

[51] Zur Unterscheidung von dem Bereich der inneren kommunalen Organisation.

[52] Zur Abgrenzung gegenüber den organisatorischen Maßnahmen, mittels derer den Gemeinden Kompetenzen zugewiesen werden und die damit auch den äußeren Bestand der Gemeinde betreffen, dies allerdings unter einem anderen, nämlich funktionalen Gesichtspunkt.

[53] Vgl. hierzu auch *Schmidt-Jortzig*, Kommunale Organisationshoheit, S. 159.

[54] Vgl. hierzu auch *Schmidt-Jortzig*, Kommunale Organisationshoheit, S. 156.

[55] Vgl. hierzu auch *Schmidt-Jortzig*, Kommunale Organisationshoheit, S. 158 f.

bb) Der Bereich der inneren kommunalen Organisation

Demgegenüber determinieren die Anordnung, daß es bestimmte kommunale Organe gibt (wobei die Anordnung betreffend die Existenz der Gemeindevertretung deklaratorisch ist), die Festlegung der Organzuständigkeiten, die Bestimmung der Verfaßtheit der Organe (wobei die Regelung, wie die Organwalter der Gemeindevertretung gewonnen werden, ebenfalls deklaratorischer Natur ist), die Normierung des internen Verfahrens, die Festlegung der Stellung der Organe innerhalb der Gemeindeorganisation — etwa die Regelung gegenseitiger Kontrollbefugnisse — Fragen des inneren existentialen Bestandes der Kommunen.

cc) Der Bereich der äußeren kommunalen Organisation im weiteren Sinne

Die Zuweisung von Kompetenzen an die Gemeinde und damit zusammenhängend die Festlegung der kommunalen Aufgabentypen betreffen schließlich den funktionalen Bestand der Gemeinden.

Das Kommunalrecht setzt sich mithin aus drei von einander zu unterscheidenden Regelungsmaterien zusammen[56], dem äußeren Kommunalorganisationsrecht i. e. S., dem inneren Kommunalorganisationsrecht und dem äußeren Kommunalorganisationsrecht i. w. S.[57].

2. Alleinige Regelungsbefugnis der Länder im Bereich der kommunalorganisatorischen Regelungsmaterien nach Art. 20 I GG

Bei ausschließlicher Berücksichtigung des Art. 20 I GG besitzen allein die Länder die Regelungsbefugnis über die drei Komponenten der kommunalen Materie. Denn die Gemeinden sind in die Länder inkorporiert[58], so daß es die Organisationsgewalt der Länder ist, der sie unterliegen.

---

[56] Vgl. auch *Schmidt-Jortzig,* Kommunale Organisationshoheit, S. 156 m. Fn. 123.

[57] Vgl. auch die Terminologie *Schmidt-Jortzigs,* Kommunale Organisationshoheit, S. 156 mit Fn. 123; *dess.,* Kommunalrecht, Rdn. 11, 12, 455, der zwischen dem „äußeren Kommunalverfassungsrecht", dem „inneren Kommunalverfassungsrecht" und dem „Kommunalverwaltungsrecht" differenziert. Dabei entsprechen das äußere und innere Kommunalverfassungsrecht im Sinne *Schmidt-Jortzigs* im wesentlichen den hier entwickelten Gruppen des „äußeren Kommunalorganisationsrechts i. e. S." und des „inneren Kommunalorganisationsrechts". Der Begriff des Kommunalverwaltungsrechts im Sinne *Schmidt-Jortzigs* deckt sich inhaltlich mit dem des „äußeren Kommunalorganisationsrechts i. w. S.". Im Unterschied zu hier begreift *Schmidt-Jortzig,* Kommunalrecht, Rdn. 109, diese Sphäre des Kommunalrechts jedoch nicht als Organisationsrecht.

[58] Das Grundgesetz selbst bringt dies zumindest mittelbar an mehreren Stellen zum Ausdruck, so etwa in Art. 28 III GG, nach dem der Bund gewährleistet, daß die verfassungsmäßige Ordnung der Länder den Bestimmungen

II. Einschränkung der nach Art. 20 I GG bestehenden Alleinzuständigkeit der Länder im Bereich der kommunalorganisatorischen Regelungsmaterien aufgrund der Kompetenzkataloge

Indessen ist die vorstehend gewonnene Erkenntnis nur eine vorläufige. Schon oben wurde ausgeführt, daß Art. 20 I GG überwiegend nur Prinzipien enthält, die durch Detailvorschriften des Grundgesetzes konkretisiert und auch eingeschränkt werden können, ein Aspekt, der hier im Hinblick auf die Grenzen der Einschränkbarkeit einer näheren Erörterung unterzogen werden soll.

1. Die Grenzen der Einschränkbarkeit der Regelungsbefugnis der Länder im Bereich ihrer Organisation

Die nur begrenzt mögliche Einschränkung der in Art. 20 I GG niedergelegten Prinzipien ergibt sich schon daraus, daß diese den Charakter der Bundesrepublik Deutschland festlegen[59]. Die grundsätzlich mögliche Einschränkung der Prinzipien findet mithin ihre Grenze dort, wo sie zu einer Veränderung der Staatsstruktur führen würde. Dies bringt auch Art. 79 III 2. HS GG zum Ausdruck, der Art. 20 GG selbst dem Zugriff des verfassungsändernden Gesetzgebers entzieht. Im Hinblick auf das in Art. 20 I GG verankerte Bundesstaatsprinzip ist Art. 79 III 2. HS GG allerdings trotz seines allgemeinen Bezuges auf Art. 20 GG nicht aussagekräftig[60]. Denn dieses Moment der Staatsstruktur wird bereits von Art. 79 III 1. HS GG erfaßt, indem dort die Gliederung des Bundes in Länder ausdrücklich für unantastbar erklärt wird. Zum Begriff der Länder im Sinne einer föderativen Ordnung gehört es nun, daß diese eigene, vom Bund unabgeleitete Wirkungsrechte haben, so daß Art. 79 III 1. HS GG auch die Staatsqualität der Länder garantiert[61]. Eine Umwandlung des Bundes in einen zentralisierten Staat, in dem die

---

der Absätze 1 und 2 entspricht. Art. 28 I 2 GG aber ordnet an, daß das Volk in den Gemeinden eine demokratisch legitimierte Gemeindevertretung haben muß, Art. 28 II GG enthält u. a. eine institutionelle Garantie der Gemeinden. Als in die Länder inkorporierte Gebilde werden die Gemeinden ferner von Art. 106 VII GG behandelt, nach dem von dem Länderanteil am Gesamtaufkommen der Gemeinschaftssteuern den Gemeinden und Gemeindeverbänden ein von der Landesgesetzgebung zu bestimmender Hundertsatz zufließt sowie von Art. 106 IX GG, nach dem als Einnahmen und Ausgaben der Länder im Sinne dieses Artikels auch die Einnahmen und Ausgaben der Gemeinden (Gemeindeverbände) gelten. Vgl. auch BVerfGE 39, 96 (109); *Stern*, Staatsrecht I, § 12 II 3 b (S. 407); *dens.*, DÖV 1975, S. 515 (518 f.); *Schmidt-Jortzig*, Kommunale Organisationshoheit, S. 35; *Maunz* in Maunz / Dürig, Art. 28 Rdn. 70, 79; *Leibholz*, DVBl. 1973, S. 715 (716); *v. Unruh*, Festschrift f. Scupin, S. 391 (415); s. auch *Niemeier*, S. 24.

[59] *Maunz* in Maunz / Dürig, Art. 20, Gliederungspunkt I, Rdn. 9.

[60] *Maunz / Dürig*, Art. 79 Rdn. 46.

[61] *Maunz / Dürig*, Art. 79 Rdn. 33. Vgl. auch BVerfGE 34, 9 (19).

Länder nur Verwaltungsbezirke sind oder in einen dezentralisierten Staat, in dem die Länder den Charakter „hochpotenzierter“ Selbstverwaltungskörper haben, ist daher unzulässig, eine Einschränkung des Wirkungskreises der Länder in einem Ausmaß, das ihre Staatlichkeit in Frage stellt, mithin nicht möglich.

Nun ist die Befugnis der Länder zur Regelung der kommunalen Materien Ausfluß ihrer Organisationsgewalt. Diese ist Bestandteil der Staatsgewalt, die wiederum das wesentliche Merkmal der Staatlichkeit ausmacht[62]. Angesichts dessen könnte sich die Frage stellen, ob eine Beschränkung der Regelungsbefugnis der Länder auf dem kommunalen Sektor ihre Staatlichkeit und damit die Gliederung des Bundes in Länder antastet. Die Beschränkung der Staatsgewalt der Gliedstaaten läßt sich indessen grundsätzlich nicht als ein Angriff auf deren Staatlichkeit begreifen. Vielmehr ist die gegenständlich beschränkte Staatsgewalt von Gliedstaaten und organisiertem Staatsverbund das typische Merkmal der Bundesstaatlichkeit[63]. Die den Ländern garantierte Staatlichkeit bedeutet daher nur, daß sie überhaupt Kompetenzen besitzen müssen, daß ihnen eine Grundsubstanz an eigenem, unabgeleitetem Wirkungskreis verbleibt[64]. Dabei ist grundsätzlich gleichgültig, welche konkreten Kompetenzen den Ländern zustehen, so daß eine Veränderung der gegenwärtig bestehenden Länderzuständigkeit durch Abänderung der Kompetenzkataloge nicht ausgeschlossen wäre[65].

Dieser Grundsatz gilt allerdings nicht im Hinblick auf die Befugnis der Länder, sich selbst zu organisieren[66]. Die Selbstorganisation stellt ein Essential der Staatlichkeit dar, die den Staat grundlegend vom bloßen Selbstverwaltungskörper unterscheidet, der sich im wesentlichen nicht selbst organisieren kann, sondern vielmehr überwiegend organisiert wird[67]. Dies bedeutet zunächst, daß die Befugnis, sich selbst zu organisieren, den Ländern nicht vollständig entzogen werden kann. Ob darüber hinaus schon vereinzelte Einwirkungsmöglichkeiten des Bundes auf die Organisation der Länder deren Staatlichkeit antasten und von daher unzulässig sind, erscheint dagegen zweifelhaft[68]. Bedenkt man, daß die Organisationsgewalt eine in der Staatsgewalt enthaltene

---

[62] *G. u. E. Küchenhoff*, S. 21.

[63] Vgl. BVerfGE 1, 14 (34); 60, 175 (207); *Herzog* in Maunz / Dürig, Art. 20, Gliederungspunkt IV, Rdn. 7; *Stern*, Staatsrecht I, § 19 III 2 (S. 667).

[64] Vgl. *Maunz / Dürig*, Art. 79 Rdn. 35. Vgl. auch BVerfGE 34, 9 (20).

[65] Vgl. *Maunz / Dürig*, Art. 79 Rdn. 35; *Zinn*, AöR Bd. 75 (1949), S. 291 (299).

[66] Nach BVerfGE 34, 9 (20) muß den Ländern die freie Bestimmung über ihre Organisation verbleiben.

[67] So auch *Stern / Gröttrup*, Kommunalwissenschaftliche Forschung, S. 141 (144) und *Forsthoff*, Körperschaft, S. 97.

[68] So aber *Stern / Gröttrup*, Kommunalwissenschaftliche Forschung, S. 141 (144).

Befugnis ist[69], so wird man jedenfalls vom Ansatz her im Hinblick auf jene die gleichen Regeln anzuwenden haben wie im Hinblick auf diese. Da die Staatsgewalt gegenständlich beschränkbar ist, muß demnach auch die Organisationsgewalt grundsätzlich einer Beschränkung zugänglich sein. Die Erkenntnis, daß die Selbstorganisation ein Essential der (Länder-)Staatlichkeit darstellt, berechtigt somit nicht zu der Schlußfolgerung, daß der Bund überhaupt keine Befugnisse in diesem Bereich besitzen kann. Beeinflußt wird hierdurch vielmehr allein der Umfang möglicher Einwirkungsrechte des Bundes, und zwar unter Berücksichtigung des Unterschiedes zwischen Staat und bloßem Selbstverwaltungskörper dahingehend, daß den Ländern das Recht, sich zu organisieren, im Schwergewicht verbleiben muß. Vereinzelte Eingriffe des Bundes in den Bereich der Länderorganisation können mithin nicht als Angriff auf deren Staatlichkeit gewertet werden und sind von daher zulässig. Dies gilt sowohl im Hinblick auf die unmittelbare staatliche Organisation der Länder, als auch im Hinblick auf die Organisation der Gemeinden, die als Teile der Länder grundsätzlich in deren organisatorischen Hoheitsbereich fallen.

2. Die Regelungsbefugnis auf dem Gebiet der kommunalorganisatorischen Materien nach den Kompetenzvorschriften

In welchem Umfang den Ländern die Zuständigkeit im Bereich der kommunalorganisatorischen Regelungsmaterien zusteht bzw. inwieweit Ingerenzbefugnisse des Bundes bestehen, ist an Hand der Kompetenzvorschriften zu entscheiden. Fraglich ist allerdings, welche dieser Verfassungsnormen Anwendung finden. Die Erkenntnis, daß die Organisation der Gemeinden einem institutionellen Gesetzesvorbehalt unterliegt[70], die Organisationsgewalt mithin insoweit vom Gesetzgeber auszuüben ist, hilft nicht weiter. Sie schreibt weder die Verortung der kommunalorganisatorischen Materien in den Art. 70 ff. GG vor, die die Gesetzgebungsbefugnisse zwischen Bund und Ländern verteilen, noch zwingt sie zu einer Absage an die Anwendbarkeit der Art. 83 ff. GG, die die Verwaltungskompetenzen im Bund — Länder — Verhältnis thematisieren. Beide Kompetenzkataloge determinieren grundsätzlich nur die Verbandskompetenzen im Verhältnis Bund — Länder, entscheiden dagegen nicht, ob Legislativ- oder Exekutivorgane der Staaten tätig werden sollen[71]. Die Frage der Organkompetenz bestimmt vielmehr in

[69] So auch *Böckenförde*, Organisationsgewalt, S. 29.

[70] Vgl. *Schmidt-Jortzig*, Kommunalrecht, Rdn. 109; *Wolff / Bachof*, VerwR II, 4. Aufl., § 78 II a 2; *Böckenförde*, Organisationsgewalt, S. 89 ff. (insbes. S. 95 ff.).

[71] Vgl. *Maunz* in Maunz / Dürig, Art. 86 Rdn. 18; s. aber auch *Bleckmann*, DÖV 1983, S. 129 (132), der es für möglich hält, die Gesetzgebungskataloge

beiden Aufgabenbereichen gleichermaßen der Gesetzesvorbehalt. Demnach sind unabhängig von diesem Verfassungsvorschriften zu finden, die die Verteilung der Kompetenzen im Bereich der kommunalorganisatorischen Materien zwischen Ländern und Bund regeln. Unter Berücksichtigung der Erkenntnis, daß die Organisation der Gemeinden den Ländern im Schwergewicht zustehen muß, ist als Ausgangspunkt der Untersuchung ein Grundgesetzartikel zu wählen, der von der grundsätzlichen Regelungsbefugnis der Länder ausgeht.

a) Die Regelungsbefugnis der Länder im Bereich der kommunalorganisatorischen Materien gem. Art. 70 I GG

Als solcher kommt Art. 70 I GG in Betracht, nach dem die Länder das Recht der Gesetzgebung haben, soweit das Grundgesetz nicht dem Bund Gesetzgebungsbefugnisse verleiht.

Die Verortung der kommunalorganisatorischen Regelungsmaterien in Art. 70 I GG ist allerdings nicht unstreitig. *Burmeister* hält dies „geradezu für unsinnig“[72]. Das grundgesetzliche System der Verteilung von Gesetzgebungszuständigkeiten zwischen Bund und Ländern beziehe sich nämlich — so *Burmeister* — nur auf die Regelungsmaterien des staatlichen Außenrechtskreises. Das auf Enumeration umgrenzter Sachgebiete und deren Verweisung in die bundesgesetzgeberische Regelungszuständigkeit beruhende System der grundgesetzlichen Kompetenzverteilung im Bereich der Gesetzgebung habe thematisch nur den Rechtskreis der staatlichen Außenbeziehungen zum Gegenstand und verweise die Gesetzgebung der innerstaatlichen Organisationsstruktur, auch insoweit sie dem Gesetzesvorbehalt unterliege, in die Kompetenzsphäre des Trägers der Verwaltungszuständigkeit[73]. Im Hinblick auf das der grundgesetzlichen Kompetenzordnung zugrundeliegende Strukturprinzip der Unterscheidung zwischen den Regelungsbereichen des Außen- und Innenrechts werde einsichtig, daß es einen eklatanten Systemwiderspruch darstelle, die Regelung der Organisation einer Einheit der staatlichen Verwaltungsuntergliederung als einen materiellen Gesetzgebungstitel, d. h. als ein Regelungsgebiet im Sinne der Art. 73 - 75 GG zu bezeichnen[74].

Schon der Ausgangspunkt der Argumentation *Burmeisters*, die These, daß die innerhalb der Art. 73 - 75 GG enumerativ aufgeführten Kompetenzen nur solche des Außenrechtskreises seien, ist fragwürdig. Der

---

der Art. 74 ff. GG dahin auszulegen, daß diese gleichzeitig über das Bestehen eines Gesetzesvorbehalts entscheiden.

[72] *Burmeister*, S. 63.

[73] *Burmeister*, S. 60.

[74] *Burmeister*, S. 63.

Zuordnung zum Außenrechtskreis mögen zwar die meisten Titel der Kompetenzkataloge fähig sein, ausschließlich gilt dies jedoch nicht. So verleiht etwa Art. 73 Nr. 6 GG dem Bund die Gesetzgebungsbefugnis über die Bundeseisenbahnen, wozu auch die Regelung organisatorischer Fragen gehört[75]. Art. 73 Nr. 10 GG, der die Einrichtung eines Bundeskriminalpolizeiamtes in die ausschließliche Gesetzgebungszuständigkeit des Bundes verweist, thematisiert insoweit ebenfalls eine organisatorische Materie[76]. Angesichts dieser grundgesetzlichen Regelungen ist die Feststellung *Burmeisters,* die Gesetzgebung der innerstaatlichen Organisationsstruktur unterfalle sozusagen „schlechthin" der Kompetenzsphäre des Trägers der Verwaltungszuständigkeit, nicht überzeugend.

Diese Erkenntnis räumt allerdings den Vorwurf der Systemwidrigkeit der Verortung der kommunalorganisationsrechtlichen Regelungsmaterien in Art. 70 I GG nicht schon ohne weiteres aus. Der Umstand, daß Art. 73 GG auch Titel enthält, die sich auf die Organisation staatlicher Untergliederungen beziehen, schließt nicht aus, daß das Grundgesetz organisatorische Regelungsbefugnisse der Länder bzw. genauer die Regelungsbefugnis der Länder im Bereich des kommunalen Organisationsrechts in einer anderen Verfassungsvorschrift als der des VII. Abschnitts angesiedelt wissen will. *Burmeister* erachtet wohl Art. 83 GG bzw. Art. 83 - 85 GG als die hier einschlägigen Verfassungsnormen[77]. Art. 83 - 85 GG behandeln aber die gesetzesakzessorische oder gesetzesvollziehende Verwaltungstätigkeit der Länder[78] und dies — jedenfalls ausdrücklich — nur in bezug auf Bundesgesetze. Der Regelungsgehalt der Normen wird mithin erst aktuell, wenn ein Bundesgesetz ergangen ist, das durch die Länder vollzogen wird. Die kommunalorganisatorischen Rechtsmaterien regeln die Länder indessen zumindest schwerpunktmäßig nicht in bzw. zwecks Vollziehung eines Bundesgesetzes, jene stellen vielmehr insoweit unabhängige, selbständige Regelungsgegenstände dar. Deren Verortung in Art. 83 GG scheidet somit aus. Andere (spezielle) Grundgesetzartikel, in denen die Regelungsbefugnis der Länder über das kommunale Organisationsrecht angesiedelt werden könnte, sind nicht ersichtlich. Von daher kommt allein Art. 70 I GG in Betracht.

---

[75] Vgl. *Maunz* in Maunz / Dürig, Art. 73 Rdn. 92.

[76] Vgl. hierzu *Maunz* in Maunz / Dürig, Art. 73 Rdn. 136.

[77] Vgl. insbesondere die Ausführungen *Burmeisters,* S. 66: Das kommunale Organisationsrecht „ist Ausfluß der Organisationsgewalt des Inhabers der Verwaltungszuständigkeit, die, abgesehen von der bundeseigenen Verwaltung und den in Art. 84 Abs. 1, 85 Abs. 1 GG normierten Ingerenzrechten des Bundesgesetzgebers in dem Bereich des landeseigenen Vollzugs von Bundesgesetzen und der Bundesauftragsverwaltung, den Ländern zusteht."

[78] Vgl. hierzu BVerfGE 12, 205 (246 f.).

Demnach steht den Ländern nach Art. 70 I GG das Recht zur Gesetzgebung im Bereich der kommunalorganisatorischen Regelungsmaterien zu, soweit nicht dem Bund Gesetzgebungsbefugnisse verliehen sind.

b) Befugnisse des Bundesgesetzgebers im Bereich der kommunalorganisatorischen Materien nach Art. 84 I 2. HS, 85 I 2. HS GG

Befugnisse des Bundesgesetzgebers im Bereich der kommunalorganisatorischen Materien können sich im wesentlichen[79] aus Art. 84 I 2. HS, 85 I 2. HS GG ergeben[80]. Nach diesen Verfassungsnormen kann, soweit die Länder Bundesgesetze in eigener Angelegenheit oder im Auftrag des Bundes ausführen, die „Einrichtung der Behörden" durch Bundesgesetz mit Zustimmung des Bundesrates bestimmt werden. Art. 84 I 2. HS und 85 I 2. HS GG legen damit insoweit nicht nur die Verbandskompetenz des Bundes fest, sondern entscheiden auch die Organkompetenz zugunsten der Legislative, enthalten mithin zugleich einen Gesetzesvorbehalt[81]. Einer näheren Untersuchung bedarf der Anwendungsbereich dieser Verfassungsvorschriften.

aa) Der Begriff der Behörde i. S. d. Art. 84 I, 85 I GG

Fraglich ist insoweit als erstes, welchen Sinngehalt der Terminus „Behörde" aufweist. Unter Berücksichtigung dessen, daß es sich im Rahmen der Art. 84 I, 85 I GG um die Ausführung von Gesetzen durch die Länder handelt, kann der Begriff zunächst dahin konkretisiert werden, daß er Landesbehörden meint[82]. Zu überprüfen bleibt, ob hierunter nur die Behörden der unmittelbaren Staatsverwaltung der Länder fallen oder darüber hinaus auch die Gemeinden als Teile der Länder Behörden im Sinne der Normen sind.

Für die Lösung des Problems ist die Erkenntnis, daß die Organisation der Gemeinden ein Essential der Länderstaatlichkeit darstellt, unergiebig. Dies bedeutet zum einen nur, daß den Ländern die Regelungsbefugnis in jenem Gebiet schwerpunktmäßig zustehen muß, begrenzt also lediglich den Umfang möglicher Einwirkungsrechte des Bundes.

---

[79] Darüber hinaus können sich Weisungsrechte aus Art. 84 V, 85 III GG ergeben.

[80] In der Literatur ist umstritten, ob Art. 84 I, 85 I GG konstitutiver Natur — so z. B. *Lerche* in Maunz / Dürig, Art. 83 Rdn. 33; *Schmidt-Jortzig*, Kommunalrecht, Rdn. 443; *Niemeier*, S. 50 — oder deklaratorischer Natur — so z. B. *Maunz* in Maunz / Dürig, Stand: November 1982, Art. 83 Rdn. 12 — sind. Nach den Vertretern letzterer Auffassung fallen die in Art. 84 I, 85 I GG thematisierten Materien unter dem Gesichtspunkt der Annexkompetenz in den Kompetenzbereich des Bundes, soweit diesem die Gesetzgebungsbefugnis nach Art. 73 ff. GG zukommt.

[81] Vgl. auch *Maunz* in Maunz / Dürig, Art. 84 Rdn. 11.

[82] Vgl. auch *Maunz* in Maunz / Dürig, Art. 84 Rdn. 22, Art. 85 Rdn. 12.

Zum anderen ist zu bedenken, daß nicht nur die kommunale Organisation, sondern die gesamte Organisation der Länder ein Essential ihrer Staatlichkeit bildet, für den Bereich der unmittelbaren Staatsverwaltung die Art. 84 I, 85 I GG unter Berücksichtigung ihres Sinngehalts aber unzweifelhaft Ingerenzbefugnisse des Bundes vorsehen. Die Erstreckung des Anwendungsbereichs der Art. 84 I, 85 I GG auch auf die Gemeinden ist demnach nicht durch andere Verfassungsgrundsätze ausgeschlossen.

Von daher gilt es, sich den Begriff der „Behörde“ im einzelnen zu vergegenwärtigen und zu untersuchen, ob dieser die Gemeinden erfassen kann. Behörde im engen organisationsrechtlichen Sinne ist ein Organ des Staates oder eines anderen Trägers öffentlicher Verwaltung, das mit Außenzuständigkeiten zu konkreten Rechtshandlungen ausgestattet ist und als solches ein institutionelles Subjekt von transitorischen Wahrnehmungszuständigkeiten, das unter eigenem Namen für den Staat entscheidungskräftig handeln kann[83]. Soweit die Gemeinden Angelegenheiten erledigen, wird ihnen ihr Verhalten nicht nur transitorisch, sondern vielmehr rechtstechnisch endgültig zugerechnet, so daß sie nicht Organ und damit auch nicht Behörde im engen organisationsrechtlichen Sinne sind. Diese Erkenntnis berechtigt indessen noch nicht zu der Schlußfolgerung, Gemeinden seien schlechthin nicht unter den Terminus Behörde subsumierbar. Unter Berücksichtigung der Relativität des Organbegriffs[84] wird man vielmehr auch den Behördenbegriff, der ja in jenem enthalten ist, und damit die Behördenqualität bzw. Nicht-Behördenqualität als relativ, d. h. abhängig von der jeweiligen Bezugsordnung auf die abgestellt wird, bewerten müssen. So bezieht sich der enge organisationsrechtliche Behördenbegriff auf die Struktur des einzelnen Verwaltungsträgers unter Berücksichtigung der von ihm ausgehenden Außenhandlungen. Stellt man nun nicht auf die innerstaatliche Verwaltungsordnung ab, sondern betrachtet man das Problem der Behördeneigenschaft von der Staatsebene aus[85], so lassen sich auch die Gemeinden als Behörden begreifen: Soweit sie Zuständigkeiten ausüben, nehmen sie zugleich Angelegenheiten der übergeordneten Organisation des Staates wahr, so daß ihr Verhalten letztlich Staatsverhalten ist, mithin dem Staat in einem untechnischen Sinne zugeordnet wird. Des weiteren sind die Gemeinden — unter Außerachtlassung innerorganisatorischer Fragen — zu konkreten Rechtshandlungen, d. h. Einzelakten befugt, die sie in bezug auf übergreifende Ordnungssysteme in eigenem Namen für den Staat erlassen.

[83] Vgl. *Wolff / Bachof*, VerwR II, 4. Aufl., § 76 I d u. d 1.

[84] Vgl. *Wolff / Bachof*, VerwR II, 4. Aufl., § 74 II b 1 α.

[85] Vgl. auch *Wolff / Bachof*, VerwR II, 4 Aufl., § 74 II a, b 1 α im Hinblick auf die Relativität des Organbegriffs.

Ob die Gemeinden nun Behörden i. S. d. Art. 84 I, 85 I GG sind, hängt damit davon ab, welcher Behördenbegriff den Verfassungsnormen zugrunde liegt, der enge organisationsrechtliche oder (auch) ein weiter untechnischer. Zu bedenken ist insoweit, daß die Art. 84 I, 85 I GG von der Staatsebene aus argumentieren, d. h. primär das Verhältnis des organisierten Staatenverbundes (Bund) zu den Gliedstaaten (Länder) thematisieren. Von daher wird man davon ausgehen können, daß dem Bund im Rahmen dieser Normen Rechte gegenüber den Länderstaaten als solchen, d. h. unabhängig von deren innerstaatlichem organisatorischen Aufbau und damit unabhängig von etwa bestehenden selbständigen organisatorischen Untergliederungen der Länder zustehen sollen. Unter Berücksichtigung dieser Überlegungen ist aber der Behördenbegriff der Art. 84 I, 85 I GG (zumindest auch) in einem weiten Sinne auszulegen, der die Einbeziehung der Gemeinden als Teile der Länder erlaubt. Für eine solche Interpretation sprechen zudem Sinn und Zweck der Verfassungsnormen, die darauf gerichtet sind, einen einheitlichen und wirksamen Vollzug der Bundesgesetze sicherzustellen[86]. Dieser ist aber nur dann gewährleistet, wenn die örtliche Verwaltung nicht zuletzt im Hinblick auf das Bestehen der Bürgernähe in die Ausführung der Gesetze einbezogen werden kann. Der Bundesgesetzgeber ist demnach befugt, nach Art. 84 I, 85 I GG auch auf die Gemeinden[87] und damit zugleich deren Untergliederungen[88] einzuwirken.

bb) Der Begriff der Einrichtung i. S. d. Art. 84 I, 85 I GG

Damit stellt sich als zweites Problem im Rahmen des Anwendungsbereichs der Normen die Frage, welche Befugnisse dem Bund insoweit zukommen, in welchem Umfang Ingerenzrechte zu seinen Gunsten bestehen. Art. 84 I, 85 I GG ermächtigen vom Wortlaut her zur „Einrichtung" von Behörden.

Welche Bedeutung dem Terminus Einrichtung im Rahmen dieser Verfassungsbestimmungen zukommt, ist weitgehend unklar. Nach *Maunz*[89] und *Böckenförde*[90] etwa umfaßt die Befugnis zur „Einrichtung" von Behörden die Befugnis zu deren „Errichtung". Demgegenüber ist *Wolff*[91] der Ansicht, daß Art. 84 I, 85 I GG lediglich die „Errichtung" meinen. Welche einzelnen organisatorischen Akte unter diesen Oberbegriff im Rahmen der Verfassungsnormen fallen, ist ebenfalls nicht geklärt. Im allgemein-organisationsrechtlichen Sinne, d. h. unter Zu-

---

[86] Vgl. BVerfGE 22, 180 (210); s. auch *Niemeier*, S. 50.

[87] Vgl. *Maunz* in Maunz / Dürig, Art. 84 Rdn. 24 m. Fn. 4, Rdn. 25; Art. 85 Rdn. 12.

[88] Vgl. *Schmidt-Jortzig*, Kommunalrecht, Rdn. 445; *Niemeier*, S. 49.

[89] *Maunz* in Maunz / Dürig, Art. 84 Rdn. 21; Art. 85 Rdn. 12.

[90] *Böckenförde*, Organisationsgewalt, S. 53.

[91] *Wolff / Bachof*, VerwR II, 4. Aufl., § 74 IV a.

grundelegung des von der Wissenschaft ohne Bezug auf Art. 84 I, 85 I GG entwickelten Begriffs der Errichtung umfaßt die Errichtungsgewalt die Befugnis zur Zuweisung bestimmter Kompetenzen an juristisch personifizierte Glieder und (deren) Organe (Endfestlegung der sachlichen Zuständigkeit) sowie die Umgrenzung des geographischen Wirkungskreises (Festlegung der örtlichen Zuständigkeit), die Bestimmung des Sitzes der Funktionssubjekte und ihres Namens, die Festlegung der Verfaßtheit der juristisch personifizierten Glieder und (deren) Organe, die Regelung des internen Verfahrens und die Bestimmung der Stellung dieser Funktionssubjekte innerhalb der Gesamtorganisation[92]. Nach *Maunz*[93] erfaßt die Befugnis zur Errichtung der Behörden (im Sinne der Art. 84 I, 85 I GG) darüber hinaus die Entscheidung über die Existenz der einzelnen Behörde und ermächtigt damit zur Vornahme eines Organisationsaktes, der im allgemein-organisationsrechtlichen Sinne unter die Befugnis der Bildung von Organen fällt[94].

Legt man die weiteste Auslegung des Terminus „Einrichtung" zugrunde, kann der Bund auf den gesamten kommunalen Bereich Zugriff nehmen. Einwirkungsmöglichkeiten bestehen nicht nur im Hinblick auf die drei Ebenen des Kommunalorganisationsrechts, die grundsätzlich der Regelungsbefugnis der Landesgesetzgeber unterliegen, sondern ergreifen des weiteren auch die Sphäre der Gemeindeorganisation, die in der Regel den Kommunen als Selbstverwaltungsträgern zur eigenständigen Erledigung überlassen sein muß[95].

(1) Abstrakte Bestimmung des Begriffs Einrichtung

Ob Art. 84 I, 85 I GG wirklich derartig weitgehende Einwirkungsrechte begründen bzw. zu welchen organisatorischen Befugnissen sie ermächtigen, läßt sich nur unter Berücksichtigung des Normzwecks und unter Beachtung der gegenläufigen Verfassungsrechte der Länder und Kommunen ermitteln, mit denen Art. 84 I, 85 I GG in Ausgleich zu bringen sind[96]. Dagegen ist es wenig überzeugend, im Rahmen der Interpretation dieser Verfassungsbestimmungen auf die von der Wissenschaft erarbeiteten allgemeinen Begriffe abzustellen[97], d. h. den allgemein-organisationsrechtlichen Begriff der „Einrichtung" mit dem von Art. 84 I, 85 I GG verwendeten Begriff der „Einrichtung" ohne weiteres gleichzusetzen bzw. die unter die organisationsrechtlichen Oberbegriffe

[92] Vgl. in diesem Teil A I 1 a bb.

[93] In Maunz / Dürig, Art. 84 Rdn. 20 f., Art. 85 Rdn. 12.

[94] Vgl. in diesem Teil A I 1 a aa.

[95] Vgl. in diesem Teil A I 1 b.

[96] Prinzipien der Einheit der Verfassung und der praktischen Konkordanz, vgl. *Hesse*, Rdn. 71, 72.

[97] Vgl. auch *Böckenförde*, Organisationsgewalt, S. 52.

der „Bildung" und „Errichtung" fallenden Organisationsakte im Hinblick auf das Fehlen jener Termini in den Normtatbeständen als von Art. 84 I, 85 I GG nicht vorgesehene Organisationsmaßnahmen zu begreifen.

Sinn und Zweck der Grundgesetzartikel ist es, einen einheitlichen und wirksamen Vollzug der Bundesgesetze zu gewährleisten[98]. Von daher können zunächst nur solche Organisationsmaßnahmen unter den Begriff „Einrichtung" fallen, die diese Normziele zu fördern imstande sind. Eine weitere Einschränkung wird man im Hinblick auf die Verfassungsrechte der Länder und Kommunen vorzunehmen haben. Zu bedenken ist, daß die Gemeindeorganisation ein Essential der Länderstaatlichkeit (Art. 20 I GG) bildet, die im Schwergewicht den Ländern verbleiben muß, und daß den Kommunen verfassungsrechtlich eine eigene organisatorische Sphäre garantiert ist (Art. 28 II GG). Unter Berücksichtigung dessen sind Eingriffe des Bundes in diese Bereiche nur ausnahmsweise zuzulassen. Von daher wird man unter den Terminus der „Einrichtung" letztlich lediglich die Organisationsmaßnahmen zählen dürfen, die für den wirksamen oder einheitlichen Vollzug von Bundesgesetzen nicht nur förderlich, sondern darüber hinaus notwendig sind[99].

(2) Konkrete Bestimmung des Begriffs Einrichtung

Als unbeachtlich für den wirksamen und einheitlichen Vollzug von Bundesgesetzen wird man die Ausstattung der Gemeinden bzw. kommunalen Organe mit räumlichen, sächlichen und personellen Mitteln bewerten können (Komponente der Einrichtung im allgemein-organisationsrechtlichen Sinne[100]), so daß diesbezügliche organisatorische Befugnisse nicht unter den Begriff der Einrichtung i. S. d. Art. 84 I. 85 I GG zu subsumieren sind. Demgegenüber kann es für eine einheitliche Gesetzesvollziehung nicht zuletzt im Interesse des Bürgers erforderlich sein, bundeseinheitlich bestimmte Ämter (Jugendämter[101]) zu schaffen, die einheitlich mit der Erledigung von Aufgaben betraut werden[102], so daß Einwirkungen des Bundes in den Bereich der inneren kommunalen Geschäftsordnung und Geschäftsverteilung (Komponente der Einrichtung im allgemein-organisationsrechtlichen Sinne[103]) nicht schlechthin auszuschließen sind. Mithin obliegen dem Bundesgesetzgeber ver-

[98] Vgl. BVerfGE 22, 180 (210); *Niemeier*, S. 50.

[99] Siehe auch *Schmidt-Jortzig*, Kommunalrecht, Rdn. 450. Leicht differenzierend zu den Ingerenzbefugnissen im einzelnen *ders.*, Kommunalrecht, Rdn. 445.

[100] Vgl. in diesem Teil A I 1 a cc.

[101] Vgl. § 12 II JWG.

[102] Vgl. z. B. § 5 JWG.

[103] Vgl. in diesem Teil A I 1 a cc.

einzelt Eingriffsmöglichkeiten in die Sphäre der gemeindlichen Organisation, die grundsätzlich den Kommunen selbst vorbehalten ist.

Was die organisatorischen Befugnisse betrifft, die im allgemein-organisationsrechtlichen Sinne unter die Termini „Bildung“ und „Errichtung“ fallen, ist gleichfalls eine differenzierende Betrachtungsweise geboten.

Eine (deklaratorische) Anordnung des Bundesgesetzgebers, daß es Gemeinden überhaupt gibt, verbietet sich, ohne daß es einer näheren Begründung bedarf. Mangels Einflußnahme auf den Vollzug von Bundesgesetzen unterliegen des weiteren nicht der Dispositionsbefugnis des Bundesgesetzgebers die kommunale Namensgebung sowie die Regelung der äußeren Verfaßtheit der Gemeinde, d. h. die Regelung ihrer Rechtsnatur und die damit zusammenhängenden Bestimmungen[104]. Gleiches wird man wohl auch im Hinblick auf die Festlegung des Verwaltungssitzes sagen dürfen. Ebenso entfällt im Rahmen der Art. 84 I, 85 I GG eine Einwirkung des Bundes auf die Stellung der Gemeinden innerhalb der Gesamtorganisation[105]. Unbeachtlich für die Ausführung der Bundesgesetze ist die Größe der einzelnen Gemeinde, so daß Umgemeindungen, Eingemeindungen, Ausgemeindungen — mithin sämtliche Akte der kommunalen Neugliederung — nicht seitens des Bundes vorgenommen werden dürfen.

Für die einheitliche Ausführung von Bundesgesetzen kann es dagegen wiederum notwendig sein, daß bundeseinheitlich Organe (z. B. Standesamt[106]) bestehen, so daß dem Bund nicht schlechthin die Befugnis abzusprechen ist, vereinzelt die Existenz bestimmter gemeindlicher Organe anzuordnen und damit zusammenhängend deren Verfaßtheit, Verfahren und Zuständigkeit zu regeln[107]. Unter diesem Gesichtspunkt wird man es des weiteren dem Bund nicht verwehren können, den von den Ländern gebildeten Kommunalorganen Zuständigkeiten zuzuweisen[108].

Aus Gründen insbesondere des effektiven Vollzugs kann eine Einschaltung der Gemeinden in die Ausführung von Bundesgesetzen erforderlich sein. Denn ein Tätigwerden auf unterster Verwaltungsebene verspricht im Hinblick auf die Bürgernähe besondere Wirksamkeit. Von

---

[104] Vgl. dazu in diesem Teil A I 1 c aa.

[105] Die Regelung von Aufsichts- und Weisungsrechten, die grundsätzlich zu dem Komplex „Stellung einer Funktionseinheit innerhalb der Gesamtorganisation“ gehört (vgl. nur *Böckenförde*, Organisationsgewalt, S. 48), ist ausdrücklich in Art. 84 V, 85 III GG thematisiert.

[106] Vgl. zur Organqualität des Standesamts *Wolff / Bachof*, VerwR II, 4. Aufl., § 87 II h.

[107] So auch *Brückner*, S. 212. A. A. *Hohrmann*, S. 124.

[108] So auch *Brückner*, S. 211.

daher wird man dem Bund die Befugnis einzuräumen haben, den Gemeinden Aufgaben zuzuweisen[109]. Eine Festlegung des Aufgabentyps ist dabei allerdings nur begrenzt möglich. So wird man die Erklärung einer Aufgabe zur Selbstverwaltungsangelegenheit durch Bundesgesetz als unzulässig bewerten müssen[110]. Soweit die Gemeinden Selbstverwaltungsangelegenheiten wahrnehmen, sind die Länder auf bloße Rechtsaufsicht beschränkt, können dementsprechend keine Weisungen im Hinblick auf die Zweckmäßigkeit der Aufgabenerledigung erteilen und mithin nicht die wirksame oder gleichmäßige Aufgabendurchführung sichern. Die Erklärung einer Aufgabe zur Selbstverwaltungsangelegenheit ist demnach für die effektive und einheitliche Vollziehung von Bundesgesetzen nicht einmal förderlich. Demgegenüber kann die Erklärung einer Aufgabe zur Pflichterfüllung nach Weisung wegen der damit verbundenen Sonderaufsicht, die auch zu Zweckmäßigkeitsweisungen berechtigt[111], im Hinblick auf einen einheitlichen Vollzug von Bundesgesetzen notwendig sein, eine entsprechende Befugnis des Bundesgesetzgebers daher nicht schlechthin verneint werden.

(3) Ergebnis

Zusammenfassend läßt sich damit festhalten, daß unter den Terminus „Einrichtung" i. S. d. Art. 84 I, 85 I GG nur die Befugnis des Bundes fällt, vereinzelt auf die innere kommunale Geschäftsordnung und Geschäftsverteilung einzuwirken, begrenzt kommunale Organe zu bilden und damit zusammenhängend deren Verfaßtheit und Verfahren zu gestalten sowie bestehenden Gemeindeorganen und den Gemeinden als solchen Aufgaben zuzuweisen nebst der teilweisen Festlegung des kommunalen Aufgabentyps[112].

Vergegenwärtigt man sich die drei Ebenen des Kommunalorganisationsrechts, so läßt sich feststellen, daß dem Bund insoweit der Bereich des äußeren Kommunalorganisationsrechts i. e. S. vollständig verschlossen ist, während er punktuelle Einwirkungsrechte im Bereich des inne-

---

[109] So auch *Stern,* JZ 1962, S. 297 (301).

[110] Vgl. auch BVerfGE 22, 180 (210).

[111] Vgl. etwa § 9 OBG NRW.

[112] Demgegenüber können sich Befugnisse des Bundesgesetzgebers auf dem Gebiet des kommunalen Organisationsrechts nicht unter dem Aspekt des „Verwaltungsverfahrens" ergeben. Im Hinblick darauf, daß Art. 84 I GG zwischen der „Einrichtung der Behörden" und dem „Verwaltungsverfahren" unterscheidet, wird man beiden Begriffen unterschiedliche Sinngehalte beilegen müssen. Der Terminus der „Einrichtung" erfaßt nun bereits sämtliche verfassungsrechtlich zulässigen organisatorischen Maßnahmen betreffend die Gemeinde als solche sowie deren Untergliederungen und „deckt" von daher das Gebiet des Kommunalorganisationsrechts „ab". Für diesbezügliche Maßnahmen unter dem Gesichtspunkt des Verwaltungsverfahrens bleibt demnach kein Raum.

ren Kommunalorganisationsrechts und des äußeren Kommunalorganisationsrechts i. w. S. besitzt.

c) „Ausschließliche“ Gesetzgebungsbefugnis der Länder im Bereich der kommunalorganisatorischen Regelungsgegenstände trotz bestehender Ingerenzbefugnisse des Bundesgesetzgebers?

Fraglich bleibt, ob trotz bestehender Ingerenzbefugnisse des Bundesgesetzgebers im Bereich der kommunalorganisatorischen Regelungsgegenstände von einer ausschließlichen Gesetzgebungszuständigkeit der Länder in diesem Gebiet gesprochen werden kann. Sieht man das Typische einer „ausschließlichen“ Befugnis darin, daß diese grundsätzlich einem bestimmten Verband zusteht und nur ausnahmsweise in einigen Fällen einem anderen Verband, so läßt sich eine ausschließliche Gesetzgebungszuständigkeit der Länder hier bejahen. Ob ein solches Verständnis des Terminus „ausschließlich“ der im Grundgesetz zum Ausdruck gebrachten Wertung entspricht, erscheint indessen zweifelhaft. So ist für die ausschließliche Gesetzgebung des Bundes nach Art. 71 GG kennzeichnend, daß die Länder von jeder eigenen Initiative ausgeschlossen sind und Gesetze nur dann erlassen dürfen, wenn und soweit Bundesgesetze eine ausdrückliche Ermächtigung für die Landesgesetzgebung enthalten[113]. Unter Zugrundelegung dieses Gedankens gehören zur ausschließlichen Gesetzgebung der Länder lediglich die Regelungsgebiete, in denen der Bund kein eigenes Initiativrecht hat[114]. Für den Bereich der kommunalen Regelungsmaterien trifft dies nicht zu. Vielmehr kann der Bund insoweit — wenn auch nur begrenzt — eigeninitiatorisch tätig werden. Bei einer solch strengen Betrachtungsweise läßt sich daher von einer ausschließlichen Gesetzgebungszuständigkeit der Länder nicht sprechen.

Im Hinblick auf die kommunalorganisatorischen Regelungsgegenstände kann das Verhältnis von Bund und Ländern nur umschrieben werden[115], und zwar dahingehend, daß jener lediglich vereinzelt gesetz-

---

[113] Vgl. auch *Maunz* in Maunz / Dürig, Art. 70 Rdn. 32.

[114] Nach *Maunz* in Maunz / Dürig, Art. 71 Rdn. 12 bewirken ausschließliche Länderzuständigkeiten eine Sperrwirkung gegenüber dem Bund. — Eine weitere Übertragung der im Bereich der ausschließlichen Gesetzgebung des Bundes geltenden Grundsätze ist nicht möglich. So ist eine Ermächtigung des Bundesgesetzgebers durch den Landesgesetzgeber unzulässig, BVerfGE 1, 14 (35).

[115] Insoweit handelt es sich auch nicht um den Typ der konkurrierenden oder Rahmengesetzgebung. Die konkurrierende Gesetzgebung wird dadurch gekennzeichnet, daß der Bundesgesetzgeber bestimmte Sachbereiche ordnen darf, ohne auf die Ländergesetzgebung Rücksicht nehmen zu müssen, daß aber auch die Länder den gleichen Sachbereich oder Teile daraus regeln dürfen, sofern der Bundesgesetzgeber sie nicht ordnet (*Maunz* in Maunz / Dürig, Art. 72 Rdn. 1). Im Rahmen dieses Gesetzgebungstyps sind daher die

geberische Einwirkungsrechte gem. Art. 84 I 2. HS, 85 I 2. HS GG besitzt, hingegen den Ländern grundsätzlich die Befugnis zur Gesetzgebung nach Art. 20 I, 70 I GG zusteht.

III. Befugnis der Länder gem. Art. 20 I, 70 I GG zum Erlaß der § 54 I, III GO BaWü, Art. 38 II 1 u. 2 GO Bay, § 46 II 1 u. 2 Verf Bremhv, § 71 II 1 u. 2 GO He, § 63 II GO Nds, § 56 I, IV GO NRW, § 49 I 1 u. 2 GO RhPf, § 62 S. 1 u. 2 KSVG Sa, §§ 50 II, 61 II GO SH?

Zum Erlaß der in den Gemeindeordnungen normierten Formvorschriften waren die Länder daher gem. Art. 20 I, 70 I GG befugt, wenn diese kommunalorganisatorischer Natur sind. In Betracht kommt hier allein das innere Kommunalorganisationsrecht, und zwar unter dem Gesichtspunkt des internen Verfahrensrechts[116]. Zu diesem gehören die Normen, die sich darin erschöpfen, den Organwaltern im Hinblick auf die Art und Weise der Ausübung einer Organzuständigkeit bestimmte Gebote aufzuerlegen[117].

Nach § 54 I 1 GO BaWü, Art. 38 II 1 GO Bay, § 46 II 1 Verf Bremhv, § 71 II 1 GO He, § 56 I 1 GO NRW, § 49 I 1 GO RhPf, § 62 S. 1 KSVG Sa und §§ 50 II 1, 61 II 1 GO SH bedürfen Verpflichtungserklärungen der

---

Gegenstände, die potentiell gleichermaßen in die Bundes- und Länderzuständigkeit fallen, deckungsgleich. Eine derartige Kongruenz besteht im Hinblick auf die Materien des Kommunalorganisationsrechts nicht. Bestimmte Regelungsgegenstände in diesem Bereich unterliegen allein dem Landesgesetzgeber, sind dem Bundesgesetzgeber entzogen. Demgegenüber besitzt der Bundesgesetzgeber einige Befugnisse — Eingriffe in die kommunale Organisationshoheit durch Anordnung der Schaffung von Ämtern — die den Ländern nicht zustehen (vgl. hierzu *Schmidt-Jortzig*, Kommunalrecht, Rdn. 452, 453). Abgesehen von der mangelnden Kongruenz des Regelungsgegenstandes fehlt es an einem weiteren, die konkurrierende Gesetzgebung prägenden Moment. Ein Charakteristikum dieses Gesetzgebungstyps wird man wohl darin sehen können, daß den Ländern allenfalls eine Lückenzuständigkeit, d. h. begrenzte Zuständigkeit verbleibt, wohingegen der Bund die Gesetzgebungsbefugnis im Schwergewicht ausübt. Im Gebiet der kommunalorganisatorischen Regelungsmaterien verhält es sich demgegenüber genau umgekehrt, die Länder regeln dieses schwerpunktmäßig, dem Bund stehen nur punktuelle Einwirkungsmöglichkeiten zu. Das Wesen der Rahmengesetzgebung besteht darin, daß der Bund auf den Erlaß solcher Gesetze beschränkt ist, die, wenn auch nicht in allen einzelnen Bestimmungen, so doch als Ganzes dem Landesgesetzgeber noch einen ausreichenden Regelungsspielraum belassen und darauf angelegt sind, von ihm aufgrund eigener Entschließung ausgefüllt zu werden (vgl. BVerfGE 4, 115 [129 f.]; 25, 142 [152]; 36, 193 [202]; 43, 291 [343]; BVerfG NJW 1984, S. 419 [426]). Eine solche Beziehung zwischen Bundesgesetzgebung und Landesgesetzgebung besteht in bezug auf die Materien des Kommunalorganisationsrechts nicht. Soweit der Gesetzgeber befugt ist, Kommunalorganisationsrecht zu setzen, darf er eine vollständige Regelung treffen, ganz abgesehen davon, daß den Ländern bestimmte Befugnisse, die dem Bundesgesetzgeber zustehen, nicht eingeräumt sind, so daß sie insoweit gar nicht „ausfüllend" tätig werden dürften.

[116] Vgl. in diesem Teil A I 1 c bb.

[117] Vgl. in diesem Teil A I 1 a bb (4).

Schriftform. Die Vorschriften legen daher dem Organwalter, der die Verpflichtungserklärung abgibt, das Gebot auf, diese schriftlich abzufassen und regeln mithin, wie die Zuständigkeit „Vertretung“ auszuüben ist, soweit die Vertretungshandlung eine Verpflichtungserklärung darstellt. Denselben Regelungsgehalt weisen § 54 I 2 GO BaWü, Art. 38 II 2 GO Bay, § 56 I 2 GO NRW sowie §§ 50 II 2, 61 II 2 GO SH auf, nach denen Verpflichtungserklärungen vom Gemeindevorsteher und zum Teil einer weiteren Person handschriftlich zu unterzeichnen sowie mit Dienstsiegel oder auch Amtsbezeichnung zu versehen sind. Gleiches gilt im Hinblick auf § 63 II 1 GO Nds, nach welchem Verpflichtungserklärungen vom Gemeindedirektor und dem Ratsvorsitzenden gemeinsam abzugeben sind. Die Vorschrift verpflichtet diese, bei der Wahrnehmung der Vertretungszuständigkeit durch den Gemeindedirektor bezogen auf die Dokumentation der Erklärung zusammenzuwirken, wobei die Art des Zusammenwirkens näher durch § 63 II 2 GO Nds bestimmt wird. In der Normierung eines an die Organwalter gerichteten Gebots, sich in bestimmter Art und Weise zu verhalten, erschöpft sich der Regelungsgehalt der § 54 I GO BaWü, Art. 38 II 1 u. 2 GO Bay, § 46 II 1 Verf Bremhv, § 71 II 1 GO He, § 63 II 1 GO Nds, § 56 I GO NRW, § 49 I 1 GO RhPf, § 62 S. 1 KSVG Sa, §§ 50 II, 61 II GO SH. Die Vorschriften enthalten insbesondere keine Aussage darüber, welche Folgen eine etwaige Mißachtung des Gebots nach sich zieht. Als Normen, die allein das Verhalten der Organwalter reglementieren, zählen sie zum internen kommunalen Verfahrensrecht und damit zum inneren Kommunalorganisationsrecht.

Die übrigen in den Gemeindeordnungen niedergelegten, die Form von Verpflichtungserklärungen betreffenden Vorschriften sind demgegenüber einer solchen Qualifizierung nicht zugänglich. Nach § 46 II 2 Verf Bremhv, § 71 II 2 GO He, § 63 II 2 GO Nds, § 49 I 2 GO RhPf und § 62 S. 2 KSVG Sa sind Verpflichtungserklärungen „nur rechtsverbindlich“, wenn sie etwa handschriftlich oder bzw. und zweifach unterzeichnet, mit Amtsbezeichnung oder bzw. und Dienstsiegel versehen sind. Die Vorschriften enthalten zwar auch an die Organwalter gerichtete Gebote, Verpflichtungserklärungen in bestimmter Art und Weise abzufassen und weisen insoweit Aspekte des internen Verfahrensrechts auf. Sie sind aber nicht nur interne Verhaltensregelungen. Für den Fall der Mißachtung der Förmlichkeitsgebote ordnen sie die rechtliche Nichtverbindlichkeit der gemeindlichen Willenserklärungen an, was dahin zu verstehen ist, daß formwidrige Erklärungen keine rechtlichen Wirkungen entfalten, so daß der Erklärungsgegner aus ihnen keine Rechte herleiten kann. Da es sich bei diesem um einen außerhalb der Gemeinde stehenden Dritten handelt, regeln die Normen auch die Außenrechtsbeziehungen der Kommune[118]. § 56 IV GO NRW, nach dem formwidrige Verpflichtungserklärungen die Gemeinde „nicht binden“, stellt ebenfalls kein inneres Kommunalorganisationsrecht dar. Die Vorschrift betrifft ausschließlich das Verhältnis der Kommune zu einem außerhalb ihrer selbst stehenden Dritten (Erklärungsgegner) und entfaltet von daher reine Außenwirkung.

Unter dem Gesichtspunkt des Kommunalorganisationsrechts waren die Länder danach gem. Art. 20 I, 70 I GG zum Erlaß der § 54 I, III GO BaWü, Art. 38 II 1 u. 2 GO Bay, § 46 II 1 Verf Bremhv, § 71 II 1 GO He, § 63 II 1 GO Nds, § 56 I GO NRW, § 49 I 1 GO RhPf, § 62 S. 1 KSVG Sa, §§ 50 II, 61 II GO SH insgesamt befugt, zum Erlaß der § 46 II 2 Verf Bremhv, § 71 II 2 GO He, § 63 II 2 GO Nds, § 49 I 2 GO RhPf und § 62 S. 2 KSVG Sa dagegen lediglich insoweit, als diese an die Organwalter gerichtete, d. h. interne Verhaltensgebote normieren. Im Hinblick auf § 56 IV GO NRW läßt sich schließlich eine Regelungsbefugnis unter dem Gesichtspunkt des Kommunalorganisationsrechts überhaupt nicht begründen.

B. Die Regelungsbefugnis der Länder unter dem Aspekt des (externen) Verwaltungsverfahrensrechts soweit § 46 II 2 Verf Bremhv, § 71 II 2 GO He, § 63 II 2 GO Nds, § 56 IV GO NRW, § 49 I 2 GO RhPf, § 62 S. 2 KSVG Sa die rechtliche Unverbindlichkeit gemeindlicher Verpflichtungserklärungen anordnen

Die Erkenntnis, daß die § 46 II 2 Verf Bremhv, § 71 II 2 GO He, § 63 II 2 GO Nds, § 56 IV GO NRW, § 49 I 2 GO RhPf, § 62 S. 2 KSVG Sa nicht zum kommunalen Organisationsrecht zu zählen sind, soweit sie das Verhältnis der Gemeinde zu außerhalb ihrer selbst stehenden Dritten regeln, bedeutet nicht gleichzeitig, daß den Ländern diesbezüglich die Zuständigkeit zum Erlaß der Vorschriften fehlte. Eine Regelungsbefugnis der Länder könnte sich vielmehr insoweit unter dem Gesichtspunkt des (externen) Verwaltungsverfahrensrechts ergeben. Die Länder besitzen nach Art. 70 I GG die Gesetzgebungszuständigkeit für das Verfahren der Behörden des Landes, der Gemeinden und Gemeindeverbände sowie der sonstigen der Aufsicht des Landes unterstehenden juristischen Personen des öffentlichen Rechts[1].

Zum externen Verwaltungsverfahren im strengen Sinne gehört die den Rechts- oder Pflichtenkreis von Außenrechtssubjekten regelnde öffentlich-rechtliche Tätigkeit der Behörden mittels Verwaltungsakt

---

[118] Vgl. 3. Teil, 2. Kap., B II.

[1] Dies hat seinen Ausdruck gefunden z. B. in §/Art. 1 I VwVfG BaWü, Bay, NRW.

oder öffentlich-rechtlichem Vertrag[2]. Das Verwaltungshandeln unterliegt dabei, soweit dies gesetzlich angeordnet ist, bestimmten Formen[3]. Da die Gebote, bestimmte Formen einzuhalten, als an Innenrechtssubjekte gerichtete Verhaltensregeln bereits dem internen Verfahrensrecht zuzuordnen sind, gehören insoweit zum externen Verwaltungsverfahrensrecht nur diejenigen Normen, die es von der Einhaltung der Form abhängig machen, ob die im Verwaltungsakt oder öffentlich-rechtlichen Vertrag enthaltene den Rechts- oder Pflichtenkreis eines Außenrechtssubjekts betreffende Regelung gilt, ob also Rechte oder Pflichten eines außerhalb der Verwaltung stehenden Dritten begründet, aufgehoben, abgeändert oder verbindlich festgestellt werden[4].

§ 46 II 2 Verf Bremhv, § 71 II 2 GO He, § 63 II 2 GO Nds, § 56 IV GO NRW, § 49 I 2 GO RhPf, § 62 S. 2 KSVG Sa ordnen die rechtliche Unverbindlichkeit sowohl formwidriger öffentlich-rechtlicher als auch privatrechtlicher Verpflichtungserklärungen[5] der Gemeinde an.

I. Regelung der rechtlichen Unverbindlichkeit öffentlich-rechtlicher Verpflichtungserklärungen

Soweit die Verpflichtungserklärungen einen öffentlich-rechtlichen Inhalt aufweisen, können sie Verwaltungsakte darstellen — z. B. Zusicherungen[6] — oder auf den Abschluß öffentlich-rechtlicher Verträge[7] gerichtet sein. Da die gemeindliche Willenserklärung im Falle der Formwidrigkeit rechtlich nicht verbindlich ist, der außerhalb der Gemeinde stehende Dritte, dem gegenüber die Erklärung abgegeben wird, aus dieser mithin keine Rechte herleiten kann, machen die Normen es von der Einhaltung der Form abhängig, ob die in der Erklärung enthaltene Regelung gilt, ob also Rechte eines Außenrechtssubjektes entstehen. Soweit die Normen die rechtliche Unverbindlichkeit öffentlich-rechtlicher Erklärungen anordnen, sind sie daher als externes Verwaltungsverfahrensrecht zu qualifizieren. Da es sich um das Verfahren von

---

[2] Vgl. *Badura* in Erichsen / Martens, § 37 II (S. 329 f.).

[3] Vgl. hierzu *Badura* in Erichsen / Martens, § 37 III (S. 330).

[4] Vgl. *Badura* in Erichsen / Martens, § 37 II (S. 329). — Nach *Kopp*, Rdn. 8, 9 vor § 1 zählen wohl derartige Rechtsfolgeregelungen zu den annexen Materien des Verwaltungsverfahrens.

[5] Vgl. etwa *Schneider / Manz*, § 71 Anm. 3; *Lüersen / Neuffer*, § 63 Anm. 3; *v. Loebell*, § 56 Erl. 1; *Rauball / Pappermann / Roters*, § 56 Rdn. 1.

[6] Z. B.: Zusicherung, die Anlieger brauchten für Beitragskosten nicht aufzukommen, OVG Münster OVGE 25, 237 (241). Die VA-Qualität der Zusicherung bejahen etwa *Meyer* in Meyer / Borgs, § 38 Rdn. 9; *Kopp*, § 38 Rdn. 6; *Krebs*, VerwArch Bd. 69 (1978), S. 85 (89). Ablehnend dagegen z. B. *Erichsen / Martens*, § 11 II 4 (S. 172); *Maiwald*, BayVBl. 1977, S. 449 (452).

[7] So z. B. Verpflichtungserklärungen nach § 7 a I Nr. 3 AbfG, vgl. *Hösel / v. Lersner*, § 7 a Rdn. 7; OVG Münster Städte- und Gemeinderat 1983, S. 30 nimmt eine vertragsähnliche öffentlich-rechtliche Beziehung an.

Gemeindebehörden handelt, waren die Länder zum Erlaß der Normen insoweit unter dem Gesichtspunkt des Verwaltungsverfahrensrechts gem. Art. 70 I GG befugt.

II. Regelung der rechtlichen Unverbindlichkeit privatrechtlicher Verpflichtungserklärungen

Soweit die Vorschriften im Hinblick auf formwidrige privatrechtliche Verpflichtungserklärungen der Gemeinde Außenrecht setzen, scheidet dagegen eine Bewertung der Normen als Verwaltungsverfahrensrecht aus. Eine Regelungsbefugnis der Länder unter diesem Aspekt besteht mithin insoweit nicht.

C. Regelungsbefugnis der Länder soweit § 46 II 2 Verf Bremhv, § 71 II 2 GO He, § 63 II 2 GO Nds, § 56 IV GO NRW, § 49 I 2 GO RhPf, § 62 S. 2 KSVG Sa die rechtliche Unverbindlichkeit formwidriger privatrechtlicher Verpflichtungserklärungen anordnen?

Soweit die Vorschriften die Außenwirkung formwidriger privatrechtlicher Verpflichtungserklärungen thematisieren, könnte es sich um bürgerliches Recht handeln, über das der Bund gem. Art. 72 I, 74 Nr. 1 GG die Befugnis zur Gesetzgebung besitzt, so daß die Länder von der Gesetzgebung ausgeschlossen sind, solange und soweit der Bund von seinem Gesetzgebungsrecht Gebrauch macht.

Was bürgerliches Recht im Sinne der Verfassungsnorm ist, ergibt sich im wesentlichen aus dem Bürgerlichen Gesetzbuch[1]. Dieses regelt die Frage der Formnichtigkeit, und zwar ausdrücklich in § 125 BGB. Die Anordnung der § 46 II 2 Verf Bremhv, § 71 II 2 GO He, § 63 II 2 GO Nds, § 56 IV GO NRW, § 49 I 2 GO RhPf, § 62 S. 2 KSVG Sa, daß formwidrige privatrechtliche Verpflichtungserklärungen nicht rechtsverbindlich sind, also die in ihnen enthaltene Regelung bei Mißachtung der Form nicht gilt, bedeutet aber nichts anderes, als daß die Erklärungen bei Formfehlerhaftigkeit nichtig sind[2]. Die Normen stellen demnach insoweit bürgerliches Recht dar.

Nun ist die Frage der Formnichtigkeit in einem kodifikatorischen Bundesgesetz geregelt (Art. 3, 55, 218 EGBGB). Ob ein solches die Länder schlechthin von der Gesetzgebung ausschließt oder sie dann regelungsbefugt sind, wenn das kodifikatorische Bundesgesetz Lücken aufweist, die nicht aus den in ihm selbst enthaltenen Sätzen im Wege der zulässigen Auslegung oder erlaubten Fortbildung geschlossen werden

---

[1] Vgl. *Maunz* in Maunz / Dürig, Art. 74 Rdn. 22.

[2] Vgl. zum Begriff der Nichtigkeit, *Flume*, § 30 1 (S. 547 f.).

können, wird nicht einheitlich beantwortet[3]. Im Rahmen der hier vorliegenden Untersuchung kommt es auf die Streitfrage allerdings nicht an. Das Thema „Formnichtigkeit" ist im Bürgerlichen Gesetzbuch erschöpfend, d. h. abschließend behandelt. Dieses hat sich grundsätzlich zur Formfreiheit[4] und damit zur Bedeutungslosigkeit von Formverstößen bekannt und will von daher nur in den von ihm aufgeführten Fällen Willenserklärungen als formnichtig bewertet wissen. Die Länder waren demnach zum Erlaß der Normen insoweit nicht befugt.

D. Einschränkung des Anwendungsbereichs der § 46 II 2 Verf Bremhv, § 71 II 2 GO He, § 63 II 2 GO Nds, § 56 IV GO NRW, § 49 I 2 GO RhPf, § 62 S. 2 KSVG Sa im Wege der verfassungskonformen Auslegung — Regelung der rechtlichen Unverbindlichkeit lediglich im Hinblick auf öffentlich-rechtliche Verpflichtungserklärungen

Der Verstoß dieser Normen gegen Art. 72 I, 74 Nr. 1 GG, soweit die rechtliche Unverbindlichkeit formfehlerhafter privatrechtlicher Verpflichtungserklärungen normiert ist, bedeutet nicht gleichzeitig, daß sie verfassungswidrig sind. Das Bundesverfassungsgericht hat in mehreren Entscheidungen ausgesprochen, daß eine Bestimmung nur dann verfassungswidrig und deshalb ungültig ist, wenn sie nicht „verfassungskonform" ausgelegt werden kann[1]. Klärungsbedürftig ist daher, ob § 46 II 2 Verf Bremhv, § 71 II 2 GO He, § 49 I 2 GO RhPf, § 62 S. 2 KSVG Sa sowie § 56 IV GO NRW einer verfassungskonformen Auslegung zugänglich sind. In Übereinstimmung mit der Verfassung würden diese Normen dann stehen, wenn sie einschränkend dahin interpretiert werden könnten, daß die in ihnen angeordnete Formnichtigkeit gemeindlicher Verpflichtungserklärungen nicht für diejenigen Erklärungen gilt, die einen privatrechtlichen Inhalt haben. Voraussetzung für eine solche Auslegung ist, daß sie sich noch im Rahmen des möglichen Wortsinns hält[2] und das gesetzgeberische Ziel in keinem wesentlichen Punkt verfehlt oder verfälscht[3], wobei es nicht auf die subjektiven Vorstellungen des Gesetzgebers = Gesetzesverfassers ankommt, sondern auf die im Gesetz verobjektivierten gesetzgeberischen Absichten[4].

---

[3] Vgl. zu dieser Streitfrage die Nachweise im 3. Teil 1. Kap., 1. Abschn., A I Fn. 11 u. 12.

[4] Vgl. Mot. I, 178 (*Mugdan* I, S. 450); s. auch *Flume*, § 15 I 2 (S. 246).

[1] Vgl. BVerfGE 2, 266 (282); 8, 28 (34); 9, 194 (200); 14, 56 (73); 16, 306 (329); 17, 306 (318); 18, 18 (34); 19, 1 (5); 33, 52 (65); 48, 40 (45); 64, 229 (242).

[2] Vgl. etwa BVerfGE 19, 242 (247); 19, 268 (281); 21, 292 (305). Siehe auch *Larenz*, Methodenlehre, S. 326.

[3] So ausdrücklich BVerfGE 8, 28 (34); 54, 277 (299).

[4] Vgl. BVerfGE 11, 126 (130, 131); 13, 261 (268); 62, 1 (45).

Nach § 46 II 2 Verf Bremhv, § 71 II 2 GO He, § 63 II 2 GO Nds, § 49 I 2 GO RhPf und § 62 S. 2 KSVG Sa sind Verpflichtungserklärungen nur rechtsverbindlich, wenn sie bestimmte Formen aufweisen. Die Normen sprechen also nicht ausdrücklich von privatrechtlichen, sondern vielmehr allgemein von Verpflichtungserklärungen. Gleichwohl erscheint eine einschränkende Auslegung im obigen Sinne nicht unproblematisch. Zu bedenken ist, daß die Vorschriften einen doppelten Regelungsgehalt haben. Sie normieren einerseits ein an die Organwalter gerichtetes Gebot, Verpflichtungserklärungen in bestimmter Form abzufassen und ordnen andererseits für den Fall der Mißachtung des Gebots die rechtliche Unverbindlichkeit der Verpflichtungserklärung an. Dabei ist es verfassungsrechtlich unbedenklich, die in den Normen aufgestellten internen Verhaltensregeln sowohl auf privatrechtliche als auch auf öffentlich-rechtliche Verpflichtungserklärungen zu beziehen. Insoweit handelt es sich insgesamt um inneres Kommunalorganisationsrecht[5]. Eine restriktive Auslegung dahingehend, daß die rechtliche Unverbindlichkeit nur formfehlerhafte öffentlich-rechtliche Verpflichtungserklärungen betrifft, würde mithin dazu führen, daß dem einheitlichen Terminus „Verpflichtungserklärungen" ein unterschiedlicher Sinngehalt beigelegt wird, je nach dem, ob es um die rechtlichen Beziehungen innerhalb der gemeindlichen Organisation oder um die rechtlichen Beziehungen der Kommune zu ihrem Erklärungsgegner geht. Ein Argument gegen die Zulässigkeit einer einschränkenden Auslegung wird man hierin jedoch nicht sehen können. Maßgeblich ist insoweit allein der Wortlaut der § 46 II 2 Verf Bremhv, § 71 II 2 GO He, § 63 II 2 GO Nds, § 49 I 2 GO RhPf und § 62 S. 2 KSVG Sa. Dieser steht einem differenzierenden Verständnis des Begriffs „Verpflichtungserklärungen" nicht entgegen.

Darüber hinaus müßte eine einschränkende Interpretation mit dem gesetzgeberischen Ziel vereinbar sein. Dieses geht im wesentlichen dahin, die Gemeinde vor der Abgabe unbedachter, übereilter Erklärungen zu schützen, die kommunalen Organwalter zur Abfassung präziser und vollständiger Erklärungen anzuhalten, der Gemeinde Belege zu verschaffen, die Existenz und Inhalt der Verpflichtungserklärungen nachweisen können sowie auf eine verwaltungsinterne Kontrolle hinzuwirken[6]. Eine restriktive Auslegung läßt diesen Normzweck unberührt, da das an die Organwalter gerichtete Gebot, sowohl öffentlich-rechtliche als auch privatrechtliche Verpflichtungserklärungen in bestimmten Formen abzufassen, aufrechterhalten bleibt. Bei einschränkender Auslegung sanktionieren die Normen allerdings entgegen der gesetzgeberischen Intention, nach der sämtliche formwidrigen Ver-

[5] Vgl. in diesem Teil A I 1 a bb u. A I 1 c bb.

[6] Vgl. 3. Teil, 1. Kap., 3. Abschn., C u. 4. Abschn.

pflichtungserklärungen keine rechtlichen Folgen für die Kommunen auslösen sollen, die Formfehlerhaftigkeit privatrechtlicher Verpflichtungserklärungen nicht. Dadurch wird jedoch das gesetzgeberische Ziel nicht verfehlt oder verfälscht. Der Regelungsgehalt der Normen bleibt lediglich hinter dem zurück, den das Gesetz gewollt hat. Dies ist unschädlich. So hat das Bundesverfassungsgericht betont, daß es im Rahmen einer einschränkenden verfassungskonformen Auslegung nur darauf ankommt, von der Absicht des Gesetzgebers das Maximum aufrechtzuerhalten, was nach der Verfassung aufrechterhalten werden kann[7]. § 46 II 2 Verf Bremhv, § 71 II 2 GO He, § 63 II 2 GO Nds, § 49 I 2 GO RhPf und § 62 S. 2 KSVG Sa können demnach einschränkend dahingehend ausgelegt werden, daß die in ihnen angeordnete rechtliche Unverbindlichkeit formwidriger Verpflichtungserklärungen nicht für diejenigen privatrechtlichen Inhalts gilt.

Fraglich ist, ob auch § 56 IV GO NRW einer solch einschränkenden Auslegung zugänglich ist. Nach dieser Norm binden „Erklärungen, die nicht den Formvorschriften dieses Gesetzes entsprechen, die Gemeinde nicht". Vom Wortlaut her ist eine Begrenzung des Anwendungsbereichs der Vorschrift auf öffentlich-rechtliche Erklärungen zwar ohne weiteres möglich, da sie sich nicht ausdrücklich (nur) auf privatrechtliche, sondern vielmehr allgemein auf gemeindliche Verpflichtungserklärungen bezieht.

Unter Berücksichtigung des gesetzgeberischen Ziels ist eine solche Auslegung dagegen nicht unproblematisch. § 56 IV GO NRW will jegliche formwidrigen Erklärungen der Kommune als nichtig behandelt wissen. Hierin erschöpft sich der Regelungsgehalt der Norm; diese enthält nicht gleichzeitig an die Organwalter gerichtete Gebote, sich formgerecht zu verhalten. Eine Ausklammerung der privatrechtlichen Erklärungen aus dem Normtatbestand würde mithin dazu führen, daß die gesetzgeberische Absicht insoweit vollständig ausfällt. Dies kommt aber einem Verfehlen oder Verfälschen des gesetzgeberischen Ziels zumindest nahe, so daß eine einschränkende verfassungskonforme Auslegung hier unzulässig sein könnte. Zu einem solchen Ergebnis gelangt man indessen nur, wenn § 56 IV GO NRW einer isolierten Betrachtung unterzogen wird. Würdigt man die Norm im Zusammenhang mit § 56 I GO NRW, der ein an die Organwalter gerichtetes Gebot enthält, auch privatrechtliche Verpflichtungserklärungen in bestimmter Form abzugeben, so ergibt sich die gleiche Situation wie bei § 46 II 2 Verf Bremhv, § 71 II 2 GO He, § 63 II 2 GO Nds, § 49 I 2 GO RhPf und § 62 S. 2 KSVG Sa. Damit stellt sich die Frage, ob die gesetzgeberische Absicht allein aus § 56 IV GO NRW oder aber in Verbindung mit § 56 I GO NRW zu be-

---

[7] BVerfGE 8, 28 (34) unter Hinweis auf BVerfGE 2, 266 (282); 33, 52 (70).

stimmen ist. Dies wird man wohl nur im letzteren Sinne beantworten können. Absatz 4 nimmt auf Absatz 1 Bezug, sein Regelungsgehalt ist ohne den des Absatzes 1 sinnlos. Zudem sind beide Regelungen nur Teilaspekte ein und derselben Vorschrift, die insgesamt die näheren Umstände der Abgabe von Erklärungen thematisiert und insoweit von einer einheitlichen gesetzgeberischen Absicht getragen wird. Damit ist auch § 56 IV GO NRW einschränkend dahin auslegbar, daß die von ihm angeordnete Unverbindlichkeit formwidriger Erklärungen nur für solche mit öffentlich-rechtlichem Inhalt gilt.

Da § 46 II 2 Verf Bremhv, § 71 II 2 GO He, § 63 II 2 GO Nds, § 49 I 2 GO RhPf, § 62 S. 2 KSVG Sa sowie § 56 IV GO NRW einer verfassungskonformen Auslegung zugänglich sind, sind sie als verfassungsgemäß zu bewerten.

E. Zusammenfassendes Ergebnis

Als Ergebnis der verfassungsrechtlichen Überprüfung läßt sich damit festhalten:

§ 54 I, III GO BaWü, Art. 38 II 1 u. 2 GO Bay, § 46 II 1 Verf Bremhv, § 71 II 1 GO He, § 63 II 1 GO Nds, § 56 I GO NRW, § 49 I 1 GO RhPf, § 62 S. 1 KSVG Sa, §§ 50 II, 61 II GO SH, die an die Organwalter gerichtete Gebote enthalten, Verpflichtungserklärungen förmlich abzufassen, zählen als internes Verfahrensrecht zum inneren Kommunalorganisationsrecht, zu dessen Regelung die Landesgesetzgeber nach Art. 20 I, 70 I GG befugt sind. Das gleiche gilt im Hinblick auf § 46 II 2 Verf Bremhv, § 71 II 2 GO He, § 63 II 2 GO Nds, § 49 I 2 GO RhPf und § 62 S. 2 KSVG Sa, soweit diese interne Verhaltensregeln aufstellen.

Soweit § 46 II 2 Verf Bremhv, § 71 II 2 GO He, § 63 II 2 GO Nds, § 49 I 2 GO RhPf und § 62 S. 2 KSVG Sa darüber hinaus die rechtliche Unverbindlichkeit formfehlerhafter Verpflichtungserklärungen normieren, sind sie einschränkend dahingehend auszulegen, daß dies nur für öffentlich-rechtliche Erklärungen gilt. Dasselbe gilt bezüglich § 56 IV GO NRW. Zum Erlaß der Normen waren die Landesgesetzgeber insoweit gem. Art. 70 I GG unter dem Gesichtspunkt des (externen) Verwaltungsverfahrensrechts befugt.

Fünfter Teil

Rechtsfolgen formwidriger gemeindlicher Verpflichtungserklärungen

Der letzte Problemkreis, der im Zusammenhang mit den in den Gemeindeordnungen niedergelegten Formvorschriften zur Diskussion steht, ist die Frage nach den rechtlichen Folgen, die formwidrige Verpflichtungserklärungen der Gemeinde auszulösen vermögen. Dabei ist zu differenzieren zwischen den Rechtsfolgen im Außen- und Innenverhältnis und im Rahmen der ersten Gruppe zwischen den rechtlichen Folgen formfehlerhafter privatrechtlicher und öffentlich-rechtlicher Erklärungen.

1. Kapitel

Rechtsfolgen im Außenverhältnis

1. Abschnitt

Rechtsfolgen formwidriger privatrechtlicher Verpflichtungserklärungen

Die Abgabe formfehlerhafter privatrechtlicher Verpflichtungserklärungen löst nach den Gemeindeordnungen im Außenverhältnis keine rechtlichen Folgen aus. Dies bedeutet allerdings noch nicht, daß formwidrige private Erklärungen der Kommune Gültigkeit haben. Ihre Nichtigkeit könnte sich vielmehr aus § 125 S. 1 BGB in Verbindung mit den die Formerfordernisse normierenden kommunalrechtlichen Vorschriften ergeben. Dies setzt voraus, daß § 125 S. 1 BGB, nach welchem ein Rechtsgeschäft, das der durch Gesetz vorgeschriebenen Form ermangelt, nichtig ist, hier Anwendung finden kann.

Bedenken gegen die Anwendbarkeit der Norm ergeben sich nicht im Hinblick darauf, daß diese auf das „Rechtsgeschäft" abstellt, während sich die Vorschriften der Gemeindeordnungen auf die einzelne „Willenserklärung" beziehen. Zwar sind die Termini „Rechtsgeschäft" und

„Willenserklärung“ nicht in jedem Fall identisch. Rechtsgeschäfte können einerseits aus einer oder mehreren Willenserklärungen bestehen, andererseits neben diesen noch weitere Elemente enthalten, etwa die Mitwirkung einer Behörde oder die Zustimmung eines privaten Dritten[1]. Unterwirft aber das Gesetz das „Rechtsgeschäft“ einer Form, so meint es ausschließlich die Willenserklärung und nicht auch die möglichen anderen Teile des rechtsgeschäftlichen Aktes. Denn die Formbedürftigkeit des Rechtsgeschäfts bedeutet nichts anderes, als daß für die Willenserklärung die Art der Dokumentation vorgeschrieben wird[2]. Dementsprechend geht es bei der Regelung des § 125 BGB um die dem Formerfordernis unterliegende Willenserklärung oder beim Vertrag um die beiderseitigen Willenserklärungen, wenn nicht ausnahmsweise das Erfordernis nur für eine Willenserklärung normiert ist[3].

Bedenken gegen die Anwendbarkeit der Norm ergeben sich allerdings im Hinblick darauf, daß es sich bei dem die Formbedürftigkeit gemeindlicher Erklärungen reglementierenden Gesetz um ein Landesgesetz handelt. Ob eine landesrechtliche Regelung „Gesetz“ im Sinne des § 125 S. 1 BGB sein kann, erscheint fraglich. Der Wortlaut der Vorschrift, der nicht ausdrücklich von Bundesgesetzen spricht, steht dem zwar nicht entgegen, ebensowenig Art. 2 EGBGB, wonach Gesetz im Sinne des Bürgerlichen Gesetzbuchs jede Rechtsnorm ist. Und auch der Reichsgesetzgeber, der sich im Rahmen der amtlichen Begründung zu § 36 II DGO (v. 1935) mit § 125 BGB beschäftigt hat, ging von der Anwendbarkeit der Norm in dem hier interessierenden Zusammenhang aus[4]. Allerdings brauchte bzw. konnte jener, da 1935 nur noch eine einheitliche Reichsgewalt existierte[5], Art. 55 EGBGB nicht in seine Überlegungen aufnehmen. Eine Berücksichtigung der in dieser Norm zum Ausdruck kommenden gesetzgeberischen Wertung läßt aber an der Zulässigkeit der Einbeziehung von Landesgesetzen in den Tatbestand des § 125 S. 1 BGB zweifeln. Nach Art. 55 EGBGB sind alle privatrechtlichen Landesgesetze außer Kraft getreten, soweit nicht Vorbehalte zugunsten des Landesrechts bestehen; neue privatrechtliche Vorschriften können die Länder nur im Rahmen der ausdrücklich bestehenden Vorbehalte erlassen[6]. Sinn des Art. 55 EGBGB ist es damit, die Rechtszersplitterung im Bereich des Privatrechts zu verhindern und eine bundeseinheitliche Regelung zu garantieren. Eine Rechtszersplitterung ist aber

---

[1] Vgl. *Flume*, § 2 3 a - c (S. 25 ff.).

[2] Vgl. *Flume*, § 15 I 4 (S. 249).

[3] *Flume*, § 15 I 4 (S. 248).

[4] Vgl. Ziff. 2 a der amtl. Begr. zu § 36 II DGO, abgedr. im Deutschen Reichsanzeiger und Preußischen Staatsanzeiger 1935, Nr. 27.

[5] Durch das Gesetz über den Neuaufbau des Reiches vom 30. Januar 1934 — RGBl. 1934 Teil I, Nr. 11 (S. 75) — war das bis dahin bestehende bundesstaatliche System beseitigt.

[6] Vgl. *Palandt / Heinrichs*, Art. 55 EGBGB, Anm. 1.

nicht nur zu befürchten, wenn die Länder eigene privatrechtliche Normen erlassen, sondern vielmehr auch dann, wenn Landesgesetze im Rahmen von Normen des Bürgerlichen Gesetzbuchs Wirkungen entfalten. In diesem Fall würden private Rechtsbeziehungen ebenfalls letztlich nicht bundeseinheitlich, sondern nach Ländergrenzen divergierend gestaltet. Dies zeigt sich insbesondere im Bereich der kommunalen Formvorschriften, die gemeindliche Verpflichtungserklärungen nicht einheitlich denselben Formerfordernissen unterwerfen und zudem von dem Grundsatz des Formzwangs teils unter verschiedenen Voraussetzungen, teils überhaupt keine Ausnahmen zulassen[7]. Angesichts des Rechtsgedankens des Art. 55 EGBGB wird man daher unter den Terminus Gesetz i. S. d. § 125 S. 1 BGB kein Landesgesetz subsumieren können.

Eine Mißachtung der in den Gemeindeordnungen niedergelegten Formerfordernisse führt mithin nicht über § 125 S. 1 BGB zur Nichtigkeit privatrechtlicher Verpflichtungserklärungen der Kommune[8].

Da andere Nichtigkeitsvorschriften nicht in Betracht kommen, läßt sich abschließend festhalten, daß Formverstöße insoweit im Außenverhältnis sanktionslos bleiben[9].

---

[7] Vgl. den darstellenden Vergleich 1. Teil, B u. C.

[8] A. A. *Rauball / Pappermann / Roters*, § 56 Rdn. 1; *Hummelbeck*, S. 91 ff., 107; *Kottenberg / Rehn*, § 56 Erl. IV 1, die bei Formmängeln — ausgenommen die fehlende Mitwirkung eines zweiten Organwalters — Nichtigkeit der gemeindlichen Verpflichtungserklärung gem. § 125 S. 1 BGB bejahen. *Fritz*, S. 179 nimmt Nichtigkeit nach § 125 S. 1 BGB bei mangelnder Schriftlichkeit und fehlender handschriftlicher Unterzeichnung an. *Wolff / Bachof*, VerwR II, 4. Aufl., § 87 III c 3 β nehmen Nichtigkeit entspr. § 125 S. 1 BGB an, wenn die Verpflichtungserklärung zwar von den vertretungsberechtigten Organwaltern abgegeben wurde, aber formwidrig ist und das Formerfordernis nicht eine Einschränkung der Vertretungsmacht darstellt.

[9] A. A. z. B. *Masson / Samper*, Art. 38 Rdn. 7, 9, 10; *Prandl / Zimmermann*, Art. 38 Anm. 2, 3; *Kunze / Bronner / Katz*, § 54 Anm. II 3 b, III, nach denen die fehlende Schriftform sowie die mangelnde handschriftliche Unterzeichnung zur schwebenden Unwirksamkeit der privatrechtlichen Verpflichtungserklärung gem. § 177 I BGB führt; die fehlende Amtsbezeichnung soll demgegenüber die Wirksamkeit der Erklärung unberührt lassen. *Schneider / Manz*, § 71 Erl. 6 nehmen schwebende Unwirksamkeit entspr. § 177 I BGB an bei Nichtbeachtung des § 71 II GO He, also im Falle des Fehlens der Schriftform, der handschriftlichen bzw. zweifachen Unterzeichnung oder des Dienstsiegels; die Nichtbeachtung der Sollvorschrift des § 71 III GO He — Angabe der Amtsbezeichnung — halten sie für unschädlich. *Palandt / Heinrichs*, § 125 Anm. 1 c bejahen die Anwendbarkeit des § 177 I BGB ohne zwischen den einzelnen Förmlichkeiten zu differenzieren. *Kottenberg / Rehn*, § 56 Erl. IV 1; *Wolff / Bachof*, VerwR II, 4. Aufl., § 87 III c 3 α; *Schmidt-Jortzig*, Kommunalrecht, Rdn. 256; *Fritz*, S. 179 nehmen schwebende Unwirksamkeit nach § 177 I BGB an, soweit nicht sämtliche Organwalter gehandelt haben. Eine entsprechende Anwendbarkeit des § 177 BGB bejahen auch BGH NJW 1982, S. 1036 (1037) und BGH DVBl. 1984, S. 335 (336), wobei in letzterer Entscheidung für die nachträgliche Genehmigung Schriftform verlangt wird. BGH NJW 1980, S. 117 (118) läßt die Frage der Anwendbarkeit des § 177 BGB offen.

2. Abschnitt

Rechtsfolgen formwidriger öffentlich-rechtlicher Verpflichtungserklärungen

A. Rechtslage in Baden-Württemberg und Bayern

Die Gemeindeordnungen Baden-Württembergs und Bayerns ordnen nicht selbst die Nichtigkeit formfehlerhafter Verpflichtungserklärungen an. § 54 I, III GO BaWü sowie Art. 38 II 1 u. 2 GO Bay normieren lediglich interne an die Organwalter gerichtete Gebote, Verpflichtungserklärungen schriftlich abzufassen, sie handschriftlich zu unterzeichnen sowie mit Amtsbezeichnung zu versehen, wobei letzteres nach der baden-württembergischen Regelung kein „muß“, sondern nur ein „soll“ ist. Der Umstand, daß die Gemeindeordnungen keine rechtlichen Folgen an etwaige Formverstöße knüpfen, bedeutet allerdings nicht, daß diese unbeachtlich sind. Die rechtliche Unverbindlichkeit formfehlerhafter öffentlich-rechtlicher Verpflichtungserklärungen kann sich vielmehr aus den Verwaltungsverfahrensgesetzen der Länder ergeben. Dabei ist zu differenzieren zwischen den gemeindlichen Verpflichtungserklärungen, die einen Verwaltungsakt darstellen und denjenigen, die auf Abschluß eines öffentlich-rechtlichen Vertrages gerichtet, d. h. Bestandteil eines öffentlich-rechtlichen Vertrages sind.

I. Formfehlerhafte Verwaltungsakte

Soweit die gemeindlichen Verpflichtungserklärungen VA-Qualität haben, können sie Zusicherungen oder sonstige verpflichtende Verwaltungsakte[1] sein. Ergehen sie unter Verstoß gegen die kommunalrechtlichen Formvorschriften, sind sie rechtswidrig[2], im Falle der Verletzung

---

[1] So wird man etwa die Bewilligung eines Ehrensoldes an ausgeschiedene Bürgermeister gem. Art. 138 KWBG Bay als Verwaltungsakt werten dürfen.

[2] Daß Form- oder Verfahrensfehler stets zur Rechtswidrigkeit von VAen führen, wurde bis zum Erlaß der VwVfGe des Bundes und der Länder insbes. vom BVerwG abgelehnt. So führte das BVerwG z. B. im Urt. v. 10. 4. 1968 — E 29, 282 (283 f.) aus, „daß nicht jede Verletzung einer Form- oder Verfahrensvorschrift die Rechtmäßigkeit des Verwaltungsakts beeinträchtigt“; ähnlich heißt es im Urt. v. 13. 2. 1970 — Buchholz 1 1 Art. 14, Nr. 106, S. 128 (129): „ist die Rechtswidrigkeit bei Verfahrensfehlern eine mögliche, aber nicht notwendige Konsequenz“. Im Urt. v. 13. 9. 1978 — E 56, 230 (233) läßt das BVerwG nunmehr dahinstehen, ob ein Verfahrensmangel stets den erlassenen VA rechtswidrig macht. Unter Geltung der VwVfGe des Bundes und der Länder wird die Frage der Rechtswidrigkeit von VAen im Falle der Verletzung von Form- oder Verfahrensvorschriften nunmehr weitgehend bejaht, vgl. etwa *Meyer* in Meyer / Borgs, § 43 Rdn. 18, § 46 Rdn. 8; *Badura* in

der Soll-Bestimmung des § 54 III GO BaWü allerdings nur dann, wenn ohne hinreichenden Grund von dieser abgewichen wurde[3]. Damit erhebt sich die Frage, welche Rechtsfolgen die Rechtswidrigkeit auszulösen vermag.

1. *Nichtigkeit der Verwaltungsakte*

Die Rechtswidrigkeit könnte zur Nichtigkeit der Verwaltungsakte führen[4].

a) Zusicherungen

Handelt es sich bei der Verpflichtungserklärung der Gemeinde um eine Zusicherung, so ist in erster Linie auf §/Art. 38 I 1 VwVfG BaWü, Bay und soweit die Norm keine Regelung trifft auf §/Art. 38 II i. V. m. §/Art. 44 VwVfG BaWü, Bay abzustellen.

aa) Rechtslage nach §/Art. 38 I 1 VwVfG BaWü, Bay

Gem. §/Art. 38 I 1 VwVfG BaWü, Bay bedarf die Zusicherung zu ihrer Wirksamkeit der schriftlichen Form. Welche Anforderungen an diese im Rahmen der Vorschrift gestellt werden, ergibt sich grundsätzlich aus §/Art. 37 III VwVfG BaWü, Bay[5], nach dem ein schriftlicher Verwaltungsakt die erlassende Behörde erkennen lassen und die Unterschrift oder die Namenswiedergabe des Behördenleiters, seines Vertreters oder seines Beauftragten enthalten muß. Ist die Zusicherung danach mündlich erklärt oder ist sie zwar schriftlich abgefaßt, läßt aber die Behörde nicht erkennen oder weist weder Unterschrift noch Namenswiedergabe auf, so ist sie gem. §/Art. 38 I 1 VwVfG BaWü, Bay unwirksam, d. h. nichtig[6].

Problematisch gestaltet sich die Frage nach dem Umfang der Anwendbarkeit der Norm. Zu beachten ist, daß diese einen doppelten Regelungsgehalt aufweist. §/Art. 38 I 1 i. V. m. §/Art. 37 III VwVfG BaWü, Bay normieren zum einen an die Organwalter gerichtete interne

---

Erichsen / Martens, § 41 III 1 (S. 369); *Laubinger*, VerwArch Bd. 72 (1981), S. 333 (334 ff.). Für diese Auffassung — so *Krebs*, DVBl. 1984, S. 109 (110) — spricht § 59 II Nr. 2 VwVfG, nach dem im Falle kollusiven Zusammenwirkens ein Vertrag nichtig ist, wenn ein entsprechender VA „nicht nur wegen eines Verfahrens- oder Formfehlers im Sinne des § 46 VwVfG rechtswidrig wäre". Die VwVfGe des Bundes und der Länder gehen also selbst von der Rechtswidrigkeit verfahrens- oder formfehlerhafter VAe aus, vgl. *Krebs*, a.a.O., S. 109 (110 f.).

[3] *Meyer* in Meyer / Borgs, § 43 Rdn. 18 i. V. m. 17.

[4] Vgl. *Meyer* in Meyer / Borgs, § 44 Rdn. 2.

[5] Vgl. *Stelkens* in Stelkens / Bonk / Leonhardt, § 38 Rdn. 13; *Meyer* in Meyer / Borgs, § 38 Rdn. 12.

[6] *Meyer* in Meyer / Borgs, § 38 Rdn. 12, 25.

Verhaltensgebote, Zusicherungen in bestimmter Art und Weise abzufassen, und ordnen für den Fall der Verletzung der Gebote die Nichtigkeit der Zusicherung an. Die Vorschrift setzt damit gleichzeitig internes Verhaltensrecht und im Hinblick auf die Rechtsfolge Außenrecht. Nach §/Art. 1 I VwVfG BaWü, Bay findet das Verwaltungsverfahrensgesetz keine Anwendung, wenn landesrechtliche Rechtsvorschriften inhaltsgleiche oder entgegenstehende Bestimmungen enthalten. Soweit die Gemeindeordnungen entsprechende Regelungen in diesem Sinne aufweisen, gehen sie als spezielleres Recht dem subsidiären Verwaltungsverfahrensrecht mithin vor. § 54 I, III GO BaWü, Art. 38 II 1 u. 2 GO Bay normieren kein Außenrecht, sondern reglementieren nur das Verhalten der kommunalen Organwalter. Von daher verdrängen sie §/Art. 38 I 1 i. V. m. §/Art. 37 III VwVfG BaWü, Bay[7] lediglich insoweit, als diese inhaltsgleiches oder entgegenstehendes Innenrecht thematisieren.

Gegen die Zulässigkeit der nur teilweisen Verdrängung der Norm wird man keine Bedenken erheben können. Auch wenn internes Verhaltensrecht und Außenrecht wie hier in einer Vorschrift zusammengefaßt sind und damit bei formalistischer Betrachtungsweise als Einheit wirken, so sind sie doch vom rechtlichen Standpunkt her zwei verschiedene und daher grundsätzlich trennbare Rechtsmaterien.

Probleme bereitet die teilweise Verdrängung der Norm allerdings insoweit, als im Rahmen des §/Art. 38 I 1 VwVfG BaWü, Bay das interne Verhaltensrecht dem Außenrecht korrespondiert. Enthalten die Gemeindeordnungen nicht bzw. nicht nur inhaltsgleiche, sondern auch entgegenstehende Verhaltensregelungen, so besteht kein Einklang mit der in §/Art. 38 I VwVfG BaWü, Bay festgelegten Rechtsfolge. Damit erhebt sich die Frage, welche Konsequenzen eine mangelnde Harmonie zwischen kommunalem Verhaltensrecht und verwaltungsverfahrensrechtlichem Außenrecht nach sich zieht. Unter Berücksichtigung, daß der in §/Art. 1 I VwVfG BaWü, Bay niedergelegte Subsidiaritätsgrundsatz nur eine Verdrängung des Verwaltungsverfahrensrechts durch speziellere Gesetze vorsieht, verbietet sich eine „Angleichung" der in §/Art. 38 I 1 VwVfG BaWü, Bay normierten Rechtsfolge an das kommunale Verhaltensrecht. Soweit die Gemeindeordnungen im Verhältnis zu §/Art. 38 I 1 i. V. m. §/Art. 37 III VwVfG BaWü, Bay entgegenstehende Verhaltensregelungen aufstellen, kann daher deren Mißachtung nicht über §/Art. 38 I 1 VwVfG BaWü, Bay zur Nichtigkeit der Zusicherung führen. Verstöße gegen die kommunalen Verhaltensgebote können insoweit nur über solche Vorschriften des Verwaltungsverfahrensgeset-

[7] A. A. OVG Lüneburg NJW 1977, S. 773 (774), das Förmlichkeitsbestimmungen der hier in Frage stehenden Art als Vertretungsregeln wertet und demgemäß in diesem Zusammenhang außer Betracht läßt.

zes Sanktionen auslösen, die keine Korrespondenz zwischen bestimmtem Verhaltensrecht und Außenfolge aufweisen, sondern vielmehr einen „offenen“ Tatbestand haben. Nur soweit die Gemeindeordnungen verglichen mit §/Art. 38 I 1 i. V. m. §/Art. 37 III VwVfG BaWü, Bay inhaltsgleiche Verhaltensgebote normieren, kann deren Verletzung zur Nichtigkeit nach §/Art. 38 I 1 VwVfG BaWü, Bay führen.

(1) Schriftformerfordernis

Das in § 54 I 1 GO BaWü, Art. 38 II 1 GO Bay normierte Schriftformerfordernis, d. h. die gebotene schriftliche Abfassung der Verpflichtungserklärung ist identisch mit der Verhaltensregel des §/Art. 38 I 1 VwVfG BaWü, Bay. Eine Verletzung der kommunalen Vorschriften führt insoweit mithin zur Nichtigkeit der gemeindlichen Zusicherung nach letzterer Norm.

(2) Erfordernisse der handschriftlichen Unterschrift
bzw. der Unterzeichnung überhaupt

Das in § 54 I 2 GO BaWü, Art. 38 II 2 GO Bay an die kommunalen Organwalter gerichtete Gebot, verpflichtende Erklärungen handschriftlich zu unterzeichnen, weicht von der in §/Art. 38 I 1 i. V. m. §/Art. 37 III VwVfG BaWü, Bay niedergelegten Verhaltensregel insoweit ab, als diese die Namenswiedergabe und damit eine maschinengeschriebene, faksimilierte Unterschrift[8] ausreichen läßt. Übereinstimmung besteht dagegen im Hinblick darauf, daß sowohl nach dem Verwaltungsverfahrensgesetz als auch nach den Gemeindeordnungen überhaupt eine Unterzeichnung der Zusicherung erforderlich ist. Entbehrt daher die gemeindliche Erklärung jeglicher Unterzeichnung, so ist sie gem. §/Art. 38 I 1 VwVfG BaWü, Bay nichtig. Fehlt ihr demgegenüber nur die handschriftliche Unterzeichnung, bleibt ihre Gültigkeit insoweit unberührt.

(3) Angabe der Amtsbezeichnung

Fraglich ist, in welchem Verhältnis die in § 54 III GO BaWü vorgesehene bzw. in Art. 38 II 2 GO Bay vorgeschriebene Angabe der Amtsbezeichnung zu dem in §/Art. 38 I 1 i. V. m. §/Art. 37 III VwVfG BaWü, Bay gesetzten Verhaltensrecht steht. Eine Kollision des kommunalen Verhaltensgebots kommt mit dem verwaltungsverfahrensrechtlichen Gebot des „Erkennenlassens der Behörde“ in Betracht. Ob es sich hier um inhaltsgleiche Bestimmungen handelt, läßt sich nur ermitteln, vergegenwärtigt man sich die Bedeutung beider Förmlichkeiten.

---

[8] Vgl. *Stelkens* in Stelkens / Bonk / Leonhardt, § 37 Rdn. 28, 29. Demgegenüber begreifen *Meyer* in Meyer / Borgs, § 37 Rdn. 23 sowie *v. Mutius*, VerwArch Bd. 67 (1976), S. 116 (121) ein Faksimile wohl als Unterfall der Unterschrift.

Die Amtsbezeichnung benennt die abstrakte Dienststelle[9] — bezogen auf den baden-württembergischen sowie bayerischen Gemeindevorsteher lautet sie der „Bürgermeister", der „erste Bürgermeister" oder der „Oberbürgermeister"[10] — und weist damit die handelnde Behörde präzise aus. Als Teil des Unterschriftszuges — § 54 III GO BaWü: „Der Unterschrift soll die Amtsbezeichnung ... beigefügt werden."; Art. 38 I 2 GO Bay: „Erklärungen sind ... unter der Angabe der Amtsbezeichnung handschriftlich zu unterzeichnen." — dient sie der Kenntlichmachung, daß die die Erklärung abfassende physische Person nicht als Private, sondern vielmehr in amtlicher Eigenschaft gehandelt hat[11]. Der Amtsbezeichnung kommt insoweit Beweisfunktion zu.

Das in §/Art. 38 I 1 i. V. m. §/Art. 37 III VwVfG BaWü, Bay normierte Gebot des „Erkennenlassens der Behörde" verlangt demgegenüber nicht unbedingt eine konkrete Behördenbezeichnung. Die den Bescheid ausstellende Behörde ist nur grundsätzlich gehalten, ihre amtliche Bezeichnung anzugeben[12]. Kommt sie dem nicht nach, sind aber aus dem Briefkopf, dem Text des Verwaltungsaktes einschließlich seiner Begründung oder aus einem Begleitschreiben, auf das Bezug genommen wird, eindeutige Rückschlüsse auf die handelnde Behörde möglich, so ist den Anforderungen der gesetzlichen Verhaltensregel ebenfalls Genüge getan[13]. Dabei hat das Gebot der Erkennbarmachung der Behörde in erster Linie Bedeutung im Hinblick auf Rechtsbehelfe des Adressaten oder Drittbetroffenen, deren Rechtsverteidigung wesentlich erschwert wäre, wenn die Ausgangsbehörde nicht bekannt ist[14].

Die kommunalrechtlich gebotene Angabe der Amtsbezeichnung und das verwaltungsverfahrensrechtliche Gebot des Erkennenlassens der Behörde haben somit eine verschiedene Bedeutung und können von daher nicht als inhaltsgleiche Bestimmungen angesehen werden. Eine Verletzung der kommunalen Verhaltensregel führt folglich nicht zur Nichtigkeit der gemeindlichen Zusicherung gem. §/Art. 38 I 1 VwVfG BaWü, Bay.

Lediglich der Mangel der Schriftlichkeit und das Fehlen jeglicher Unterzeichnung lösen damit rechtliche Folgen nach §/Art. 38 I 1 VwVfG BaWü, Bay aus.

---

[9] Vgl. *Wolff / Bachof*, VerwR II, 4. Aufl., § 116 III b 1 α; s. auch *Achterberg*, Allg. VerwR, § 13 Rdn. 61.

[10] § 42 IV GO BaWü; Art. 34 I GO Bay. Vgl. auch *Kunze / Bronner / Katz*, § 54 Anm. III; *Masson / Samper*, Art. 38 Rdn. 9.

[11] Vgl. 3. Teil, 1. Kap., 3. Abschn., B u. 4. Abschn.

[12] Vgl. *Kopp*, § 37 Rdn. 28.

[13] Vgl. *Meyer* in Meyer / Borgs, § 37 Rdn. 21; *Kopp*, § 37 Rdn. 28.

[14] Vgl. *Kopp*, § 37 Rdn. 26; *Meyer* in Meyer / Borgs, § 44 Rdn. 15.

bb) Rechtslage nach §/Art. 38 II i. V. m. §/Art. 44 I VwVfG BaWü, Bay

Ein Fehlen der handschriftlichen Unterschrift oder der Amtsbezeichnung könnte zur Nichtigkeit der gemeindlichen Zusicherung nach §/Art. 38 II i. V. m. §/Art. 44 I VwVfG BaWü, Bay führen. Dieser knüpft die Rechtsfolge nicht an die Verletzung bestimmter Verhaltensgebote, so daß von daher eine Sanktionierung jedweder Formverstöße möglich ist.

(1) Gebot handschriftlicher Unterzeichnung

Das Fehlen der handschriftlichen, d. h. eigenhändigen[15] Unterschrift des Gemeindevorstehers müßte allerdings, um die Nichtigkeitsfolge des §/Art. 44 I VwVfG BaWü, Bay auszulösen, einen besonders schwerwiegenden und offenkundigen Mangel darstellen.

Ob ein schwerer, die Nichtigkeitsfolge begründender Fehler vorliegt, läßt sich sowohl im Wege eines Vergleiches mit anderen Vorschriften des Verwaltungsverfahrensgesetzes ermitteln[16] als auch nach der Zweckbestimmung des verletzten Rechts bemessen[17]. Als Vergleichsmaßstab bietet sich §/Art. 38 I 1 i. V. m. §/Art. 37 III VwVfG BaWü, Bay an, wonach eine Zusicherung, die eine faksimilierte Unterschrift aufweist, gültig ist. Unter Berücksichtigung dieser gesetzgeberischen Wertung läßt sich das Fehlen der handschriftlichen Unterzeichnung nicht als besonders schwerer Mangel begreifen. Es fragt sich, ob eine Bewertung der Funktion der handschriftlichen Unterschrift und damit der Zweckbestimmung des sie normierenden Gesetzes zu dem gleichen Ergebnis führt. Die eigenhändige Unterschrift will andeuten, daß nicht nur ein Entwurf, sondern ein gedankliches Endprodukt vorliegt, das von einer bestimmten Person stammt, die für den Inhalt die Verantwortung übernimmt[18]. Jene weist also den Abschluß des Entscheidungsprozesses in der Verwaltung gegenüber dem Adressaten und jedem Dritten sowie den Urheber der Maßnahme innerhalb der Verwaltung nach[19] und entfaltet daher in diesen Richtungen Beweisfunktion. Dient die Formgebundenheit aber lediglich Ordnungs- und Beweiszwecken, nicht hingegen dem Schutz der Behörde vor übereilten oder unklaren Entscheidungen, so wird ein Formverstoß nicht als schwerer, die Nichtigkeitsfolge auslösender Fehler gewertet[20].

---

[15] Vgl. *Masson / Samper*, Art. 38 Rdn. 10; *Kunze / Bronner / Katz*, § 54 Anm. I 3.

[16] Vgl. auch *Meyer* in Meyer / Borgs, § 44 Rdn. 13.

[17] Vgl. *Meyer* in Meyer / Borgs, § 44 Rdn. 8.

[18] Vgl. BVerwGE 45, 189 (193); *Meyer* in Meyer / Borgs, § 37 Rdn. 23.

[19] Vgl. *v. Mutius*, VerwArch Bd. 67 (1976), S. 116 (120).

[20] Vgl. *Badura* in Erichsen / Martens, § 41 II 1 (S. 355), § 41 III 3 (S. 371).

Eine fehlende handschriftliche Unterzeichnung stellt zudem keinen offenkundigen Mangel dar. Von einem evidenten Fehler i. S. d. §/Art. 44 I VwVfG BaWü, Bay kann in der Regel nur gesprochen werden, wenn dieser bereits dem juristisch nicht geschulten Durchschnittsbürger auffällt[21]. Eine faksimilierte oder maschinengeschriebene Unterschrift, die als räumlicher Abschluß des Erklärungstextes ebenso wie die eigenhändige Unterschrift die Endgültigkeit der Erklärung anzeigt und gleichzeitig auf einen bestimmten Autor hinweist, wird dem juristischen Laien nicht als etwas Ungewöhnliches bzw. Mangelhaftes erscheinen, zumal diese Unterschriftsart im Behördenbereich keine atypische ist.

Das Fehlen der handschriftlichen Unterzeichnung läßt nach all dem die Gültigkeit der gemeindlichen Zusicherung unberührt.

(2) Angabe der Amtsbezeichnung

Ebensowenig kann das Fehlen der Amtsbezeichnung die Nichtigkeit der gemeindlichen Zusicherung nach §/Art. 38 II i. V. m. §/Art. 44 I VwVfG BaWü, Bay begründen.

Die Angabe der Amtsbezeichnung dient lediglich dem Nachweis, daß die die Erklärung formulierende physische Person als Behörde und damit in amtlicher Eigenschaft gehandelt hat[22]. Im Hinblick auf die bloße Beweisfunktion dieser Förmlichkeit kann die Verletzung der entsprechenden kommunalen Formvorschriften nicht als schwerer Fehler qualifiziert werden[23].

Zudem läßt sich auch hier eine Evidenz der Mangelhaftigkeit nicht bejahen. Von einer solchen könnte allenfalls dann ausgegangen werden, wenn ohne Angabe der Amtsbezeichnung Unsicherheiten darüber bestünden, welche kommunale Verwaltungseinheit die Zusicherung ausgesprochen hat. Mit Rücksicht auf §/Art. 38 I 1 i. V. m. §/Art. 37 III VwVfG BaWü, Bay, nach denen die Zusicherung die erlassende Behörde erkennen lassen muß, kann hiervon nicht ausgegangen werden. Diese Regelung wird durch die Gemeindeordnungen nicht verdrängt. Die kommunalgesetzlich vorgesehene Angabe der Amtsbezeichnung stellt insoweit weder eine inhaltsgleiche[24] noch eine entgegenstehende Bestimmung dar. Eine Wertung im letzteren Sinne käme lediglich in Betracht, wenn Amtsbezeichnung und gebotene Erkennbarmachung der Behörde gleichartige Förmlichkeiten wären. Im Hinblick auf ihre unterschiedlichen Zweckbestimmungen[25] ist dies indessen zu verneinen.

[21] Vgl. *Meyer* in Meyer / Borgs, § 44 Rdn. 9.

[22] Vgl. 3. Teil, 1. Kap., 3. Abschn., B u. 4. Abschn.

[23] Vgl. *Badura* in Erichsen / Martens, § 41 II 1 (S. 355), § 41 III 3 (S. 371).

[24] Vgl. in diesem Abschn. A I 1 a aa (3).

[25] Vgl. in diesem Abschn. A I 1 a aa (3).

Vielmehr handelt es sich um andersartige Formerfordernisse, so daß insoweit verwaltungsverfahrensrechtliche und kommunale Verhaltensregel kumulativ nebeneinander treten. Nur bei einer solchen Betrachtungsweise ist § 54 III GO BaWü unbedenklich, nach dem die Amtsbezeichnung nicht angegeben werden muß, sondern nur angegeben werden soll, mithin fehlen kann. Diente diese Förmlichkeit der Erkennbarmachung der Behörde im Sinne des Verwaltungsverfahrensgesetzes, wäre ein Verzicht auf diese aus Gründen der Rechtssicherheit nicht vertretbar. Weisen aber etwa Text oder Briefkopf der Verpflichtungserklärung in Erfüllung der verwaltungsverfahrensrechtlichen Anforderung die handelnde kommunale Behörde aus[26], so ist die fehlende Benennung der abstrakten Dienststelle im Rahmen des Unterschriftszuges für den rechtlich ungeschulten Bürger nicht als Mangel erkennbar.

Zusammenfassend läßt sich damit festhalten, daß nur der Mangel der schriftlichen Abfassung sowie das Fehlen jeglicher Unterzeichnung zur Nichtigkeit der gemeindlichen Zusicherung führen.

b) Sonstige Verwaltungsakte[27] — Rechtslage nach §/Art. 44 I VwVfG BaWü, Bay

aa) Schriftformerfordernis

Ergehen sonstige verpflichtende Verwaltungsakte der Gemeinde entgegen den kommunalrechtlichen Vorschriften mündlich, könnte sich ihre Nichtigkeit aus §/Art. 44 I VwVfG BaWü, Bay ergeben, was allerdings voraussetzt, daß der Mangel der Schriftlichkeit ein schwerer und offenkundiger Fehler im Sinne der Norm ist.

Welche Bedeutung der Gesetzgeber dem Schriftlichkeitserfordernis beilegt, läßt sich im Wege eines Vergleichs mit anderen Vorschriften des Verwaltungsverfahrensgesetzes ermitteln und im übrigen nach der Zweckbestimmung dieser Förmlichkeit bemessen[28]. Als Vergleichsmaßstab bietet sich §/Art. 38 I 1 VwVfG BaWü, Bay an, der die entgegen dem Schriftlichkeitsgebot mündlich erlassene Zusicherung für nichtig erklärt. Damit erhebt sich die Frage, ob diese Norm dahin auslegungsfähig ist, daß der Gesetzgeber einen Schriftformverstoß allgemein als so schwerwiegend erachtet, daß die behördliche Maßnahme, die unter Mißachtung eines zwingenden gesetzlichen Schriftlichkeitsgebots mündlich ergeht, stets nicht gelten soll. Eine derartige gesetzgeberische

---

[26] Vgl. *Kopp*, § 37 Rdn. 27.

[27] Mit Ausnahme der hier nicht berücksichtigten kommunalen Beamtenernennung, deren Wirksamkeitsvoraussetzungen speziell in den Beamtengesetzen der Länder geregelt sind.

[28] Vgl. *Meyer* in Meyer / Borgs, § 44 Rdn. 8, 13.

Grundsatzentscheidung wird man indessen in §/Art. 38 I 1 VwVfG BaWü, Bay nicht sehen können. Dagegen spricht die Behandlung des verwaltungsverfahrensrechtlichen Gebots des „Erkennenlassens der Behörde". Dessen Verletzung führt bei Zusicherungen gem. §/Art. 38 I 1 i. V. m. §/Art. 37 III VwVfG BaWü, Bay und bei allen übrigen Verwaltungsakten nach §/Art. 44 II Nr. 1 VwVfG BaWü, Bay zur Nichtigkeit. Der Umstand, daß der Gesetzgeber die Nichteinhaltung dieser Förmlichkeit im Unterschied zum Schriftlichkeitserfordernis auch bezogen auf Verwaltungsakte, die nicht die Qualität einer Zusicherung haben, ausdrücklich als Nichtigkeitsgrund vorsieht, läßt den Rückschluß zu, daß er die fehlende Schriftlichkeit nicht stets als besonders schweren Fehler begreift. Ob eine Mißachtung dieses Formerfordernisses ein die Nichtigkeitsfolge auslösender Aspekt ist, wird man somit nur im Einzelfall entscheiden können unter Berücksichtigung der jeweiligen Zweckbestimmung des die Formgebundenheit normierenden Gesetzes[29]. Das kommunalgesetzliche Gebot der Schriftlichkeit will die Gemeinden vor der Abgabe unklarer und übereilter Erklärungen bewahren[30]. Im Hinblick auf diese Schutzfunktion ist eine Verletzung der Norm als besonders schwerer Verstoß zu bewerten, der unter Mißachtung der Vorschrift ergangene Verwaltungsakt als besonders schwerwiegend fehlerhaft anzusehen[31].

Erörterungsbedürftig bleibt, ob der Mangel offenkundig ist. Insoweit wird man zu berücksichtigen haben, daß hier Verwaltungsakte in Frage stehen, die die Gemeinde zu einem bestimmten Verhalten verpflichten. Eine verpflichtende Erklärung verlangt aber — für den juristischen Laien erkennbar — nach schriftlicher Abfassung im Hinblick darauf, daß nicht zuletzt im Interesse des Bürgers Gewißheit bestehen muß, ob überhaupt eine Verpflichtung vorliegt, welchen Umfang diese hat und ob sie etwa mit einer Befristung oder Bedingung verbunden ist[32]. Den Mangel der Schriftlichkeit wird man somit auch als offenkundigen Fehler ansehen müssen, der damit gem. §/Art. 44 I VwVfG BaWü, Bay zur Nichtigkeit des Verwaltungsaktes führt.

bb) Handschriftliche Unterschrift — Amtsbezeichnung — Unterzeichnung überhaupt

Das Fehlen der handschriftlichen Unterzeichnung sowie der Amtsbezeichnung stellt demgegenüber weder einen schweren noch offenkundi-

[29] Für eine differenzierende Betrachtungsweise wohl auch *Meyer* in Meyer / Borgs, § 44 Rdn. 13. Demgegenüber nehmen *Kopp*, § 44 Rdn. 21 und *Dölker*, BayVBl. 1974, S. 400 (402) stets Nichtigkeit an, wenn die Schriftform zwingend vorgeschrieben ist.

[30] Vgl. 3. Teil, 1. Kap., 3. Abschn., C u. 4. Abschn.

[31] Vgl. *Badura* in Erichsen / Martens, § 41 II 1 (S. 355), § 41 III 3 (S. 371).

[32] Vgl. zu den möglichen Nebenbestimmungen eines Verwaltungsaktes §/Art. 36 VwVfG BaWü, Bay.

gen Mangel i. S. d. §/Art. 44 I VwVfG BaWü, Bay dar und vermag von daher nicht die Nichtigkeit von Verwaltungsakten auszulösen[33]. Erörterungsbedürftig bleibt, ob eine Nichtigkeit aufgrund des §/Art. 44 I VwVfG BaWü, Bay eintritt, wenn der Verwaltungsakt jegliche Unterzeichnung vermissen läßt.

Eine Würdigung der übrigen Vorschriften des Verwaltungsverfahrensgesetzes unter diesem Aspekt ist nur bedingt aufschlußreich. Als unergiebig erweist sich zunächst §/Art. 37 IV 1 VwVfG BaWü, Bay, nach dem Verwaltungsakte, die mit Hilfe automatischer Einrichtungen erlassen werden, Unterschrift und Namenswiedergabe nicht angeben müssen[34]. Zum einen ist die Norm eine Ausnahmevorschrift, die als solche eine restriktive Interpretation dahingehend verdient, daß sie eine Aussage nur für den speziell von ihr geregelten Sachverhalt zu treffen vermag. Zum anderen sind automatisierte Verwaltungsakte mit individuell erlassenen Verwaltungsakten unter Berücksichtigung der Funktion der Unterzeichnung nicht vergleichbar, deren Zweckbestimmung u. a. darin liegt, die Endgültigkeit einer Erklärung zu indizieren[35]. Bei automatisch hergestellten Verwaltungsakten sind aber Zweifel, ob schon ein „fertiger Verwaltungsakt" oder nur ein Entwurf vorliegt, zumindest weitestgehend ausgeschlossen[36]. Ein Vergleich zwischen §/Art. 37 III i. V. m. §/Art. 38 I 1 VwVfG BaWü, Bay einerseits und §/Art. 44 VwVfG BaWü, Bay andererseits läßt demgegenüber Rückschlüsse auf die Bedeutung des Unterzeichnungsgebots zu. Insoweit gelten die gleichen Überlegungen, die schon oben anläßlich der Untersuchung des Schriftlichkeitserfordernisses angestellt wurden. Während die Zusicherung sowohl bei Fehlen jeglicher Unterzeichnung als auch bei Nichterkennbarkeit der erlassenden Behörde gem. §/Art. 37 III i. V. m. §/Art. 38 I 1 VwVfG BaWü, Bay unwirksam, d. h. nichtig ist, hat der Gesetzgeber im Rahmen des §/Art. 44 VwVfG BaWü, Bay nur den letzteren Aspekt ausdrücklich als Nichtigkeitsgrund in Absatz 2 Nr. 1 aufgeführt. Die unterschiedliche gesetzliche Behandlung beider Förmlichkeiten außerhalb der Zusicherungen erlaubt aber die Schlußfolgerung, daß die Unterzeichnung der Erklärungen insoweit nicht als solch bedeutsames Verfahrenserfordernis gewertet wird, dessen Verletzung in jedem Fall die Nichtigkeit von Verwaltungsakten nach sich zieht[37].

[33] Vgl. in diesem Abschn. A I 1 a bb.

[34] A. A. *Meyer* in Meyer / Borgs, § 37 Rdn. 23, der u. a. aus § 37 IV VwVfG die Schlußfolgerung zieht, daß ein VA, der weder Unterschrift noch Namenswiedergabe aufweist, nicht nichtig ist.

[35] Vgl. *Kopp*, § 37 Rdn. 29.

[36] So auch *Kopp*, § 37 Rdn. 36. Vgl. hierzu ferner BVerwGE 45, 189 (193 f.).

[37] Nach *Kopp*, § 44 Rdn. 29 führt die fehlende Unterzeichnung gem. § 44 I VwVfG zur Nichtigkeit des Verwaltungsaktes, wenn nach den näheren Umständen seines Erlasses nicht mit hinreichender Sicherheit ausgeschlossen

Als letztlich entscheidungserheblicher Faktor läßt sich in diesem Zusammenhang die Funktion der Unterzeichnung begreifen. Diese hat unter Zugrundelegung ihrer Zweckbestimmung, auf die Endgültigkeit der Erklärung und den Erklärungsurheber hinzuweisen[38], Beweisfunktion. Ein solches Formerfordernis wird im Falle seiner Verletzung nicht als besonders schwerer, die Nichtigkeitsfolge begründender Fehler qualifiziert[39].

2. Heilungsmöglichkeit mit der Folge der Unbeachtlichkeit der Formfehler?

Die die Wirksamkeit der kommunalen Erklärungen unberührt lassenden Formfehler sind einer Heilung nach §/Art. 38 II i. V. m. §/Art. 45 I Nr. 3 - 5 VwVfG BaWü, Bay bzw. nach §/Art. 45 VwVfG BaWü, Bay nicht zugänglich. Die Förmlichkeiten der Amtsbezeichnung, der handschriftlichen Unterschrift sowie der Unterzeichnung überhaupt sind im Tatbestand des §/Art. 45 VwVfG BaWü, Bay, der eine abschließende Regelung darstellt[40], nicht aufgeführt.

3. Aufhebbarkeit der Verwaltungsakte

Zusicherungen und sonstige Verwaltungsakte der Gemeinde, die an derartigen Mängeln leiden, sind grundsätzlich aufhebbar. Ihre Rücknahme richtet sich nach §/Art. 38 II i. V. m. §/Art. 48 VwVfG BaWü, Bay bzw. allein nach §/Art. 48 VwVfG BaWü, Bay, da die Kommune verpflichtende Verwaltungsakte bezogen auf den Bürger solche begünstigender Natur sind. Haben sie — wie etwa die Bewilligung eines Ehrensoldes — eine laufende Geldleistung zum Gegenstand, ist eine Rücknahme allerdings nur unter Beachtung des im Rahmen des §/Art. 48 II VwVfG BaWü, Bay thematisierten Vertrauensschutzes des Betroffenen möglich.

II. Formfehlerhafte gemeindliche Willenserklärungen im Rahmen öffentlich-rechtlicher Verträge

Ist die gemeindliche Verpflichtungserklärung Bestandteil eines öffentlich-rechtlichen Vertrages, entscheidet über die rechtlichen Folgen

---

werden kann, daß der Akt noch nicht als endgültige Entscheidung der Behörde gewollt war, sondern erst den Entwurf eines VA darstellt.

[38] Vgl. *Stelkens* in Stelkens / Bonk / Leonhardt, § 37 Rdn. 27.

[39] Vgl. *Badura* in Erichsen / Martens, § 41 II 1 (S. 355), § 41 III 3 (S. 371).

[40] So *Kopp*, § 45 Rdn. 12; *Meyer* in Meyer / Borgs, § 45 Rdn. 6; *Klappstein* in Knack, § 45 Rdn. 3; *Ule / Laubinger*, § 58 I 2 (S. 279).

einer etwaigen Fehlerhaftigkeit §/Art. 59 VwVfG BaWü, Bay. Nach Absatz 1 dieser Norm ist der öffentlich-rechtliche Vertrag nichtig, wenn sich die Nichtigkeit aus der entsprechenden Anwendung von Vorschriften des Bürgerlichen Gesetzbuches ergibt, worin u. a. ein Verweis auf § 125 BGB liegt[41], der die Anordnung der Formnichtigkeit enthält.

1. Formbedürftigkeit gemeindlicher Erklärungen nach §/Art. 57 1. HS, 62 S. 2 VwVfG BaWü, Bay i. V. m. § 126 BGB entspr. oder bzw. und § 54 I, III GO BaWü, Art. 38 II 1 u. 2 GO Bay?

Welche Formfehler die Nichtigkeit auszulösen imstande sind, ist in der Regel §/Art. 57 1. HS VwVfG BaWü, Bay zu entnehmen, der die an die Vertragsparteien gerichtete Verpflichtung normiert, öffentlich-rechtliche Verträge schriftlich abzufassen. Das Schriftformerfordernis wird dabei durch §/Art. 62 S. 2 VwVfG BaWü, Bay i. V. m. § 126 I, II 1 BGB entspr. dahingehend konkretisiert, daß der Vertrag grundsätzlich in einer einheitlichen Urkunde[42] schriftlich abgefaßt sein und von beiden Vertragsparteien eigenhändig[43] durch Namensunterschrift oder mittels notariell beglaubigten Handzeichens unterzeichnet werden muß. Fraglich ist, ob bzw. inwieweit §/Art. 57 1. HS VwVfG BaWü, Bay hier Anwendung findet.

Nach §/Art. 57 2. HS VwVfG BaWü, Bay gilt die Norm nicht, soweit in Rechtsvorschriften eine andere Form vorgeschrieben ist. Eine „andere Form" könnten die Gemeindeordnungen[44] enthalten. Allerdings gelten diese nur für die gemeindlichen Erklärungen, nicht hingegen für den gesamten öffentlich-rechtlichen Vertrag, womit sich als erstes die Frage stellt, ob die kommunalen Rechtssätze in diesem Zusammenhang zu berücksichtigen sind. Zu bedenken ist insoweit, daß ein Vertrag sich aus zwei einander entsprechenden Willenserklärungen zusammensetzt, die den jeweiligen Bezugspunkt der Formvorschriften bilden[45]. Eine differenzierende Betrachtungsweise, d. h. ein Abstellen auf die einzelne Vertragserklärung im Hinblick auf die Formgebundenheit ist

---

[41] Vgl. *Meyer* in Meyer / Borgs, § 59 Rdn. 13, 14; *Bonk* in Stelkens / Bonk / Leonhardt, § 59 Rdn. 27; *Kopp*, § 59 Rdn. 5 i. V. m. § 57 Rdn. 1.

[42] Ausnahme: § 126 II 2 BGB.

[43] Vgl. *Meyer* in Meyer / Borgs, § 57 Rdn. 3, 4; s. auch *Ule / Laubinger*, §§ 67 IV 2 b, 69 IV 1 (S. 336 bzw. 347). A. A. für die Behördenseite *Bonk* in Stelkens / Bonk / Leonhardt, § 57 Rdn. 10; ebenso *Kopp*, § 57 Rdn. 4 und *Knack*, § 57 Rdn. 1, die § 37 III VwVfG entspr. anwenden bzw. als „Anhaltspunkt" nehmen.

[44] Vgl. *Kopp*, § 57 Rdn. 7, 8, der unter Rechtsvorschrift auch formelle Gesetze versteht. Demgegenüber subsumiert *Meyer* in Meyer / Borgs, § 57 Rdn. 7 unter den Terminus „Rechtsvorschrift" nur materielle Gesetze.

[45] Vgl. *Flume*, § 15 I 4 (S. 248 f.).

danach vom Ansatz her möglich. Wird kommunalgesetzlich für die Willenserklärung der Gemeinde eine „andere Form" i. S. d. §/Art. 57 2. HS VwVfG BaWü, Bay vorgeschrieben, könnte demnach in bezug auf diese die Anwendbarkeit des §/Art. 57 1. HS VwVfG BaWü, Bay ausgeschlossen sein. § 54 I, III GO BaWü, Art. 38 II 1 u. 2 GO Bay sehen für Verpflichtungserklärungen der Kommune neben der schriftlichen Abfassung sowie der handschriftlichen, eigenhändigen Unterschrift des Gemeindevorstehers die Angabe der Amtsbezeichnung vor. Die in den Gemeindeordnungen normierten Förmlichkeiten sind mit denen des §/Art. 57 1. HS VwVfG BaWü, Bay also nicht deckungsgleich. Indessen stellt nicht jede abweichende Form eine „andere Form" i. S. d. §/Art. 57 2. HS VwVfG BaWü, Bay dar. Vielmehr handelt es sich dabei um weitergehende Formen — z. B. notarielle Beurkundung[46] — im Sinne eines qualitativ anderen Formtyps. Davon kann im Hinblick auf die Amtsbezeichnung nicht gesprochen werden. Diese tritt lediglich als zusätzliches Erfordernis neben das der Schriftform. §/Art. 57 1. HS VwVfG BaWü, Bay ist mithin nicht nach §/Art. 57 2. HS VwVfG BaWü, Bay ausgeschlossen.

Eine Anwendbarkeit der Norm könnte sich jedoch aufgrund der allgemeinen Subsidiaritätsregel des §/Art. 1 VwVfG BaWü, Bay verbieten, nach der verwaltungsverfahrensrechtliche Regelungen hinter inhaltsgleichen oder entgegenstehenden landesgesetzlichen Vorschriften zurücktreten. Soweit § 54 I GO BaWü, Art. 38 II 1 u. 2 GO Bay schriftliche Abfassung der Verpflichtungserklärungen und handschriftliche Unterschrift verlangen, stellen sie im Verhältnis zu §/Art. 57 1. HS, 62 S. 2 VwVfG i. V. m. § 126 I BGB entspr. inhaltsgleiche Bestimmungen dar und verdrängen die Normen diesbezüglich[47]. Soweit §/Art. 57 1. HS, 62 S. 2 VwVfG BaWü, Bay i. V. m. § 126 II 1 BGB entspr. die Niederlegung beider Erklärungen in einer Urkunde und Unterzeichnung des gemeinsamen Vertragstextes durch die Vertragsparteien verlangen, finden sich in den Gemeindeordnungen dagegen keine vergleichbaren Vorschriften. Die verwaltungsverfahrensrechtlichen Normen nebst denen des Bürgerlichen Gesetzbuchs sind daher insoweit anwendbar.

Die in § 54 III GO BaWü vorgesehene und in Art. 38 II 2 GO Bay verlangte Angabe der Amtsbezeichnung tritt schließlich als kumulatives Erfordernis neben die vorstehend aufgeführten Förmlichkeitsanforderungen.

---

[46] Vgl. *Kopp*, § 57 Rdn. 8; *Meyer* in Meyer / Borgs, § 57 Rdn. 7.

[47] A. A. *Bonk* in Stelkens / Bonk / Leonhardt, § 57 Rdn. 13, der die kommunalen Formerfordernisse als Vertretungsregelungen begreift und demgemäß im Rahmen der Formvorschrift des § 57 VwVfG unberücksichtigt läßt.

2. Nichtigkeit des gesamten öffentlich-rechtlichen Vertrages gem. §/Art. 59 I VwVfG BaWü, Bay i. V. m. § 125 S. 1 BGB entspr. bei Formfehlerhaftigkeit gemeindlicher Erklärungen?

Fraglich ist, welche Folgen formfehlerhafte Erklärungen der Gemeinde auslösen.

Soweit § 126 BGB entspr. in Absatz 2 Satz 1 durch das Gebot der Erstellung eines einheitlichen Vertragstextes und dessen Unterzeichnung durch beide Parteien die Erklärungen der Vertragspartner klammert, unterwirft er sie einem gemeinsamen rechtlichen Schicksal dergestalt, daß allein die Fehlerhaftigkeit einer Erklärung zur Ungültigkeit des gesamten Vertrages führt. Stimmt die Gemeinde der schriftlichen Vertragserklärung ihres Partners nur mündlich zu oder liegt zwar ein gemeinsamer schriftlicher Vertragstext vor, den die Gemeinde bzw. der Gemeindevorsteher nicht oder nicht handschriftlich unterzeichnet hat, so ist der öffentlich-rechtliche Vertrag insgesamt gem. §/Art. 59 I VwVfG BaWü, Bay i. V. m. § 125 S. 1 BGB entspr., § 54 I 1 u. 2 GO BaWü, Art. 38 II 1 u. 2 GO Bay, §/Art. 57 1. HS, 62 S. 2 VwVfG BaWü, Bay i. V. m. § 126 II 1 BGB entspr. nichtig.

Problematischer gestaltet sich die Frage nach der Rechtsgültigkeit des Vertrages, wenn der gemeindlichen Erklärung ausschließlich die Amtsbezeichnung fehlt. Nach § 54 III GO BaWü „soll" diese lediglich angegeben werden, so daß eine Formfehlerhaftigkeit der Erklärung zunächst nur dann zu bejahen ist, wenn kein ersichtlicher Grund für ein Abweichen von der Soll-Bestimmung vorliegt[48]. Nach Art. 38 II 2 GO Bay ist die Angabe der Amtsbezeichnung dagegen zwingend vorgeschrieben, so daß hier ein derartiger Mangel stets zur Formfehlerhaftigkeit der kommunalen Erklärung führt. Der Umstand, daß die fehlende Amtsbezeichnung ein Formfehler sein kann bzw. ein Formfehler ist, bedeutet allerdings noch nicht, daß dieser ein die Nichtigkeitsfolge auslösendes Moment darstellt. Hiervon ist lediglich dann auszugehen, wenn es sich bei dem kommunalrechtlich normierten Gebot, Verpflichtungserklärungen mit der Amtsbezeichnung zu versehen, nicht nur um ein Formerfordernis, sondern vielmehr gerade um ein Formerfordernis im Sinne des § 125 BGB handelt.

Form im Sinne der Vorschrift sind vornehmlich Schriftform (§ 126 BGB), notarielle Beurkundung (§ 128 BGB) sowie öffentliche Beglaubigung (§ 129 BGB)[49]. Die Amtsbezeichnung zählt zu keinem dieser

---

[48] Vgl. *Meyer* in Meyer / Borgs, § 44 Rdn. 18 i. V. m. 17 in bezug auf Verwaltungsakte. Diesen Grundsatz wird man wohl auch im Rahmen öffentlich-rechtlicher Verträge anwenden können, da die Soll-Bestimmung bei beiden Handlungsformen gleichermaßen das interne Verhalten regelt.

[49] *Palandt / Heinrichs*, § 125 Anm. 1 b, c.

Formtypen, was allerdings nicht zu der Schlußfolgerung berechtigt, daß eine Verletzung der kommunalen Rechtssätze insoweit nach § 125 S. 1 BGB entspr. keine Sanktionen erfahren kann. Denn die drei Formtypen stellen keine abschließende Regelung der bürgerlich-rechtlichen Formgebundenheit dar[50]. Die Qualität der Amtsbezeichnung als Form im Sinne des § 125 BGB ist von daher nicht ausgeschlossen.

Fixieren läßt sie sich im Wege eines gesetzlichen Vergleichs. Von der Funktion her ist mit der Amtsbezeichnung die handelsrechtliche Prokura vergleichbar, auf die gem. § 51 HGB mittels eines Zusatzes hinzuweisen ist. Beide Förmlichkeiten zeigen an, daß die die Erklärung formulierende Person sich nicht selbst rechtserheblich betätigen will, sondern für ein anderes Rechtssubjekt handelt[51]. Die Verletzung des § 51 HGB löst nun aber keine Nichtigkeit nach § 125 S. 1 BGB aus[52]. Als weitere gesetzliche Orientierungshilfe steht § 67 BeurkG analog zur Verfügung, nach welchem die notarielle Beurkundung die Amtsbezeichnung ersetzt[53]. Der Umstand, daß das Beurkundungsgesetz eine Ersetzung der Amtsbezeichnung regelt, läßt zunächst die Wertung zu, daß der Gesetzgeber von einer Ersetzungsbedürftigkeit dieser Förmlichkeit ausgeht und sie daher als eine im Rahmen vertraglicher Beziehungen bedeutsame Form ansieht. Dies wiederum erlaubt die Schlußfolgerung, daß notarielle Beurkundung und Amtsbezeichnung im Falle der Verletzung der sie normierenden Vorschriften gleichermaßen rechtliche Konsequenzen, d. h. die Folge der Nichtigkeit nach sich ziehen. Eine Bestärkung erfährt das gewonnene Ergebnis, berücksichtigt man zusätzlich, daß die notarielle Beurkundung auch die Schriftform sowie die öffentliche Beglaubigung surrogiert[54] und ein Verstoß gegen letztere Förmlichkeitsgebote die Nichtigkeit der insoweit fehlerhaften Willenserklärungen begründet. Unter Zugrundelegung der gesetzlichen Vergleichsmaßstäbe gelangt man mithin zu divergierenden Resultaten, womit sich die Frage erhebt, welchem der Vorrang einzuräumen ist. Da die Prokura des Handelsgesetzbuches mit der Amtsbezeichnung lediglich von der Funktion her vergleichbar ist, das Beurkundungsgesetz hingegen in analoger Anwendung auf die kommunale Förmlichkeit speziell Bezug nimmt, kann die Entscheidung nur zugunsten der letzteren gesetzlichen Vergleichsmöglichkeit ausfallen. Die Amtsbezeichnung stellt daher eine Form im Sinne des § 125 BGB dar, so daß gemeind-

---

[50] Neben den drei Formtypen gibt es noch einzelne besondere Formen, so etwa für die Auflassung (§ 925 BGB) oder das eigenhändige Testament (§ 2231 BGB).

[51] Vgl. 3. Teil, 1. Kap., 3. Abschn., B.

[52] *Schlegelberger / Schröder*, § 51 Rdn. 1.

[53] Vgl. *Jansen*, Erl. zu § 67.

[54] §§ 126 III, 129 II BGB.

liche Willenserklärungen, die unter Mißachtung gegen dieses Formerfordernis ergehen, entspr. § 125 S. 1 BGB nichtig sind.

Erörterungsbedürftig bleibt, ob die Nichtigkeit der gemeindlichen Erklärung die Nichtigkeit des gesamten öffentlich-rechtlichen Vertrages zur Folge hat. Entscheidungsrelevant könnte hier §/Art. 59 III VwVfG BaWü, Bay sein. Nach dieser Vorschrift ist bei Teilnichtigkeit eines Vertrages der gesamte Vertrag nichtig, wenn nicht anzunehmen ist, daß er auch ohne den nichtigen Teil geschlossen worden wäre. Anwendung kann die Norm indessen nur dann finden, wenn es um ein teilbares Rechtsgeschäft geht, das ohne Veränderung seines Gesamtcharakters in Bestandteile zerlegbar ist, so daß das, was nach Ausscheidung des nichtigen Elements übrig bleibt, für sich allein genommen immer noch ein Rechtsgeschäft darstellt, welches als solches Bestand zu haben vermag[55]. Die einzelne Vertragserklärung erfüllt diese Anforderungen nicht. Da ein Vertrag sich aus zwei entsprechenden Willenserklärungen zusammensetzt, ist die eine Erklärung ohne die andere rechtlich bedeutungslos, so daß die Nichtigkeit nur einer Erklärung notwendig die Nichtigkeit des gesamten Vertrages nach sich zieht[56].

Zusammenfassend läßt sich damit festhalten, daß bei Formfehlerhaftigkeit der gemeindlichen Erklärung, gleichgültig ob diese auf einer mangelnden schriftlichen Abfassung oder einem Fehlen der handschriftlichen Unterschrift bzw. der Amtsbezeichnung beruht, der öffentlich-rechtliche Vertrag in vollem Umfang gem. §/Art. 59 I VwVfG BaWü, Bay i. V. m. § 125 S. 1 BGB entspr. nichtig ist.

III. Der Grundsatz von Treu und Glauben gem. § 242 BGB

Die Berufung auf das Vorliegen eines Formmangels ist der Gemeinde nicht in jedem Fall möglich. Sie kann sich vielmehr aufgrund des in § 242 BGB niedergelegten Grundsatzes von Treu und Glauben, der über das Vertragsrecht[57] hinaus auch sonst im öffentlichen Recht gilt[58], verbieten. Der Einwand der Treuwidrigkeit ist allerdings von engen Voraussetzungen abhängig.

---

[55] *Larenz*, Allg. Teil, § 23 II b (S. 449); *Flume*, § 32 2 c (S. 573); *Staudinger / Dilcher*, § 139 Rdn. 4 — alle zu § 139 BGB, der §/Art. 59 III VwVfG BaWü, Bay inhaltlich entspricht.

[56] *Larenz*, Allg. Teil, § 23 II b (S. 450); *Flume*, § 32 2 c (S. 573 f.); *Staudinger / Dilcher*, § 139 Rdn. 5.

[57] Die Anwendbarkeit des § 242 BGB ergibt sich insoweit aus §/Art. 62 S. 2 VwVfG BaWü, Bay.

[58] *Kopp*, § 62 Rdn. 6; vgl. auch *Forsthoff*, VerwR, § 9 (S. 169 ff.); BFH NJW 1977, S. 728; BFH NJW 1964, S. 1825.

Der Bundesgerichtshof[59] hat in bezug auf bürgerlich-rechtliche Vertragsbeziehungen ausgeführt, daß eine aus der Verletzung gesetzlicher Formvorschriften folgende Nichtigkeit eines Vertrages in aller Regel nicht aus Gründen der Billigkeit außer Acht gelassen werden dürfe. Eine Ausnahme könne nur in den Fällen gemacht werden, in denen nach den gesamten Umständen die Nichtigkeitsfolge mit Treu und Glauben unvereinbar sei[60]. Eine solche Ausnahmesituation liege nur dann vor, wenn die Nichtigkeit für einen Vertragsteil zu einem schlechthin untragbaren Ergebnis führe und ein notwendiger Ausgleich mit anderen rechtlichen Mitteln nicht zu erzielen sei. Eine treuwidrige Berufung auf die Formfehlerhaftigkeit hat das Gericht etwa bejaht, wenn das vertretungsberechtigte Gemeindeorgan einen Vertrag ausdrücklich mündlich billigt[61] oder der Vertragserklärung nur das Dienstsiegel fehlt und der den Formmangel geltendmachende Verband sich erst nach längerer Zeit auf diesen beruft bzw. aus dem Vertrag Vorteile gezogen und diese auch behalten hat[62].

Die Rechtsprechung des Bundesgerichtshofs wird man im Bereich des öffentlich-rechtlichen Vertragsrechts und auch außerhalb vertraglicher Beziehungen als Orientierungshilfe benutzen dürfen. Wenn das vertretungsberechtigte Gemeindeorgan eine mündlich abgegebene Erklärung ausdrücklich bestätigt oder einer Erklärung lediglich das Dienstsiegel bzw. die diesem vergleichbare Amtsbezeichnung fehlt, ist danach jedenfalls in Betracht zu ziehen, ob eine Berufung auf den Formmangel treuwidrig ist. Letztlich können hierüber allerdings nur die jeweiligen Umstände des Einzelfalls entscheiden[63].

B. Rechtslage in Schleswig-Holstein

Die schleswig-holsteinische Gemeindeordnung ordnet ebenfalls keine rechtlichen Folgen für den Fall der Verletzung der kommunalgesetzlich normierten Formerfordernisse an. Jene ergeben sich vielmehr aus dem Landesverwaltungsgesetz Schleswig-Holsteins, das nach § 1 I 1 für die öffentlich-rechtliche Verwaltungstätigkeit der Träger der öffentlichen Verwaltung im Lande Schleswig-Holstein gilt. Gem. § 2 I LVwG SH sind Träger der öffentlichen Verwaltung auch die Gemeinden.

---

[59] Vgl. BGH NJW 1980, S. 117 (118) m. w. N.; BGH DVBl. 1984, S. 335 (336 f.). Kritisch zur Rspr. des BGH: *Flume*, § 15 III 4 b (S. 273 ff.).

[60] Ähnlich auch BAG NJW 1958, S. 397 (398), nach dem die Berufung auf die Formnichtigkeit nur in ganz besonderen Ausnahmefällen gegen Treu und Glauben verstößt.

[61] BGHZ 21, 61 (65); s. auch *Fritz*, S. 262 und *Wolff / Bachof*, VerwR II, 4. Aufl., § 87 III c 3 β.

[62] BGH WM 1958, S. 584 (585); s. auch *Reinicke*, S. 142.

[63] Vgl. *Nipperdey*, JZ 1952, S. 577 (579).

Problematisch gestaltet sich dagegen das Verhältnis zwischen der Gemeindeordnung und dem Landesverwaltungsgesetz, soweit beide Gesetze interne an die Organwalter gerichtete Verhaltensgebote aufstellen. Zwar enthält das schleswig-holsteinische Landesverwaltungsgesetz in § 1 I 2 eine Subsidiaritätsklausel, indem dort bestimmt ist, daß das Gesetz für die Organisation der Träger der öffentlichen Verwaltung gilt, soweit jene nicht durch besondere Gesetze geregelt wird. Ob der vorstehend angesprochene Kollisionsbereich von dieser Norm erfaßt wird, erscheint jedoch fraglich. Das interne Verhaltensrecht wurde zwar im Rahmen der hier vorgenommenen Untersuchung als Organisationsrecht erkannt[1]. Zweifelhaft ist indessen, ob sich der in § 1 I 2 LVwG SH verwendete Terminus der Organisation mit dem hier entwickelten Organisationsbegriff deckt.

Bedenken bestehen im Hinblick auf die systematische Aufteilung des Landesverwaltungsgesetzes. Dessen erster Teil lautet „Verwaltungsorganisation" und behandelt in Abschnitt I die Träger der öffentlichen Verwaltung und ihre Behörden, in Abschnitt II die Aufsicht, in Abschnitt III die Aufgabenübertragung und Zuständigkeit, in Abschnitt IV die Amtshilfe und in Abschnitt V schließlich die Körperschaften ohne Gebietshoheit, die Anstalten sowie die Stiftungen des öffentlichen Rechts[2]. Demgegenüber thematisiert der zweite Teil das „Verwaltungshandeln"[3] und regelt unter Abschnitt I, Titel 4, III u. IV die Formgebundenheit von Verwaltungsakten sowie öffentlich-rechtlichen Verträgen[4], setzt also diesbezüglich internes Verhaltensrecht. Die an die Organwalter gerichteten Gebote, bestimmte Formen einzuhalten, gehören damit zunächst nicht zum Bereich der Verwaltungsorganisation im Sinne des ersten Teils. Berücksichtigt man des weiteren, daß die Gliederung des Landesverwaltungsgesetzes in zwei sachliche Teile[5] der Aufteilung des § 1 I LVwG SH unter umgekehrten Vorzeichen korrespondiert — S. 1: „Verwaltungstätigkeit"; S. 2: „Organisation" —, so wird man davon ausgehen dürfen, daß der Terminus „Verwaltungsorganisation" ein Synonymbegriff für den der „Organisation" in § 1 I 2 LVwG SH ist. Da nun die Subsidiaritätsklausel ausweislich ihrer Niederlegung im zweiten Halbsatz des § 1 I 2 LVwG SH nur den Bereich der Organisation, nicht dagegen auch die in § 1 I 1 LVwG SH ange-

---

[1] Vgl. 4. Teil, A I 1 a bb (4).

[2] Vgl. Inhaltsübersicht des LVwG SH, abgedr. in *Bausenhart / Guilleaume / Brintzinger*, Nr. 1377.

[3] Siehe Fn. 2.

[4] Siehe Fn. 2.

[5] Der dritte Teil enthält demgegenüber nur „Schlußvorschriften", vgl. Inhaltsübersicht des LVwG SH, abgedr. in *Bausenhart / Guilleaume / Brintzinger*, Nr. 1377.

sprochene Verwaltungstätigkeit, d. h. das Verwaltungshandeln betrifft, erfaßt jene das hier interessierende Kollisionsgebiet nicht.

Damit bleibt klärungsbedürftig, wie zu entscheiden ist, wenn die Gemeindeordnung und das Landesverwaltungsgesetz im Hinblick auf die Formgebundenheit von Verwaltungsakten und öffentlich-rechtlichen Verträgen gleiche oder sich widersprechende Verhaltensgebote normieren. Unter Zugrundelegung des wohl allgemeingültigen Rechtsgedankens, daß spezielle Fachgesetze allgemeine oder allgemeinere Verwaltungsgesetze verdrängen, wird man in einem derartigen Kollisionsfall der Gemeindeordnung den Vorrang einzuräumen haben.

I. Formfehlerhafte Verwaltungsakte

1. Nichtigkeit der Verwaltungsakte

a) Zusicherungen

aa) Rechtslage nach § 108 a I 1 LVwG SH

Gemeindliche Zusicherungen, die entgegen den Geboten der §§ 50 II, 61 II GO SH mündlich abgegeben werden oder zwar schriftlich ergehen, aber keinerlei Unterzeichnung aufweisen, sind gem. § 108 a I 1 LVwG SH unwirksam, d. h. nichtig[6].

Trägt die Zusicherung demgegenüber eine faksimilierte Unterschrift, wird ihre Gültigkeit von § 108 a I 1 LVwG SH nicht berührt. Zwar ist sie auch in diesem Fall formfehlerhaft, da die kommunalen Vorschriften eine handschriftliche Unterschrift verlangen. Unter Berücksichtigung der Korrespondenz zwischen der in § 108 a I 1 LVwG SH normierten Außenfolge mit dem in § 108 III 1 1. HS LVwG SH gesetzten inneren Verhaltensrecht, das die Angabe der bloßen Namenswiedergabe und damit eine faksimilierte oder maschinengeschriebene Unterschrift[7] erlaubt, kann ein derartiger Formverstoß über § 108 a I 1 LVwG SH keine Sanktionen erfahren[8].

Erörterungsbedürftig bleiben die rechtlichen Folgen, die eintreten, wenn Zusicherungen der Kommune in Widerspruch zu §§ 50 II 2, 61 II 2

---

[6] Vgl. *Meyer* in Meyer / Borgs, § 38 Rdn. 12, 25 zum inhaltsgleichen § 38 I 1 VwVfG.

[7] Vgl. *Stelkens* in Stelkens / Bonk / Leonhardt, § 37 Rdn. 28, 29 zum inhaltsgleichen § 37 III VwVfG.

[8] Vgl. die Ausführungen zu den inhaltsgleichen §/Art. 37 III, 38 I 1 VwVfG BaWü, Bay in diesem Abschn. A I 1 a aa u. A I 1 a aa (2).

GO SH kein Dienstsiegel enthalten oder eine zweifache Unterzeichnung vermissen lassen. Eine Nichtigkeit solcher Erklärungen nach § 108 a I 1 LVwG SH kommt nicht in Betracht, da die Korrespondenzvorschrift zu § 108 a I 1 LVwG SH, § 108 III LVwG SH, keine den vorstehenden Förmlichkeiten entsprechenden Erfordernisse kennt. Insbesondere ist das in diesem Rechtssatz normierte Gebot des Erkennenlassens der Behörde keine inhaltsgleiche Bestimmung zu der kommunalgesetzlich vorgeschriebenen Beidrückung des Dienstsiegels. Denn das Dienstsiegel ist Hoheitszeichen der Gemeinde[9] und weist mithin den Rechtsträger, nicht dagegen seine Behörden aus.

bb) Rechtslage nach § 108 a II i. V. m. § 113 I LVwG SH

Das Fehlen der handschriftlichen Unterzeichnung, des Dienstsiegels und der zweiten Unterschrift führt auch nicht zur Nichtigkeit gemeindlicher Zusicherungen nach § 108 II i. V. m. § 113 I LVwG SH. Zusicherungen leiden insoweit weder an einem besonders schweren, noch offenkundigen Mangel.

Die Verletzung des handschriftlichen Unterzeichnungsgebots ist wegen der bloßen Beweisfunktion der Förmlichkeit unbedeutend[10] und zudem für den juristischen Laien nicht erkennbar[11].

Was das Dienstsiegel angeht, so ergibt sich die Geringfügigkeit des Fehlers ebenfalls unter Berücksichtigung der Zweckbestimmung des Formerfordernisses; dieses dient lediglich der Kenntlichmachung, daß nicht die die Erklärung formulierende Person, sondern die Gemeinde sich rechtserheblich betätigt und besitzt damit wie die handschriftliche Unterschrift reine Beweisfunktion[12].

Im Hinblick auf die fehlende zweite Unterschrift ergibt sich die mangelnde Schwere des Fehlers aufgrund eines Vergleichs mit § 113 III Nr. 4 LVwG SH. Nach dieser Norm ist ein Verwaltungsakt nicht nichtig, wenn die erforderliche Mitwirkung einer anderen Behörde unterblieben ist. Eine Mitwirkung im Sinne der Norm liegt dabei vor, wenn einer Drittbehörde eine rechtlich relevante Einflußnahme auf die Entscheidung eingeräumt ist[13]. Bei dem Erfordernis der zweiten Unterschrift handelt es sich zunächst nicht um die Beteiligung einer Drittbehörde. Der Bürgermeister und sein Stellvertreter, d. h. die diese Funktionen ausübenden physischen Personen, die gem. § 50 II 2 GO SH die Ver-

---

[9] Vgl. § 12 GO SH.

[10] Vgl. *Badura* in Erichsen / Martens, § 41 II 1 (S. 355), § 41 III 3 (S. 371).

[11] Vgl. in diesem Abschn. A I 1 a bb (1).

[12] Vgl. 3. Teil, 1. Kap., 3. Abschn., B u. 4. Abschn.

[13] Vgl. *Meyer* in Meyer / Borgs, Rdn. 25 zu dem inhaltsgleichen § 44 III Nr. 4 VwVfG.

pflichtungserklärung zu unterzeichnen haben, gehören beide dem monokratischen Organ Bürgermeister und damit ein und derselben Behörde an[14]. Ebenso verhält es sich im Rahmen des § 61 II 2 GO SH, der die Unterschrift des Bürgermeisters und eines weiteren Magistrats„mit“-glieds verlangt: diese bzw. die die Gliedfunktionen ausübenden physischen Personen handeln für die (eine) Behörde Magistrat. Darüber hinaus räumt die zweite Unterschrift keine rechtliche Einflußnahme auf eine Entscheidung ein, ist also kein inhaltlicher, sondern nur ein formaler Mitwirkungsakt. Führt aber nach § 113 III Nr. 4 LVwG SH selbst die fehlende interbehördliche, inhaltliche Mitwirkung nicht zur Nichtigkeit eines Verwaltungsaktes, so wird man — arg. a maiore ad minus — davon ausgehen dürfen, daß nach dem gesetzgeberischen Willen dann erst recht eine mangelnde intrabehördliche, formale Mitwirkung kein die Nichtigkeit auslösender Faktor, d. h. kein besonders schwerer Fehler ist.

Zudem handelt es sich bei den Formfehlern nicht um solche offenkundiger Natur.

Im Hinblick auf das Dienstsiegel könnte von einer evidenten Fehlerhaftigkeit nur dann gesprochen werden, wenn ohne Angabe dieses Zeichens Zweifel an dem Zurechnungssubjekt der Erklärung bestünden. Hiervon ist indessen nicht auszugehen. Zusicherungen müssen wie auch alle übrigen Verwaltungsakte die ausstellende Behörde erkennen lassen[15]; dieses Erfordernis tritt mangels entsprechender Bestimmung in der Gemeindeordnung kumulativ neben die kommunalen Förmlichkeitsanforderungen. Geht aber aus der Zusicherung die erlassende kommunale Behörde hervor, so ist klargestellt, daß die Gemeinde sich rechtserheblich betätigt. Dies gilt um so mehr, berücksichtigt man, daß die gemeindlichen Erklärungen zumindest üblicherweise mit einem die handelnde Kommune individualisierenden Briefkopf versehen sind.

Schließlich stellt auch die fehlende zweite Unterschrift keinen offenkundigen Mangel dar. Insoweit handelt es sich nicht um ein typisches Merkmal von Verwaltungserklärungen[16], so daß dem juristisch ungeschulten Durchschnittsbürger eine derartige Fehlerhaftigkeit nicht auffallen wird[17].

---

[14] Vgl. *Wolff / Bachof*, VerwR II, 4 Aufl., § 74 IV b 2.

[15] § 108 III 1 1. HS LVwG SH.

[16] Gem. § 108 III 1 1. HS LVwG SH muß ein VA die Unterschrift des Behördenleiters, seines Vertreters *oder* seines Beauftragten enthalten.

[17] Vgl. zum Begriff der Offenkundigkeit: *Meyer* in Meyer / Borgs, § 44 Rdn. 9.

b) Sonstige Verwaltungsakte[18] — Rechtslage nach § 113 I LVwG SH

Bei Verwaltungsakten, die nicht die Qualität von Zusicherungen haben, entscheidet sich die Frage der Nichtigkeit allein nach § 113 LVwG SH. Ergehen diese entgegen dem kommunalgesetzlichen Gebot der §§ 50 II 1, 61 II 1 GO SH mündlich, sind sie gem. § 113 I LVwG SH nichtig, da der Mangel der Schriftlichkeit einen schweren und offenkundigen Fehler im Sinne der Norm darstellt[19]. Entbehren sie demgegenüber der nach §§ 50 II 2, 61 II 2 GO SH erforderlichen handschriftlichen Unterschrift bzw. jeglicher Unterzeichnung[20] oder lassen sie das Dienstsiegel oder die zweite Unterschrift vermissen, bleibt ihre Gültigkeit unberührt.

2. Aufhebbarkeit der Verwaltungsakte

Eine Heilung der formfehlerhaften, nicht nichtigen Verwaltungsakte scheidet aus, da der Tatbestand des § 114 I LVwG SH die Formerfordernisse der (handschriftlichen sowie zweifachen) Unterzeichnung und des Dienstsiegels nicht nennt, seine Regelung aber abschließend ist[21]. Die Verwaltungsakte sind vielmehr insoweit gem. § 108 a II i. V. m. § 116 LVwG SH bzw. § 116 LVwG SH allein aufhebbar.

II. Formfehlerhafte gemeindliche Willenserklärungen im Rahmen öffentlich-rechtlicher Verträge

Ist die gemeindliche Willenserklärung Bestandteil eines öffentlich-rechtlichen Vertrages, entscheidet sich die Rechtsfolge im Falle der Formfehlerhaftigkeit der Erklärung nach § 126 I LVwG SH i. V. m. § 125 S. 1 BGB entspr.

Wird die Erklärung der Kommune mündlich abgegeben oder zwar schriftlich abgefaßt, läßt aber die handschriftliche Unterschrift oder gar jede Unterzeichnung vermissen, so ist der gesamte öffentlich-rechtliche Vertrag gem. § 126 I LVwG SH i. V. m. § 125 S. 1 BGB entspr., §§ 124, 129 S. 2 LVwG SH i. V. m. § 126 II BGB entspr., §§ 50 II, 61 II GO SH nichtig.

---

[18] Mit Ausnahme der hier nicht berücksichtigten Beamtenernennungen.

[19] Vgl. die Ausführungen zu dem inhaltsgleichen §/Art. 44 I VwVfG BaWü, Bay in diesem Abschn. A I 1 b aa.

[20] Vgl. die Ausführungen zu dem inhaltsgleichen §/Art. 44 I VwVfG BaWü, Bay in diesem Abschn. A I 1 a bb (1) u. A I 1 b bb.

[21] So *Kopp*, § 45 Rdn. 12; *Meyer* in Meyer / Borgs, § 45 Rdn. 6; *Klappstein* in Knack, § 45 Rdn. 3; *Ule / Laubinger*, § 58 I 2 (S. 279) zum inhaltsgleichen § 45 VwVfG.

Dieselbe Rechtsfolge tritt ein, wenn der gemeindlichen Erklärung das Dienstsiegel oder die zweite Unterschrift fehlt. Die Förmlichkeiten sind Formerfordernisse i. S. d. § 125 BGB. Was das Dienstsiegel betrifft, so ergibt sich dies unter Berücksichtigung des § 67 BeurkG, nach dem die notarielle Beurkundung das Dienstsiegel ersetzt. Hieraus läßt sich die Schlußfolgerung ziehen, daß der Gesetzgeber das Dienstsiegel für eine im Rahmen vertraglicher Beziehungen bedeutsame Form hält, die im Verletzungsfall dieselben rechtlichen Konsequenzen wie ein Verstoß gegen die notarielle Beurkundung nach sich zieht[22]. Im Hinblick auf das Erfordernis der zweifachen Unterzeichnung ist eine Würdigung des § 2267 BGB ergiebig, der für das gemeinschaftliche Testament die Unterschrift beider Ehegatten verlangt. Fehlt eine der Unterschriften, so ist das Testament gem. § 125 S. 1 BGB nichtig[23]. Stellen Dienstsiegel und zweite Unterschrift Formerfordernisse i. S. d. § 125 BGB dar, so löst eine Verletzung der sie normierenden Vorschriften die Nichtigkeit der insoweit fehlerhaften gemeindlichen Erklärung aus, was zur Nichtigkeit des gesamten Vertrages führt[24].

III. Der Grundsatz von Treu und Glauben gem. § 242 BGB

Auf die Formfehlerhaftigkeit von Verwaltungsakten und öffentlich-rechtlichen Vertragserklärungen kann sich die Gemeinde nicht berufen, soweit die Geltendmachung des Formmangels unter Berücksichtigung des § 242 BGB treuwidrig ist.

C. Rechtslage in Bremerhaven, Hessen, Niedersachsen, Nordrhein-Westfalen, Rheinland-Pfalz und dem Saarland

Einfacher gestaltet sich die Rechtslage in den vorstehend genannten Bundesländern. Deren Gemeindeordnungen knüpfen an die Verletzung der kommunalen Verhaltensgebote eine rechtliche Folge, die für sämtliche Arten der Verpflichtungserklärungen gilt, so daß es hier einer Unterscheidung zwischen Verwaltungsakt und öffentlich-rechtlichem Vertrag nicht bedarf. Nach § 46 II 2 Verf Bremhv, § 71 II 2 GO He, § 63 II 2 GO Nds, § 56 IV GO NRW, § 49 I 2 GO RhPf, § 62 S. 2 KSVG Sa sind formfehlerhafte öffentlich-rechtliche Verpflichtungserklärungen nicht rechtsverbindlich, d. h. nichtig[1]. Ausdrücklich bezieht sich dabei — Aus-

---

[22] Vgl. die Ausführungen in diesem Abschn. A II 2.

[23] Vgl. auch *Palandt / Edenhofer*, § 2267 Anm. 2.

[24] Vgl. *Larenz*, Allg. Teil, § 23 II b (S. 449 f.); *Flume*, § 32 2 c (S. 573 f.); *Staudinger / Dilcher*, § 139 Rdn. 5.

[1] Vgl. 4. Teil, C.

nahme: § 56 IV GO NRW — die Anordnung der Nichtigkeit nur auf diejenigen Erklärungen, die nicht handschriftlich sowie zweifach unterzeichnet sowie nicht mit Amtsbezeichnung oder/und Dienstsiegel versehen sind, nicht dagegen auf solche Erklärungen, die unter Mißachtung des Schriftformerfordernisses abgegeben wurden. Da jene Förmlichkeiten aber die schriftliche Abfassung einer Erklärung voraussetzen, wird implizit auch die Nichtigkeit mündlicher Verpflichtungserklärungen normiert. Der Grundsatz von Treu und Glauben gem. § 242 BGB kann allerdings der Geltendmachung der Formfehlerhaftigkeit entgegenstehen.

2. Kapitel

Rechtsfolgen im Innenverhältnis

Bei Verletzung der kommunalgesetzlich normierten Gebote, privatrechtliche und öffentlich-rechtliche Verpflichtungserklärungen förmlich abzufassen, sind rechtliche Konsequenzen im Innenverhältnis nicht ausgeschlossen. Die formwidrige Abgabe solcher Erklärungen durch den Gemeindevorsteher kann ein Dienstvergehen im Sinne der Disziplinarordnungen darstellen[1], das disziplinarische Maßnahmen wie etwa eine Geldbuße oder einen Verweis[2] auszulösen vermag[3].

---

[1] So *Rauball / Pappermann / Roters*, § 56 Rdn. 5; vgl. zu den Voraussetzungen disziplinarischer Folgen *Achterberg*, Allg. VerwR, § 13 Rdn. 54.

[2] Vgl. etwa §§ 4 ff. LDiszO BaWü; Art. 6 ff. Bay DO; §§ 5 ff. DO NRW. Siehe auch *Achterberg*, Allg. VerwR, § 13 Rdn. 55.

[3] Im Hinblick auf die privatrechtlichen Verpflichtungserklärungen ist die Rechtslage vergleichbar mit der des sog. kommunalrechtlichen Vertretungsverbots. Gem. § 17 III 1 GO BaWü etwa darf ein ehrenamtlich tätiger Bürger Ansprüche anderer gegen die Gemeinde grds. nicht geltend machen. Eine Verletzung dieser Verhaltensregel führt indessen nicht dazu, daß ein Rechtsanwalt, der ehrenamtlich für die Gemeinde tätig ist, als Prozeßbevollmächtigter zurückgewiesen werden kann. Ein Verstoß gegen das kommunale Vertretungsverbot bleibt ohne prozessuale Sanktionen, äußert mithin insoweit keine Außenwirkung. Lediglich im Innenverhältnis können rechtliche Konsequenzen eintreten; so kann nach §§ 17 IV i. V. m. 16 III 1 GO BaWü dem Betroffenen ein Ordnungsgeld bis zu 1000,— DM auferlegt werden. Vgl. hierzu *Schoch*, S. 221 ff., 238 ff. (262); *v. Mutius*, VerwArch Bd. 71 (1980), S. 191 (195); *dens.*, VerwArch Bd. 69 (1978), S. 217 (219); *dens.*, VerwArch Bd. 68 (1977), S. 73 (78); *Rottmann*, BVerfGE 52, 58 ff. (Sondervotum zur Mehrheitsentscheidung des BVerfG v. 18. 7. 1979 — 2 BvR 488/76); *Jäkel*, JuS 1979, S. 174 (177); OLG Hamm DVBl. 1978, S. 153 (154). A. A. BVerfGE 52, 42 (55), das eine prozessuale Wirkung des kommunalen Vertretungsverbots annimmt.

3. Kapitel

Ergebnis

— Formfehlerhafte privatrechtliche Verpflichtungserklärungen der Gemeinde sind wirksam. § 125 S. 1 BGB findet keine Anwendung.

— In Bayern, Baden-Württemberg und Schleswig-Holstein sind Zusicherungen der Kommune bei Mangel der Schriftlichkeit oder dem Fehlen jeglicher Unterzeichnung gem. §/Art. 38 I 1 VwVfG BaWü, Bay bzw. § 108 a I 1 LVwG SH nichtig. Sonstige verpflichtende Verwaltungsakte lösen nur bei Verletzung des Schriftlichkeitsgebots die Rechtsfolge der Nichtigkeit gem. §/Art. 44 I VwVfG BaWü, Bay, § 113 I LVwG SH aus. Im übrigen führt eine Mißachtung der gemeindlichen Formvorschriften lediglich zur Aufhebbarkeit von Zusicherungen und anderen Verwaltungsakten gem. §/Art. 38 II i. V. m. §/Art. 48 VwVfG BaWü, Bay bzw. §/Art. 48 VwVfG BaWü, Bay, § 108 a II i. V. m. § 116 LVwG SH bzw. § 116 LVwG SH. Formfehlerhafte öffentlich-rechtliche Vertragserklärungen der Kommune lösen, gleichgültig gegen welches Formerfordernis verstoßen wurde, die Nichtigkeit des gesamten Vertrages gem. §/Art. 59 VwVfG BaWü, Bay, § 126 I LVwG SH i. V. m. § 125 S. 1 BGB entspr. aus.

— In Bremerhaven, Hessen, Niedersachsen, Nordrhein-Westfalen, Rheinland-Pfalz und dem Saarland sind formwidrige öffentlich-rechtliche Verpflichtungserklärungen der Gemeinde gem. § 46 II 2 Verf Bremhv, § 71 II 2 GO He, § 63 II 2 GO Nds, § 56 IV GO NRW, § 49 I 2 GO RhPf, § 62 S. 2 KSVG Sa nichtig.

— Die Berufung der Gemeinde auf die Formfehlerhaftigkeit kann sich nach dem Grundsatz von Treu und Glauben gem. § 242 BGB verbieten.

— Bei einem Verstoß gegen die kommunalen Formvorschriften sind disziplinarische Sanktionen möglich.

Schlußwort

Eine Analysierung der kommunalen Förmlichkeitsbestimmungen und eine Betrachtung der Verfassungslage zeigen, daß die Qualifizierung der Normen als Formvorschriften keineswegs die insbesondere vom Bundesgerichtshof befürchtete Verfassungswidrigkeit der Rechtssätze zur Konsequenz hat. Allerdings kann nicht geleugnet werden, daß die festgestellte Sanktionslosigkeit formfehlerhafter privatrechtlicher Verpflichtungserklärungen aus der Perspektive der Kommunen ein unbefriedigendes Ergebnis ist. Der Bundesgesetzgeber könnte hier Abhilfe schaffen. Indessen ist fraglich, ob eine derartige gesetzgeberische Initiative begrüßenswert wäre. Rechtsgeschäfte von wirtschaftlicher Bedeutung werden von den Bestimmungen des Bürgerlichen Gesetzbuchs abgedeckt, so daß die Kommunen im Rahmen der in der Regel finanziell aufwendigen Geschäfte durch die geltende Rechtslage ausreichend geschützt sind. Ein darüber hinausgehender Schutz und damit eine Privilegierung der Gemeinden gegenüber dem Bürger erscheint unangebracht. Was die öffentlich-rechtlichen kommunalen Aktivitäten betrifft, so haben die Landesgesetzgeber Baden-Württembergs, Bayerns und Schleswig-Holsteins ihre Möglichkeiten noch nicht vollständig ausgeschöpft. Mit Rücksicht darauf, daß die Verwaltungsverfahrensgesetze der Länder bzw. das Landesverwaltungsgesetz Schleswig-Holsteins im Bereich der Verwaltungsakte an die einzelnen Formverstöße im Schutzgrad divergierende Rechtsfolgen knüpfen, bietet sich an, in Angleichung an die übrigen Bundesländer eine einheitliche, die Nichtigkeit formwidriger öffentlich-rechtlicher Erklärungen aussprechende Rechtsfolgeregelung in die Gemeindeordnungen aufzunehmen.

Literaturverzeichnis

Achterberg, Norbert: Grundzüge des Parlamentsrechts, München 1971
(zit.: *Achterberg,* Parlamentsrecht)

— Allgemeines Verwaltungsrecht, Heidelberg 1982
(zit.: *Achterberg,* Allg. VerwR)

Bausenhart, Walter / *Guilleaume,* Emil / *Brintzinger,* Ottobert: Landesrecht in Schleswig-Holstein, Bd. IV, 2. Aufl. (Losebl.), Wiesbaden, Stand: 1983.

Berg, Wilfried: Die Direktorialverfassung in Nordrhein-Westfalen und Niedersachsen in: Handbuch der kommunalen Wissenschaft und Praxis, Bd. 2, hrsg. von Günter Püttner, 2. Aufl., Berlin, Heidelberg, New York 1982, S. 222 - 229
(zit.: *Berg,* HdBKWP Bd. 2)

Bettermann, Karl August: Das Verwaltungsverfahren in: VVDStRL Bd. 17 (1959), S. 118 - 182.

Bleckmann, Albert: Zum materiellrechtlichen Gehalt der Kompetenzbestimmungen des Grundgesetzes in: DÖV 1983, S. 129 - 135.

Bleutge, Rolf: Der Kommunalverfassungsstreit (Schriften zum Prozeßrecht, Bd. 13), Berlin 1970.

Böckenförde, Ernst-Wolfgang: Die Organisationsgewalt im Bereich der Regierung. Eine Untersuchung zum Staatsrecht der Bundesrepublik Deutschland (Schriften zum Öffentlichen Recht, Bd. 18), Berlin 1964
(zit.: *Böckenförde,* Organisationsgewalt)

— Organ, Organisation, Juristische Person. Kritische Überlegungen zu Grundbegriffen und Konstruktionsbasis des staatlichen Organisationsrechts in: Fortschritte des Verwaltungsrechts. Festschrift für Hans J. Wolff, hrsg. von Christian-Friedrich Menger, München 1973, S. 269 - 305
(zit.: *Böckenförde,* Festschrift f. Wolff)

Bohley, Erich: Zur Rechtsstellung und Vertretung der Gemeinden in: Der Bayerische Bürgermeister 1953, S. 217 - 219.

Bonner Grundgesetz: Kommentar zum ... (Losebl.), Hamburg, Stand: November 1983
(zit.: *Verf.* in BK)

Brauchitsch, M. von: Die neuen Preußischen Verwaltungsgesetze, Bd. III, 15. Aufl., Berlin 1902.

Brohm, Winfried: Die Dogmatik des Verwaltungsrechts vor den Gegenwartsaufgaben der Verwaltung in: VVDStRL Bd. 30 (1972), S. 245 - 306.

Brückner, Wolfgang: Die Organisationsgewalt des Staates im kommunalen Bereich, Diss., Würzburg 1974.

Burmeister, Joachim: Verfassungstheoretische Neukonzeption der kommunalen Selbstverwaltungsgarantie (Studien zum öffentlichen Recht und zur Verwaltungslehre, Bd. 19), München 1977.

Cosack, Konrad / *Mitteis*, Heinrich: Lehrbuch des Bürgerlichen Rechts, I. Band, 8. Aufl., Jena 1927.

Dagtoglou, Prodromos: Kollegialorgane und Kollegialakte der Verwaltung (res publica, Bd. 4), Stuttgart 1960.

Dietz, Rolf / *Richardi*, Reinhard: Betriebsverfassungsgesetz, Kommentar, Bd. 1, 6. Aufl., München 1981.

Dölker, Wolfgang: Baugenehmigung ohne Antrag und stillschweigende Baugenehmigung? in: BayVBl. 1974, S. 400 - 403.

Dreibus, Heinz: Die Bürgermeisterverfassung in Rheinland-Pfalz, im Saarland und in Schleswig-Holstein in: Handbuch der kommunalen Wissenschaft und Praxis, Bd. 2, hrsg. von Günter Püttner, 2. Aufl., Berlin, Heidelberg, New York 1982, S. 241 - 263
(zit.: *Dreibus*, HdBKWP Bd. 2)

Eckhardt, Ulrich: Privatrechtsgeschäftliche Außenvertretung der deutschen Gemeinden. Zugleich ein Beitrag zum allgemeinen Organisationsrecht, Diss., Münster 1961.

Eilers: Begründung der NGO-Novelle ist notwendig in: NStV-N 1982, S. 63.

Endemann, Friedrich: Lehrbuch des Bürgerlichen Rechts, I. Band, 8. Aufl., Berlin 1903.

Engeli, Christian / *Haus*, Wolfgang: Quellen zum modernen Gemeindeverfassungsrecht, Stuttgart, Berlin, Köln, Mainz 1975.

Enneccerus, Ludwig / *Nipperdey*, Hans Carl: Allgemeiner Teil des Bürgerlichen Rechts, Bd. 1, Tübingen 1960.

Erichsen, Hans-Uwe: Feststellungsklage und Innenrecht, Grundrechte und Amtswaltung in: VerwArch Bd. 71 (1980), S. 429 - 438.

— Die Umsetzung von Beamten in: DVBl. 1982, S. 95 - 100.

— Verfassungs- und verwaltungsrechtliche Möglichkeiten und Grenzen der Einbeziehung anderer Träger öffentlicher Verwaltung in die Erfüllung von Verwaltungsaufgaben in: Probleme mehrstufiger Erfüllung von Verwaltungsaufgaben auf kommunaler Ebene, hrsg. von Albert v. Mutius / Edzard Schmidt-Jortzig, Siegburg 1982, S. 3 - 18
(zit.: *Erichsen* in v. Mutius / Schmidt-Jortzig)

— Öffentliches und privates Recht in: Jura 1982, S. 537 - 545.

— Diskussionsbeitrag in: VVDStRL Bd. 41 (1983), S. 278 - 280.

— Verwaltungsrecht und Verwaltungsgerichtsbarkeit I, 2. Aufl., München 1984
(zit.: *Erichsen*, VerwR u. VerwGbkt I)

Erichsen, Hans-Uwe / *Martens*, Wolfgang: Allgemeines Verwaltungsrecht, 6. Aufl., Berlin, New York 1983
(zit.: *Verf.* in Erichsen / Martens)

Eyermann, Erich / *Fröhler*, Ludwig: Verwaltungsgerichtsordnung, Kommentar, 8. Aufl., München 1980.

Fitting, Karl / *Auffarth,* Fritz / *Kaiser,* Heinrich: Betriebsverfassungsgesetz, Handkommentar, 14. Aufl., München 1984.

Flume, Werner: Allgemeiner Teil des Bürgerlichen Rechts, Bd. II, Das Rechtsgeschäft, 3. Aufl., Berlin, Heidelberg, New York 1979.

Foerster, German: Kommunalverfassungsrecht Schleswig-Holstein, Kommentar, Kiel 1978.

Forsthoff, Ernst: Die öffentliche Körperschaft im Bundesstaat. Eine Untersuchung über die Bedeutung der institutionellen Garantie in den Art. 127 und 137 der WRV (Beiträge zum öffentlichen Recht der Gegenwart 3), Tübingen 1931
(zit.: *Forsthoff,* Körperschaft)

— Lehrbuch des Verwaltungsrechts, Bd. 1, Allgemeiner Teil, 10. Aufl., München 1973
(zit.: *Forsthoff,* VerwR)

Friedrichs, Karl: Der Allgemeine Teil des Rechts, Berlin, Leipzig 1927.

Fritz, Christoph: Vertrauensschutz im Privatrechtsverkehr mit Gemeinden. Insbesondere zum Vertrauensschutz bei Nichtbeachtung der gemeinderechtlichen Sondervorschriften für Verpflichtungserklärungen (Schriften zum Öffentlichen Recht, Bd. 438), Berlin 1983.

Galette, Alfons / *Laux,* Eberhard: Kommentar zur Gemeindeordnung, Kreisordnung, Amtsordnung für Schleswig-Holstein (Losebl.), Wiesbaden, Stand: Dezember 1983.

Gerber, Carl Friedrich von: Grundzüge des deutschen Staatsrechts, 3. Aufl., Leipzig 1880, Neudruck der 3. Aufl., Aalen 1969.

Geßler, Ernst / *Hefermehl,* Wolfgang / *Eckhardt,* Ulrich / *Kropff,* Bruno: Aktiengesetz, Kommentar, Bd. II, München 1973/74.

Gierke, Otto von: Die Grundbegriffe des Staatsrechts und die neuesten Staatsrechtstheorien in: ZStW Bd. 30 (1874), S. 265 - 335.

— Die Genossenschaftstheorie und die Deutsche Rechtsprechung, Berlin 1887
(zit.: *v. Gierke,* Genossenschaftstheorie)

— Deutsches Privatrecht, Bd. 1, Allgemeiner Teil und Personenrecht, Leipzig 1895
(zit.: *v. Gierke,* Privatrecht)

Gönnenwein, Otto: Gemeinderecht, Tübingen 1963.

Häsemeyer, Ludwig: Die gesetzliche Form der Rechtsgeschäfte, Göttingen 1971.

Helfritz, Hans: Die Vertretung der Städte und Landgemeinden nach außen in dem Gemeinderecht der östlichen Provinzen Preußens, Berlin 1916
(zit.: *Helfritz,* Vertretung)

Hesse, Konrad: Grundzüge des Verfassungsrechts der Bundesrepublik Deutschland, 14. Aufl., Heidelberg 1984.

Höfer, Gerhard / *Huhn,* Dieter / *Schuckmann,* Hans-Joachim von: Beurkundungsgesetz und ergänzende Vorschriften, Kommentar, Frankfurt am Main 1972.

Hösel, Gottfried / *Lersner*, Heinrich von: Recht der Abfallbeseitigung des Bundes und der Länder, Kommentar, Bd. 1 (Losebl.), Berlin, Stand: Februar 1984.

Hofmann, Walter / *Beth*, Alfred / *Dreibus*, Heino: Die Kommunalgesetze für Rheinland-Pfalz, Kommentar, Bd. I (Losebl.), Siegburg, Stand: April 1983.

Hohrmann, Friedrich: Bundesgesetzliche Organisation landesunmittelbarer Selbstverwaltungskörperschaften (Schriften zum Öffentlichen Recht, Bd. 59), Berlin 1967.

Hoppe, Werner: Organstreitigkeiten vor den Verwaltungs- und Sozialgerichten, Siegburg 1970.

— Organstreitigkeiten und organisationsrechtliche subjektiv-öffentliche Rechte in: DVBl. 1970, S. 845 - 850.

— Die Regelung der verwaltungsrechtlichen Organstreitigkeiten — eine Aufgabe des Gesetzgebers in: NJW 1980, S. 1017 - 1022.

Hueck, Alfred / *Nipperdey*, Hans Carl: Lehrbuch des Arbeitsrechts, Bd. 2, 2. Hb., 7. Aufl., Berlin, Frankfurt am Main 1970.

Hummelbeck, Horst: Die privatrechtsgeschäftliche Außenvertretung der Gemeinden der Bundesrepublik Deutschland, Diss., Münster 1970.

Jäkel, Rainer: Grenzen des kommunalrechtlichen Vertretungsverbots für Rechtsanwälte — BVerfGE 41, 231, OVG Münster, AnwBl. 1976, 33 und OLG Hamm, DVBl. 1978, 153 in: JuS 1979, S. 174 - 180.

Jansen, Paul: Beurkundungsgesetz, Berlin 1971.

Jellinek, Georg: Gesetz und Verordnung. Staatsrechtliche Untersuchungen, Tübingen 1919
(zit.: *G. Jellinek*, Gesetz und Verordnung)

— System der subjektiven öffentlichen Rechte, 2. Aufl., Tübingen 1919
(zit.: *G. Jellinek*, System)

— Allgemeine Staatslehre, 3. Aufl., Neudruck, Bad Homburg 1960
(zit.: *G. Jellinek*, Staatslehre)

Jellinek, Walter: Verwaltungsrecht, 3. Aufl., Offenburg 1948
(zit.: *W. Jellinek*, VerwR)

Kelsen, Hans: Hauptprobleme der Staatsrechtslehre, Aalen 1960 (unveränderter Neudruck der 2. um eine Vorrede vermehrten Auflage, Tübingen 1923).

Knack, Hans Joachim: Verwaltungsverfahrensgesetz, Kommentar, 2. Aufl., Köln 1982
(zit.: *Verf.* in Knack)

Köttgen, Arnold: Die Gemeinde und der Bundesgesetzgeber (Schriften des Vereins zur Pflege kommunalwissenschaftlicher Aufgaben, Bd. 1), Stuttgart 1967.

Kopp, Ferdinand O.: Verwaltungsverfahrensgesetz, Kommentar, 3. Aufl., München 1983.

Kottenberg, Kurt / *Rehn*, Erich: Gemeindeordnung für das Land NRW, Bd. I (Losebl.), Siegburg, Stand: April 1983.

Krebs, Walter: Zur Anwendbarkeit des Verwaltungsverfahrensgesetzes auf verwaltungsbehördliche Zusagen in: VerwArch Bd. 69 (1978), S. 85 - 91.

— Grundfragen des verwaltungsrechtlichen Organstreits in: Jura 1981, S. 569 - 580.

— Kompensation von Verwaltungsverfahrensfehlern durch gerichtlichen Rechtsschutz? — Zur Problematik des § 46 VwVfG des Bundes und der Länder — in: DVBl. 1984, S. 109 - 116.

Krüger, Kurt: Die Verpflichtungserklärungen der Gemeinden in Preußen auf dem Gebiet des bürgerlichen Rechtsverkehrs nach bisherigem und neuem Recht, Diss., Münster 1934.

Küchenhoff, Günther und Erich: Allgemeine Staatslehre, 7. Aufl., Stuttgart, Berlin, Köln, Mainz 1971
(zit.: *G.* u. *E. Küchenhoff*)

Kunze, Richard / *Bronner*, Otto / *Katz*, Alfred: Gemeindeordnung für Baden-Württemberg, Kommentar, Stuttgart, Berlin, Köln, Mainz, Stand: März 1984.

Laband, Paul: Das Staatsrecht des Deutschen Reiches, Bd. 2, 5. Aufl., Tübingen 1911.

Larenz, Karl: Methodenlehre der Rechtswissenschaft, 5. Aufl., Berlin, Heidelberg, New York 1983
(zit.: *Larenz*, Methodenlehre)

— Allgemeiner Teil des deutschen Bürgerlichen Rechts, 6. Aufl., München 1983
(zit.: *Larenz*, Allg. Teil)

Laubinger, Hans-Werner: Heilung und Folgen von Verfahrens- und Formfehlern — §§ 45 und 46 VwVfG sowie §§ 126 und 127 AO 1977 in der Rechtsprechung — in: VerwArch Bd. 72 (1981), S. 333 - 351.

Lauscher, Carl Wilhelm: Die Delegation von Hoheitsrechten durch Gemeinden auf Gemeinden und Gemeindeverbände, Diss., Münster 1968.

Lehmann, Heinrich / *Hübner*, Heinz: Allgemeiner Teil des Bürgerlichen Gesetzbuchs, 15. Aufl., Berlin 1966.

Leibholz, Gerhard: Das Prinzip der Selbstverwaltung und der Art. 28 Abs. 2 Grundgesetz in: DVBl. 1973, S. 715 - 719.

Lerche, Peter: Verfassungsfragen um Sozialhilfe und Jugendwohlfahrt, Berlin 1963.

Loebell, Friedrich Wilhelm von: Gemeindeordnung für das Land Nordrhein-Westfalen, Kommentar (Losebl.), Wiesbaden, Stand: März 1982.

Lohmann, Eberhard: Die Stellung der Wahlbeamten in der inneren Gemeindeverfassung, Diss., Münster 1979.

Lohmeyer, Hans: Die Entwicklung des deutschen Gemeindeverfassungsrechts seit der Revolution in: Deutsche Juristen-Zeitung 1925, Sp. 407 - 411.

Lüersen, Karl / *Neuffer*, Martin: Niedersächsische Gemeindeordnung, Kommentar (Losebl.), Wiesbaden, Stand: Dezember 1983.

Lukas, Josef: Die rechtliche Stellung des Parlaments in der Gesetzgebung Österreichs und der konstitutionellen Monarchien des Deutschen Reichs, Graz 1901.

Lutter, Marcus: Öffentlich-rechtliche Formvorschriften im Rahmen gerichtlicher oder notarieller Beurkundungen in: Der Deutsche Rechtspfleger 1969, S. 11 - 12.

Machens, Konrad: Die Klagemöglichkeiten von einzelnen oder Gruppen von Mitgliedern gegen ihr eigenes Kollegialorgan innerhalb der öffentlichen Verwaltung, Diss., Köln 1964.

Maiwald, Joachim: Die verwaltungsbehördliche Zusicherung im Verwaltungsverfahrensgesetz in: BayVBl. 1977, S. 449 - 452.

Mang, Johann / *Maunz*, Theodor / *Mayer*, Franz / *Obermayer*, Klaus: Staats- und Verwaltungsrecht in Bayern, 4. Aufl., München 1975
(zit.: *Verf.* in Mang / Maunz / Mayer / Obermayer)

Mangoldt, Hermann von / *Klein*, Friedrich: Das Bonner Grundgesetz, Bd. II, Berlin 1964.

Markull, Fritz: Gemeindeordnung für Schleswig-Holstein vom 24. Januar 1950, Göttingen o. J.

Masson, Christoph / *Samper*, Rudolf: Bayerische Kommunalgesetze, Kommentar (Losebl.), München, Stand: Dezember 1983.

Maunz, Theodor / *Dürig*, Günter: Grundgesetz, Kommentar (Losebl.), München, Stand: September 1983
(zit.: *Verf.* in Maunz / Dürig)

Maunz, Theodor / *Zippelius*, Reinhold: Deutsches Staatsrecht, 25. Aufl., München 1983.

Merkl, Adolf: Allgemeines Verwaltungsrecht, Wien, Berlin 1927.

Meyer, Georg / *Anschütz*, Gerhard: Lehrbuch des Deutschen Staatsrechts, 7. Aufl., München, Leipzig 1919.

Meyer, Hans / *Borgs-Maciejewski*, Hermann: Verwaltungsverfahrensgesetz, Kommentar, 2. Aufl., Frankfurt am Main 1982
(zit.: *Verf.* in Meyer / Borgs)

Müller, Friedrich: Juristische Methodik, 2. Aufl., Berlin 1976.

Münch, Ingo von: Besonderes Verwaltungsrecht, 6. Aufl., Berlin, New York 1982
(zit.: *Verf.* in v. Münch)

Mugdan, B.: Die gesamten Materialien zum Bürgerlichen Gesetzbuch für das Deutsche Reich, Bd. 1, Berlin 1899.

Mutius, Albert von: Zu den Formerfordernissen automatisierter Verwaltungsentscheidungen in: VerwArch Bd. 67 (1976), S. 116 - 124.

— Zur verfassungsrechtlichen Zulässigkeit des kommunalen Vertretungsverbots in: VerwArch Bd. 68 (1977), S. 73 - 81.

— Grundfälle zum Kommunalrecht in: JuS 1978, S. 537 - 543.

— Höchstrichterliche Rechtsprechung zum Verwaltungsrecht. Zur Tragweite des kommunalen Vertretungsverbots in: VerwArch Bd. 69 (1978), S. 217 bis 219.

— Zu den Rechtsfolgen eines Verstoßes gegen das kommunale Vertretungsverbot in: VerwArch Bd. 71 (1980), S. 191 - 199.

— Grundstrukturen der Kommunalverfassungen in der Bundesrepublik Deutschland in: Jura 1981, S. 126 - 135.

Mutius, Albert von / *Nesselmüller*, Günter: Rechtsstellung und Funktionen des „Bürgermeisters" im deutschen Gemeinderecht — ein vergleichender Überblick in: SKV 1975, S. 293 - 301.

Niemeier, Hans: Bund und Gemeinden, Aktuelle Organisations-, Finanz- und Verfassungsprobleme (Schriften zum Öffentlichen Recht, Bd. 190), Berlin 1972.

Nipperdey, Hans Carl: Formmängel, Vertretungsmängel, fehlende Genehmigung bei Rechtsgeschäften der öffentlichen Hand und Treu und Glauben in: JZ 1952, S. 577 - 581.

Obermayer, Klaus: Die Übertragung von Hoheitsbefugnissen im Bereich der Verwaltungsbehörden in: JZ 1956, S. 625 - 630.

Ossenbühl, Fritz: Verwaltungsvorschriften und Grundgesetz, Bad Homburg v. d. H., Berlin, Zürich 1968.

Pagenkopf, Hans: Einführung in die Kommunalwissenschaft, 3. Aufl., Münster 1975
(zit.: *Pagenkopf*, Einführung)

— Kommunalrecht, Bd. 1, Verfassungsrecht, 2. Aufl., Köln, Berlin, Bonn, München 1975
(zit.: *Pagenkopf*, Kommunalrecht I)

Palandt, Otto: Kommentar zum BGB, 43. Aufl., München 1984
(zit.: *Palandt / Verf.)*

Pietzcker, Jost: Das Verwaltungsverfahren zwischen Verwaltungseffizienz und Rechtsschutzauftrag in: VVDStRL Bd. 41 (1983), S. 193 - 231.

Prandl, Josef / *Zimmermann*, Hans: Gemeinderecht in Bayern, Leitsatz-Kommentar zum Kommunalrecht (Losebl.), München, Stand: Januar 1984.

Preuß, Hugo: Über Organpersönlichkeit in: Schmollers Jahrbuch Bd. 26 (1902), S. 103 - 142.

Püttner, Günter: Empfiehlt es sich, durch Einfügung einer Ziffer 6 in den Art. 75 des Grundgesetzes dem Bund die Befugnis zum Erlaß von Rahmenvorschriften im Gemeindewesen zu verleihen? Gutachten F zum 49. Deutschen Juristentag, München 1972.

Rasch, Ernst: Die staatliche Verwaltungsorganisation, Köln, Berlin, Bonn, München 1967.

Rasch, Ernst / *Patzig*, Werner: Verwaltungsorganisation und Verwaltungsverfahren, Köln 1962.

Rauball, Johannes / *Rauball*, Reinhard / *Rauball*, Werner / *Pappermann*, Ernst / *Roters*, Wolfgang: Gemeindeordnung für Nordrhein-Westfalen, 3. Aufl., München 1981
(zit.: *Rauball / Pappermann / Roters*)

Redeker, Konrad / *Oertzen*, Hans Joachim von: Verwaltungsgerichtsordnung, Kommentar, 7. Aufl., Stuttgart, Berlin, Köln, Mainz 1981.

Reichsstädteordnung: Entwurf einer Reichsstädteordnung (Selbstverlag des Deutschen Städtetages), Berlin 1925
(zit.: Entwurf 1925)

Reinicke, Dietrich: Rechtsfolgen formwidrig abgeschlossener Verträge, Bad Homburg von der Höhe, Berlin, Zürich 1969.

RGRK: Das Bürgerliche Gesetzbuch mit besonderer Berücksichtigung der Rechtsprechung des Reichsgerichts und des Bundesgerichtshofes, Kommentar, hrsg. von Mitgliedern des Bundesgerichtshofes, Bd. 1, 12. Aufl., Berlin, New York 1982
(zit.: BGB-RGRK-*Bearbeiter*)

Römer, Gustav: Formen und Vertretungsmacht bei Privatrechtsgeschäften der öffentlichen Hand in: Deutsche Notarzeitschrift 1956, S. 359 - 376.

Rottmann: BVerfG, Beschl. v. 18. 7. 1979 — 2 BvR 488/76 (Sondervotum) in: BVerfGE 52, 58 - 63.

Rupp, Hans Heinrich: Grundfragen der heutigen Verwaltungsrechtslehre, Tübingen 1965.

Schenke, Wolf-Rüdiger: Delegation und Mandat im öffentlichen Recht in: VerwArch Bd. 68 (1977), S. 118 - 168.

Schleberger, Erwin: Die Kommunalverfassungssysteme im Überblick in: Handbuch der kommunalen Wissenschaft und Praxis, Bd. 2, hrsg. von Günter Püttner, 2. Aufl., Berlin, Heidelberg, New York 1982, S. 197 - 208
(zit.: *Schleberger*, HdBKWP Bd. 2)

Schlegelberger, Franz: Kommentar zum Handelsgesetzbuch, Bd. II, §§ 48 - 104, 5. Aufl., München 1973
(zit.: *Schlegelberger / Schröder*)

Schlempp, Hans / *Schlempp*, Dieter: Kommentar zur Hessischen Gemeindeordnung (Losebl.), Wiesbaden, Stand: November 1983.

Schmidt-Bleibtreu, Bruno / *Klein*, Franz: Kommentar zum Grundgesetz, 6. Aufl., Stuttgart 1983.

Schmidt-Eichstaedt, Gerd / *Stade*, Isabell / *Borchmann*, Michael: Die Gemeindeordnungen und Kreisordnungen in der Bundesrepublik Deutschland, Stuttgart, Berlin, Köln, Mainz, Stand: September 1983.

Schmidt-Jortzig, Edzard: Kommunale Organisationshoheit, Göttingen 1979
(zit.: *Schmidt-Jortzig*, Kommunale Organisationshoheit)

— Kommunalrecht, Stuttgart, Berlin, Köln, Mainz 1982
(zit.: *Schmidt-Jortzig*, Kommunalrecht)

Schnapp, Friedrich E.: Amtsrecht und Beamtenrecht, Eine Untersuchung über normative Strukturen des staatlichen Innenbereichs (Schriften zum Öffentlichen Recht, Bd. 332), Berlin 1977
(zit.: *Schnapp*, Amtsrecht und Beamtenrecht)

— Zu Dogmatik und Funktion des staatlichen Organisationsrechts in: Rechtstheorie Bd. 9 (1978), S. 275 - 300.

— Dogmatische Überlegungen zu einer Theorie des Organisationsrechts in: AöR Bd. 105 (1980), S. 243 - 278.

— Grundbegriffe des öffentlichen Organisationsrechts in: Jura 1980, S. 68 - 75.

Schneider, Gerhard: Die Magistratsverfassung in Hessen und Schleswig-Holstein in: Handbuch der kommunalen Wissenschaft und Praxis, Bd. 2, hrsg. von Günter Püttner, 2. Aufl., Berlin, Heidelberg, New York 1982, S. 209 - 221
(zit.: *Schneider*, HdBKWP Bd. 2)

Schneider, Gerhard / *Manz*, Roland: Hessische Gemeindeordnung, Kommentar (Losebl.), Mainz, Stand: Mai 1982.

Schneider, Helmut: Stellvertretung im Willen, Stellvertretung in der Erklärung und Bote, Diss., Köln 1959.

Schneider, K.: Mündliche Verträge preußischer Ortsbehörden in: VerwArch Bd. 15 (1907), S. 247 - 261.

Schoch, Friedrich: Das kommunale Vertretungsverbot (Schriften zum deutschen Kommunalrecht, Bd. 23), Siegburg 1981.

Scholz, Franz: Kommentar zum GmbH-Gesetz, 5. Aufl., Köln 1964 (zit.: *Scholz*, GmbHG, 5. Aufl.)

— Kommentar zum GmbH-Gesetz, Bd. 1, §§ 1 - 44, 6. Aufl., Köln 1978/83 (zit.: *Scholz / Verf.*, GmbHG, 6. Aufl.)

Schwabe, Jürgen: Zum organisationsrechtlichen Mandat in: DVBl. 1974, S. 69 - 74.

— Innenrecht und Außenrecht in: JA 1975, S. 45 - 52.

Söllner, Alfred: Arbeitsrecht, 7. Aufl., Stuttgart, Berlin, Köln, Mainz 1981.

Soergel, Hs. Th. / *Siebert*, W.: Bürgerliches Gesetzbuch, Kommentar, Bd. 1, 11. Aufl., Stuttgart, Berlin, Köln, Mainz 1978 (zit.: *Soergel / Siebert / Verf.*)

Staudinger, Julius von: Kommentar zum BGB, Bd. 1, Allgemeiner Teil, §§ 90 - 240, 12. Aufl., Berlin 1980 (zit.: *Staudinger / Verf.*)

Steinweg, Reiner: Die Bedeutung der öffentlich-rechtlichen Form-, Vertretungs- und Genehmigungsvorschriften für die Wirksamkeit von Privatrechtsgeschäften der Gemeinde, Diss., Bonn 1964.

Stelkens, Paul / *Bonk*, Heinz J. / *Leonhardt*, Klaus: Verwaltungsverfahrensgesetz, Kommentar, 2. Aufl., München 1983 (zit.: *Verf.* in Stelkens / Bonk / Leonhardt)

Stern, Klaus: Das allgemeine Verwaltungsrecht in der neueren Bundesgesetzgebung in: JZ 1962, S. 297 - 302.

— Zur Revision des Grundgesetzes: Zur Position der Gemeinden und Gemeindeverbände in der Verfassungsordnung in: DÖV 1975, S. 515 - 523.

— Das Staatsrecht der Bundesrepublik Deutschland, Bd. I, 2. Aufl., München 1984 (zit.: *Stern*, Staatsrecht I)

Stern, Klaus / *Gröttrup*, Hendrik: Kommunalrecht und Kommunalverfassung in: Kommunalwissenschaftliche Forschung, hrsg. v. Wolfgang Haus (1966), S. 141 - 160 (zit.: *Stern / Gröttrup*, Kommunalwissenschaftliche Forschung)

Tettinger, Peter Josef: Ingerenzprobleme staatlicher Konjunktursteuerung auf kommunaler Ebene (Europäische Hochschulschriften, Bd. 71), Frankfurt am Main 1973.

Thur, Andreas von: Der Allgemeine Teil des Deutschen Bürgerlichen Rechts, Bd. 1, Leipzig 1910.

Triepel, Heinrich: Delegation und Mandat im öffentlichen Recht, Stuttgart, Berlin 1942.

Ule, Carl Hermann / *Laubinger*, Hans-Werner: Verwaltungsverfahrensrecht, 2. Aufl., Köln, Berlin, Bonn, München 1979.

Unruh, Georg Christoph von: Die kommunale Selbstverwaltung im Grundgesetz und ihr genetisches Modell in: Öffentliches Recht und Politik. Festschrift für Hans Ulrich Scupin, hrsg. von Norbert Achterberg, Berlin 1973, S. 391 - 419
(zit.: *v. Unruh*, Festschrift f. Scupin)

Vollert, Hans-Christian: Die Organisationsgewalt des Hauptverwaltungsbeamten in der Kommunalverwaltung, Diss., Hamburg 1979.

Wehling, Hans-Georg: Die Süddeutsche Ratsverfassung in Baden-Württemberg und Bayern in: Handbuch der kommunalen Wissenschaft und Praxis, Bd. 2, hrsg. von Günter Püttner, 2. Aufl., Berlin, Heidelberg, New York 1982, S. 230 - 240
(zit.: *Wehling*, HdBKWP Bd. 2)

Westermann, Harm Peter: Anm. zum Urteil des BAG v. 6. 8. 1970 — 2 AZR 427/69 in: BAG AP Nr. 7 zu § 125 BGB.

Widtmann, Julius: Bayerische Gemeindeordnung, Kommentar, 4. Aufl., München 1980.

Wild, Hans Walter: Treu und Glauben bei Verpflichtungserklärungen der Gemeinde gem. Art. 38 (2) GO in: Der Bayerische Bürgermeister 1955, S. 175 - 178.

— Treu und Glauben bei Privatrechtsgeschäften der öffentlichen Hand in: NJW 1955, S. 693 - 696.

Wilhelm, Georg: Die Vertretung der Gebietskörperschaften im Privatrecht, Wien, New York 1981.

Wolff, Hans Julius: Organschaft und Juristische Person, Bd. 2, Theorie der Vertretung, Berlin 1934
(zit.: *Wolff*, Vertretung)

— Verwaltungsrecht II, 1. Aufl., München, Berlin 1962
(zit.: *Wolff*, VerwR II, 1. Aufl.)

— Verwaltungsrecht II, 2. Aufl., München, Berlin 1967
(zit.: *Wolff*, VerwR II, 2. Aufl.)

— Verwaltungsrecht II, 3. Aufl., München 1970
(zit.: *Wolff*, VerwR II, 3. Aufl.)

Wolff, Hans Julius / *Bachof*, Otto: Verwaltungsrecht I, 9. Aufl., München 1974
(zit.: *Wolff / Bachof*, VerwR I)

— / — Verwaltungsrecht II, 4. Aufl., München 1976
(zit.: *Wolff / Bachof*, VerwR II, 4. Aufl.)

Zinn, Georg August: Der Bund und die Länder in: AöR Bd. 75 (1949), S. 291 - 306.

Zuhorn, Karl / *Hoppe*, Werner: Gemeindeverfassung, 2. Aufl., Siegburg 1962.

Zuleeg, Manfred: Die Anwendungsbereiche des öffentlichen Rechts und des Privatrechts in: VerwArch Bd. 73 (1982), S. 384 - 404.

FSC
www.fsc.org
MIX
Papier | Fördert gute Waldnutzung
FSC® C083411

Kolibri 360 GmbH
Ferdinand-Jühlke-Straße 7
99095 Erfurt, Deutschland
produktsicherheit@kolibri360.de

Druck:
CPI Druckdienstleistungen GmbH
im Auftrag der
Kolibri 360 GmbH
Ferdinand-Jühlke-Str. 7
99095 Erfurt